D1662838

Elisabeth Hurth
Religion im Trend

Elisabeth Hurth

# Religion im Trend

## oder Inszenierung für die Quote?

Patmos

Bibliografische Information der Deutschen Nationalbibliothek
Die Deutsche Nationalbibliothek verzeichnet diese Publikation in der
Deutschen Nationalbibliografie; detaillierte bibliografische Daten
sind im Internet über http://dnb.d-nb.de abrufbar.

# Inhalt

# Vorwort

Ein großer Trend unserer Zeit ist, folgt man dem bekannten Theologen Paul M. Zulehner, der *Megatrend Religion*. Autoren wie Jürgen Habermas sprechen von einer postsäkularen Gesellschaft und Peter L. Berger von einer De-Säkularisierung. Der Megatrend Religion scheint all jene zu widerlegen, die Europa auf dem Weg in ein religionsloses, säkularisiertes Zeitalter sehen. Auch viele Kirchenvertreter stimmen in die überall gepredigte Rede von der *Wiederkehr der Religion* ein. Religion, so Bischof Wolfgang Huber, der Ratsvorsitzende der Evangelischen Kirche Deutschlands (EKD), sei ein Megathema des 21. Jahrhunderts.

Was ist dran an dieser Rede von der Rückkehr der Religion? Welcher Religionsbegriff liegt der These von dem Megatrend Religion zu Grunde? Als was und in welcher Form kehrt Religion eigentlich wieder? Diese kritischen Fragen an die (vermeintliche) Renaissance der Religion sind Ausgangspunkt für das vorliegende Buch, das dazu das Boulevardblatt *Bild*-Zeitung heranzieht.

»Wir brauchen Gott!«, titelt die *Bild*-Zeitung anlässlich des Besuchs von Benedikt XVI. in Bayern im Sommer 2006. Unter ihrem Chefredakteur Kai Diekmann ist also in *Bild* wieder mit Gott zu rechnen. Gott füllt die Schlagzeilen aus, nicht nur als spirituelle Größe und Wertmaßstab: »Der liebe Gott hat mir ein neues Leben geschenkt« (Schlagzeile im November 2002), sondern ist auch Ausdruck einer nationalistischen Religiosität, in der die christliche Religion gegen den angeblich gewaltbesetzten Islam ausgespielt und ein Bedrohungsszenario heraufbeschworen wird: »Der Islam ist auf dem Vormarsch« oder »Immer weniger Kirchen, immer mehr Moscheen« (beide Schlagzeilen November 2006). Glaube und Religion sind nicht zuletzt vor diesem Hintergrund in *Bild* zu Topthemen geworden. Aber eine Kirchenzeitung wird *Bild* dadurch nicht.

»Die *Bild*-Zeitung«, so behauptet die katholische Fernseharbeit beim ZDF in ihrem Online-Angebot zum Thema Zeitgeist und Spiritualität, »liefert den Beweis: Religion boomt wieder.« Schaut man aber genauer hin, drängt sich eine ganz andere Erkenntnis auf. Eine Rückkehr *der* Religion schlechthin liegt in *Bild* nicht vor. Was in *Bild* tatsächlich wiederkehrt, sind religionsförmige Instrumentalisierungen des Prädikats *Religion* zu Zwecken des *Emotainments* und der Aufmerksamkeitssteigerung. Was in *Bild* zurückkehrt, ist primär Religion als Unterhaltung. Das Blatt bleibt lediglich seiner Erfolgsstrategie treu, sich an aktuelle Trends anzupassen.

Weil Massenmedien immer auch Spiegel der religiösen Situation einer Gesellschaft sowie der Bedürfnisse der Menschen sind, ist zu fragen: Wie spiegelt sich in *Bild* das Verhältnis von Religion und Gesellschaft? Welche religiösen Sehnsüchte greift *Bild* auf und wie befriedigt *Bild* diese Bedürfnisse? Wie ändern sich Religion und Glaube in den Rahmenbedingungen des Boulevards? Und weil *Bild* auch selbst *als* Religion daherkommt, schließen sich weitere Fragen an: Wo und wie übernimmt *Bild* selbst herkömmliche religiöse Funktionen? Leistet *Bild* Religionsersatz?

»Was wir über unsere Gesellschaft, ja über die Welt, in der wir leben, wissen«, so eine Beobachtung von Niklas Luhmann, »wissen wir durch die Massenmedien.« Damit lassen sich die Fragestellungen für dieses Buch bündeln: Was wird aus Religion, wenn man das, was man über sie weiß, primär durch Massenmedien wie *Bild* weiß?

Für dieses Buch wurden alle Ausgaben der *Bild*-Zeitung der Jahrgänge 2001 bis 2005 sowie einzelne Ausgaben der Jahrgänge 2006 und 2007 herangezogen.

## Kapitel 1

# Megatrend Religion?

Die religiöse Landschaft der Gegenwart wirkt auf den ersten Blick widersprüchlich: Während die Akzeptanz traditioneller Glaubensvorstellungen schwindet und die Mitgliedschaft in einer Kirche, der Gottesdienstbesuch sowie die religiöse Erziehung in der Familie stetig zurückgehen, reden Religionsforscher, Theologen und Kirchenvertreter von einer »Wiederkehr« der Religion. Demoskopen liefern dazu die entsprechenden Zahlen. Der Trend, so das Institut für Demoskopie Allensbach in einer Untersuchung vom April 2006, gehe seit rund zehn Jahren klar in Richtung Religion. Der Anteil der Menschen, die sich stark für Glaubensfragen interessieren, habe seit 1995 von 24 auf 33 Prozent zugenommen. Umgekehrt sei der Anteil der Menschen, die Religion mit Desinteresse begegnen, von 32 auf 24 Prozent gesunken. Mit anderen Worten: In Deutschland herrscht wieder ein religionsfreundlicheres Klima.[1] Wer heute öffentlich von Religion und Glaube spricht, findet ein viel interessierteres Publikum als noch vor zehn Jahren.

Doch die Tatsache, dass Religion im Trend liegt, zeichnet sich durch ein von manchen als »einmalig« bezeichnetes Paradox aus: Die Kirchen profitieren nicht davon. Die Renaissance des Religiösen geht offensichtlich unmittelbar zu Lasten seiner kirchlich gebundenen Verfassung. Die modernen Sinnsucher leben ihren Glauben ohne Kirche oder schreiben ihr keine Kompetenz in Fragen zu, die sie persönlich betreffen. Die »Wiederkehr« der Religion bedeutet ganz eindeutig nicht automatisch eine verstärkte Zuwendung zum kirchlichen Glauben und seinen institutionellen Repräsentanten. Religion ist »in«, die Kirche leer. Außer an Weihnachten. Auch bei Hochzeiten und Beerdigungen will man nicht ohne Pfarrer auskommen. Doch mehr Kirche ist nur selten gefragt.

Optimistische Zeitbeobachter sehen dagegen viele Menschen wieder auf dem Weg zurück in die Kirche. So haben sich im Jahr 2005 über 10 000 Erwachsene taufen lassen. Noch nie traten so viele Erwachsene in die Katholische Kirche über, die Zahl der Kirchenaustritte sank auf den niedrigsten Wert seit 1990. »Wir sind wieder in die Kirche eingetreten«, unter dieser

Überschrift stellte die *Bild*-Zeitung am 24. Dezember 2005 drei Rückkehrer vor, die nur Positives über die Kirche zu berichten wissen: »Kirche gehört zum Leben«, »In der Kirche finde ich meine Ruhe«, »Die Kirche gibt uns so viele Werte.« Tatsächlich aber schrumpfen die Volkskirchen dennoch weiter. Nach aktuellen Prognosen der EKD wird sich die Zahl der Protestanten bis zum Jahr 2030 um ein Drittel von derzeit 26 Millionen auf 17 Millionen verringern, die Einnahmen aus Kirchensteuern werden sich sogar halbieren.[2]

Auf Seiten der Katholischen Kirche ist die Lage nicht weniger dramatisch. Die Sakramentenpraxis nimmt stetig ab, die Beichte etwa findet praktisch nicht mehr statt. Der Nachwuchs an Priestern fehlt. Die Hälfte aller katholischen Gemeinden besitzt keinen eigenen Priester mehr. Die Akzeptanz der kirchlichen Dogmen ist auf ein Minimum gesunken. Die Kluft zwischen dem, was die Kirche verkündet, und dem, was die Kirchenmitglieder glauben und leben, wird immer tiefer. Der Kirche haftet zudem das Image an, starr und lebensfremd zu sein, ohne Orientierung an den Bedürfnissen der Menschen. Viele geben daher der Kirche als Ratgeberin in ihrem Leben erst gar keinen Platz.

So eindeutig kirchliche, institutionsgebundene Religiosität auf dem Rückzug ist, so sichtbar und öffentlich ist demgegenüber derzeit das allgemeine Interesse an Religion. Allen Prognosen vom Absterben der Religion zum Trotz konstatiert der Theologe Paul M. Zulehner einen »Megatrend Religion«.[3] Zahlreiche Zeitzeichen scheinen diese Rede vom »Megatrend Religion« zu bestätigen: Mehrere Millionen Zuschauer verfolgten 2005 das mediale Passionsspiel um den sterbenden Papst Johannes Paul II. Jugendliche aus aller Welt feierten den neuen Papst Benedikt XVI. auf dem Weltjugendtag in Köln. In La-Ola-Wellen und Benedetto-Rufen rief man den Papst zum Star aus. Die *Bild*-Zeitung brachte Buttons mit dem Slogan »Wir sind Papst« unter die Menge. Das Jugendmagazin *Bravo* lieferte ein Superstar-Poster vom deutschen Papst.

Weniger euphorisch, dafür aber umso überzeugter würdigte 2005 ein neuer Feuilleton-Katholizismus Johannes Paul II. und seinen Nachfolger als Mahner gegen den Zeitgeist und als moralische Autorität im Kampf gegen die Globalisierung und die materialistischen Auswüchse des Kapitalismus. Überregionale Tageszeitungen wie die *Frankfurter Allgemeine* oder *Die Welt* traten plötzlich wie Kirchenblätter auf, zollten dem verstorbenen Papst nahezu kritiklos Respekt und priesen die wundersame Wandlung des Joseph Ratzinger vom dogmatischen »Panzerkardinal« zum menschenfreundlichen,

10

sanften Seelenhirten und Vater aller Christen. Vorbei die Zeiten, in denen man den Kardinal als »Großinquisitor« der Katholischen Kirche gesehen hatte. Als Papst Benedikt, so die einhellige Vorhersage, werde Ratzinger einen neuen Geist in der Kirche wehen lassen und eine neue Ära eröffnen.

Von der religiösen Aufbruchstimmung lassen sich auch Stars und Sternchen anstecken. Medien-Promi Hape Kerkeling zelebriert vor laufender Kamera und »in print« – siehe den Bestseller *Ich bin dann mal weg* (2006) – seine religiöse Konversion und berichtet von spirituellen Erlebnissen auf dem Jakobsweg, die sein Leben wieder ins Lot brachten. Ex-Mister Tagesschau Ulrich Wickert erzählt in *Gauner muss man Gauner nennen* (2007) von der Sehnsucht nach Werten in einer Zeit, in der der Ehrliche nach wie vor der Dumme ist. Klatschreporterin Nina Ruge stellt ihre schönsten biblischen Geschichten vor, während Entertainer Harald Schmidt öffentlich bekennt, dass er zur Kirche steht und Werbung für den Weltjugendtag macht.

Diese religiösen Zeitzeichen widersprechen ganz offensichtlich dem traditionellen Säkularisierungsparadigma, das von einer religiösen Degeneration ausgeht, in der mit steigender Modernisierung Religion mehr und mehr verschwindet. Folgt man jedoch Religionssoziologen und Theologen wie Karl Gabriel und Thomas H. Böhm, dann erweisen sich gerade die modernen Säkularisierungsprozesse selbst als religionsproduktiv. Je (post-)moderner die Welt wird, so die These, desto notwendiger wird Religion. Je globalisierter, pluralistischer und individualisierter die Lebenswirklichkeit des Menschen, desto größer seine Verunsicherungen und Ängste, die Fragen nach Halt, Orientierung und Sinn neu aufbrechen lassen. Die Annahme einer sukzessiv fortschreitenden Säkularisierung scheint sich also nicht zu bewahrheiten. Die (Post-)Moderne löst offenbar auf vielfältige Weise einen Bedarf an Religion aus. Der Säkularisierungsprozess, so Wolfram Weimers optimistische Prognose, wird sich »umkehren«: »Wir gehen vom postmodernen ins neoreligiöse Zeitalter.«[4] Säkular war einmal?

## Säkularisierung – ein moderner Mythos?

»Das Kreuz mit den Deutschen«, so der Titel einer *Spiegel*-Reportage zum Weltjugendtag in Köln. Der Papst betrete ein Land, das ihm fremd geworden sei: Die Kirchen seien verwaist, die Politiker nichtgläubig, die Menschen im Osten resistent gegenüber allen Missionsbemühungen. Doch der *Spiegel* sieht in Deutschland auch eine gegenläufige Entwicklung: eine »neue Neugier« auf Religion. Als gewichtigen Zeitzeugen für diese Entwicklung benennt der *Spiegel* Jürgen Habermas, die »Ikone der Aufklärung«. Auf einer Tagung in der Münchner Katholischen Akademie am 19. Januar 2004 traf Habermas auf den »Chefdenker des Dogmas«, Joseph Kardinal Ratzinger, und erklärte, Religion und Glaube seien Krücken einer »entgleisenden Modernisierung der Gesellschaft«: »So trifft das Theorem, dass einer zerknirschten Moderne nur noch die religiöse Ausrichtung auf einen transzendenten Bezugspunkt aus der Sackgasse verhelfen könne, auch heute wieder auf Resonanz.«[5]

Religionssoziologen und Theologen beobachten seit geraumer Zeit »Entgleisungen« der (Post-)Moderne, die Menschen wieder »neugierig« auf das Angebot der Religion machen. In der (Post-)Moderne, so die Diagnose, führt vor allem die Globalisierung zu einer Vervielfältigung an Informationen, Positionen und Meinungen, die der Einzelne oft nicht mehr in den Griff bekommt. Ununterbrochene Wandlungsimpulse gehen einher mit wachsender Differenzierung und einer Komplexität, die kaum noch zu durchschauen ist. Gewissheiten früherer Zeiten, stabilisierende Gewohnheiten brechen weg. Der Einzelne wird entwurzelt und ist nunmehr gezwungen, Lebensoptionen selbst zu gestalten, ohne auf »globale« Selbstverständlichkeiten zurückgreifen zu können. Gerade diese Entwurzelung wird heute immer weniger als Befreiung denn als Belastung erfahren. Der entwurzelte Mensch sehnt sich wieder nach Beheimatung und Verortung. Er findet sich nicht ab mit der Entzauberung religiöser Weltdeutungen, der Relativierung von Glaubenshaltungen in einem globalisierten Pluralismus und grenzenlosen Wettbewerb. So entstehen Prozesse der Wiederverzauberung. Der Glaube an Engel, himmlische Boten und Zeichen boomt.

Die globalisierte Wissensgesellschaft erliegt zunehmend den Unwägsamkeiten des Fortschritts. Fortschritt bedeutet nicht nur eine Vermehrung von Wissen und Wohlstand, er wirkt vielmehr auch bedrohlich. Stetig wachsende globale Märkte und Konkurrenz unterwerfen das Leben des Menschen kommerziellen Gesetzen. Nicht wenige bleiben dabei auf der Strecke, die Angst vor dem Abstieg wächst. Bedrängende Fragen brechen auf: Bin ich nur das wert, was ich leiste und besitze? Bin ich nichts wert, wenn ich nicht arbeiten kann? Worin besteht der Sinn meines Lebens, wenn alles ersetzbar geworden ist – im Beruf aber auch im privaten Umfeld? Das ungebremste Tempo des Fortschritts, die Raserei der Globalisierung geht vielen Menschen zu schnell; sie suchen Räume der Entschleunigung, der Ruhe und Geborgenheit.

Globalisierung führt nicht nur zu immer neuen Schüben an Komplexität, sondern auch auf neue Risiken und Konflikte, die den Menschen zunehmend unbeherrschbaren Wirklichkeiten aussetzen. Umweltprobleme, Klimakatastrophen und weltweiter Terror lassen sich zwar als selbstverursachte Bedrohungen beschreiben, sind aber vom Einzelnen nicht zu lösen. Auch die Wissenschaft vermag hier nicht als »Problemlöser« aufzutreten. Sie häuft immer komplexer werdendes Wissen an, das kaum zu fassen ist und verlangt vom Einzelnen gerade so immer mehr Glauben, um dem Wissen »trauen« zu können. Je tiefer die Wissenschaft in Grenzbereiche vordringt, je mehr Macht sie über das Leben gewinnt – siehe die Klonforschung –, desto größer die moralischen Konflikte, die den Menschen wieder nach dem Woher und Wozu des Lebens fragen lassen. Auch in dieser Hinsicht kehrt die (Post-)Moderne zum »Credo-Prinzip« (Wolfram Weimer) zurück. Menschen suchen wieder nach einem Sinn jenseits der Machbarkeit; sie erkennen, dass Wissenschaft den Menschen nicht verbessern kann. Sie sehen sich der Fratze eines »Bio-Faschismus« gegenüber, der Manipulation am Menschen im Geist grenzenloser Verfügbarkeit über das Leben, und spüren dabei immer deutlicher, dass menschliches Leben letztlich ein Geheimnis ist. Der hier auszumachende Religionsbedarf weist auf Religion als Möglichkeit, wieder ein »Mehr« des Lebens entdecken zu können.[6]

Diese Sehnsucht nach einem Mehrwert des Lebens, nach religiöser Orientierung im weitesten Sinn wird verstärkt durch ein zweites Merkmal der (Post)moderne: die Pluralisierung von Teilsystemen und Wirklichkeitsebenen, die allgemeine Wahrheitsansprüche fragwürdig werden lässt. Diese Pluralisierung schwächt jede »von sozialer Bestätigung abhängige Glaubens- und Wertvorstellung«. Ein den Einzelnen stützendes Sozialgefüge ist kaum mehr vorhanden. »Plausibilitätsstrukturen« werden instabil, unzusammenhängend, unzuverlässig.[7] Es gibt nicht mehr »die« Wahrheit, sondern eine Pluralität von Wahrheiten. Der Einzelne ist auf sich selbst und seine individuelle Wahrheit zurückgeworfen. Wenn alle Anschauungen und Positionen individuell wahr sind, ist am Ende keine Anschauung oder Position mehr wahr. Genau an dieser Stelle bricht heute die Suche nach Wahrheit auf, die der Einzelne nicht selbst zu vertreten hat. Viele Menschen erkennen, dass Pluralität einerseits eine neue Freiheit bedeutet, aber andererseits auch tiefe Verunsicherung schafft. Der Verlust an Unbedingtheiten wirft Fragen auf:

13

Warum soll ich an etwas festhalten, wenn ich regelmäßig beobachten kann, dass andere anderes für wichtig halten? Warum soll mir etwas wichtig sein, wenn es morgen schon wieder unwichtig ist? Wenn alles austauschbar erscheint, wenn nichts von bleibendem Wert ist, sucht man wieder verstärkt nach Angeboten jenseits der totalen Gleichgültigkeit des Relativismus. Sinnangebote mit exklusiven Wahrheitsansprüchen werden so wieder attraktiver.

Im Zug der Pluralisierung müssen Biographien quasi in eigener Regie entwickelt werden. Sie sind nicht mehr in traditionellen Bahnen verankert, sondern in wechselnden Lebensbereichen, deren Wertvorstellungen nicht einheitlich sind. Menschen sind »freigesetzt« zu vielfältigen Biographieentwürfen; sie werden selbstständige Baumeister von Lebensmustern, die dem Gesetz der Flexibilität folgen. Der »flexible Mensch«, wie ihn der Soziologe Richard Sennett beschreibt, durchläuft an verschiedenen Orten die verschiedensten Berufsfelder. Es gibt nichts Langfristiges mehr, Lebenszeit wird zusammenhanglos, Bindungen und Verpflichtungen lösen sich auf.[8] Damit können immer weniger Menschen gut leben. Man stößt zunehmend an Grenzen der Beziehungslosigkeit und Flexibilität, man sehnt sich wieder nach Zusammengehörigkeit und einem ganzheitlichen Leben.

Pluralisierung individualisiert die Lebensführung und soziale Beziehungen. Konfrontiert mit einer Vielzahl von kaum koordinierten und oft auch gleich-gültig wirkenden Wert- und Handlungssystemen ist der Einzelne gezwungen, sich verstärkt zu »individuieren«. Jeder muss selbstbestimmt sein Leben stets neu aushandeln in subjektiver Aneignung einer Vielzahl von angebotenen Entwürfen. Das eigene Leben wird so zum »Projekt«. Die Folgen einer solchen individualisierten, freiheitlichen Lebensgestaltung sind ambivalent. Die Entbindung aus selbstverständlichen, kollektiven Vorgaben ermöglicht ein eigenständiges, zukunftsoffenes und in jeder Beziehung abwechslungsreiches Leben. Aber Eigenständigkeit verlangt auch eine Orientierungsleistung und eine Handlungskompetenz, über die nicht jeder verfügt. Und so wird der »Hardcore-Individualismus« in der (Post-)Moderne zunehmend abgelöst durch den »Soft-Individualismus« des »Selfness-Trends«, in dem der Einzelne sich von reiner Selbstverwirklichung abgrenzt und wieder eingebunden werden will in soziale Netzwerke und Vorgaben.[9]

Mit der Pluralisierung und Individualisierung der reflexiven (Post-)Moderne wird es für den Einzelnen zusehends schwieriger, sich auf einem immer diffuser werdenden Identitätsmarkt zu behaupten. Viele Menschen fühlen sich überfordert. Man kann nicht alles selbst gestalten. Was ist, wenn man sich durch die falsche Wahl selbst verfehlt? Was ist, wenn das »Projekt Leben« in der Multioptionsgesellschaft scheitert? Die Freiheit, die die Optionenvielfalt erst ermöglicht, führt zunehmend zu einer Orientierungslosigkeit, die das Gefühl einer »metaphysischen« Leere erhöht.[10] Durch den Zwiespalt von Gestaltungsfreiheit und Entscheidungszwang entstehen Erschöpfung und Ratlosigkeit. Therapeutische Praxen sind heute voll von Patienten, die an einer neuen Zeitkrankheit leiden, dem Grübelzwang. Er entsteht, wenn das Ich sich ständig selbstbestimmt festlegen und Sinn zuschreiben muss. Die neuen Krankheiten des Grübelzwangs und der existenziellen Ratlosigkeit sind Erkrankungen einer Zeit, die zunehmend gewahr wird, dass sich der Mensch nicht selbst begründen kann, dass radikale Selbstverwirklichung das Ich letztlich in eine abgrundtiefe Angst und Einsamkeit stößt.

Das wachsende Unbehagen an der (Post-)Moderne, ihre »Entgleisungen« lassen offensichtlich ein neues Interesse an Religion entstehen. Wie dieses Interesse inhaltlich zu bestimmen ist, bleibt allerdings umstritten. Viele Zeitbeobachter sprechen von einer Renaissance neuer Suchbewegungen nach Alternativen zur Entzauberung der (Post-)Moderne. In diesen Suchbewegungen dominieren jedoch nicht die Lösungen, sondern die Fragen, nicht Sinnstiftung selbst, nicht Religion an sich, sondern das »Bedürfnis« nach ihr.[11] Die modernen Verhältnisse, so beobachtet die Pastoraltheologin Maria Widl, machen Menschen sehnsüchtig.[12] Peter L. Berger spricht von der »Sehnsucht nach Sinn«. Familie und Ethik werden als Sehnsuchtsthemen von Menschen wiederentdeckt, die ahnen, dass der Ersatz von Sinn durch Spaß und Wellness nicht trägt. Auch für diese »Sehnsuchtsreligion« ist auffällig: Nicht religiöse Institutionen, Lehrkonzepte oder gar Dogmen sind maßgebend, sondern die Sehnsucht nach Halt und Erfüllung, nach Orientierung und Selbstfindung.

Die Wiederkehr der Religion erweist sich so in erster Linie als Wiederkehr religiöser Gefühle und Sehnsüchte. »Nicht die Religion kehrt zurück und ergreift die Menschen, sondern die Menschen greifen nach etwas, was sie für das Religiöse halten«, das es aber, wie der Philosoph Herbert Schnädelbach konstatiert, letztlich gar nicht ist.[13] Der »Megatrend Religion« ist eine Suchbewegung, bei der das Ziel offen zu sein scheint und primär die eigene Erfahrung zählt. Fühlt sich etwas gut an, fühle ich mich angesprochen, ist es »meine« Religion. Der »Megatrend Religion« ist somit letztlich nicht als eine allen Säkularisierungstendenzen zuwider laufende Wiederkehr *der* Religion zu beschreiben. Was wiederkehrt, ist das Interesse an Religion, das Bedürfnis nach dem Gefühl von Religion. Aus der Tatsache, dass sich Religion heute wieder verstärkt als ein Bedürfnis des Menschen zeigt, folgt noch nicht die Wahrheit des Glaubens. Mehr noch: Wenn Religion lediglich als ein Bedürfnis nach dem Gefühl von Religion wiederkehrt und so bestimmt wird, verliert sie gerade dadurch ihren Charakter *als* Religion.

### Was heißt hier: Religion?

Die jubelnden Massen, die den Papst feiern, die erhöhte Medienpräsenz der Kirche, das gestiegene öffentliche Interesse an Religion – all das ist offensichtlich nicht als Rückkehr des alten glanzvollen Soli-Deo-Gloria-Kosmos zu deuten. Die Modeformel von der Wiederkehr der Religion ist zu unbestimmt. Vor allem: Der so genannte »Megatrend Religion« ergibt sich vielfach nur dann, wenn man Religion nicht substanziell über eine jenseitige, heilige Welt und über genuin religiöse Erfahrung bestimmt, sondern über die Funktion. Im funktionalen Religionsverständnis geht es nicht mehr primär darum, was Religion ist, sondern was sie leistet. Ob etwas Religion »ist«, hängt nunmehr davon ab, ob es im Alltag von Menschen so wirkt wie Religion, also etwa zu sinnstiftender Beheimatung führt, die Erfahrung von Transzendenz bearbeitet oder die Welt nach Gutem und Bösem ordnet.[14]

Die funktionale Bestimmung von Religion ist an das Kriterium von Problemlösungsstrategien gebunden und kann sich dabei vollständig von den traditionellen Symbolsystemen der Religion lösen. Im Einzelnen unterscheidet man heute im Anschluss an die Arbeiten des Soziologen Franz-Xaver Kaufmann sechs Eigenschaften religiöser Funktionalität, die auf zentrale Problemkonstellationen bezogen sind: das Problem der Sicherung von Identität, der Angstbewältigung und Affektstabilisierung; das Problem der Handlungsführung im Außeralltäglichen, für das Religion Rituale und ethische Weisungen als Lösungsangebot bereitstellt; das Problem der Verarbeitung von Kontingenzerfahrungen – von Leid, Unrecht und Schicksalsschlägen; das Problem sozialer Integration; das Problem der »Kosmisierung« von Welt, der »Begründung« eines »Deutungshorizonts aus einheitlichen Prinzipien«, der die Möglichkeit von Sinnlosigkeit ausschließt; das Problem der Distanzierung von gegebenen Sozialverhältnissen, der Ermöglichung von Protest und Widerstand gegen als ungerecht und unmoralisch erfahrene Gesellschaftszustände.[15]

Nur wo eine zusammenhängende Verdichtung dieser Funktionen vorliegt, erhalten einzelne Instanzen oder Institutionen der Gesellschaft den Charakter und die Qualität des Religiösen. Überall dort, wo zum Beispiel Integration vollzogen wird oder Identitätsstiftung zustande kommt, spricht man nun von Religion. Religion wird so aus der Anwendung ihres soziologischen Konstrukts abgeleitet und religiöser Inhalt und religiöse Funktion voneinander getrennt.[16] Der funktional bestimmte Religionsbegriff geht damit weit über die Glaubensüberzeugungen und religiöse Praxis von Religionsgemeinschaften hinaus. Auch profane Phänomene können nunmehr als religiös bestimmt werden, wenn sie die gleichen Wirkungsweisen wie in der Religion aufweisen. So trifft man Religion an Stellen an, wo man sie früher nie lokalisiert hätte: in der medialen Unterhaltungswelt, im Sport oder in der Werbung. Das Religiöse wird zu einer frei flottierenden Energie, zu einer Sinnressource, die nahezu überall andocken kann. Der Sinnbegriff selbst ist dabei unbestimmt. Er wird gleichsam metaphysisch erhöht und aufgebläht. Als religiös gelten nun nicht nur Sinnfragen aller Art, sondern auch kulturelle Probleme wie die Auseinandersetzung über Ehrenmorde oder allgemein ethische Fragen, wie etwa die Frage nach einem würdevollen Altern und Sterben. So speist sich die Wiederkehr der Religion vielfach nur aus religiösen Zuschreibungen und Aufladungen. Ein rein funktionales Verständnis von Religion birgt damit stets die Gefahr, dass das Prädikat Religion für nicht-religiöse Ziele verzweckt wird.

Dieser Gefahr entgeht man, wenn man, dem Ansatz des Religionssoziologen Detlef Pollack folgend, den funktionalen mit einem substanziellen Religionsbegriff kombiniert. Pollack geht davon aus, dass das Bezugsproblem der Religion im Problem der Kontingenz besteht, der Erfahrung, dass Dinge auch anders sein könnten, was »die prinzipiell unaufhebbare Ungesichertheit des Daseins thematisiert«. Von Religion kann in diesem Zusammenhang dann gesprochen werden, wenn versucht wird, das Kontingenzproblem »durch Bezug auf das Unerfassbare« zu bewältigen, wenn also Kontingenzbewältigung durch Transzendierung der Lebenswelt geschieht und dabei Transzendenz auch in dieser Lebenswelt konkretisiert wird. Religion antwortet somit ganz spezifisch auf die »Kontingenz- oder Sinnproblematik«: durch den »Akt der Überschreitung der verfügbaren Lebenswelt des Menschen« auf der einen Seite und durch die »gleichzeitige Bezugnahme auf eben diese Lebenswelt« auf der anderen Seite.[17]

Problem und Lösung sind in dieser Religionsbestimmung so aufeinander bezogen, dass nicht mehr selbstverständlich von einer Universalität von Religion ausgegangen werden kann. Dort, wo etwa religiöse Sehnsüchte und Bedürfnisse formuliert werden, liegt nicht »automatisch« Religion an sich vor. So ist auch Zurückhaltung geboten, wenn es um die vielfältige Aufladung von Säkularem mit dem Religiösen geht, zum Beispiel in der Werbung, im Sport, im Medium Fernsehen oder in den Printmedien. Unbestritten ist, dass säkulare Phänomene und profane Instanzen religiöse Funktionen übernehmen können, aber sie sind damit nicht stets an sich religiös. Auch das Argument, dass hier religiöse Sehnsüchte erfüllt würden, macht die Produkte, die diese Bedürfnisse befriedigen, als solche nicht schon gleich religiös – vor allem dann nicht, wenn Religion lediglich als Untermalung und Stimulanz für eine Inszenierung instrumentalisiert wird.

Die Weite rein funktionaler Religionsbestimmungen macht so zugleich ihre Schwäche aus. Das Religionsverständnis wird derart entgrenzt, dass alles religiös erfassbar wird ohne Rücksicht darauf, ob wirklich eine genuine religiöse Erfahrung vorliegt. Damit erweisen sich die funktionalen Religionsbestimmungen als anfällig für eine Beliebigkeit, die einer Religionsinflation Tür und Tor öffnet. Joseph Beuys' Vorstellung »Jeder Mensch ein Künstler« und Andy Warhols Maxime »Jeder ein Star« heißen nun übersetzt in die popularkulturelle Welt der Massenmediengesellschaft: »Jeder und alles ist religiös.« So kann es geschehen, dass – in religionssoziologisch-funktionaler Perspektive – die Massenmedien selbst als ritualisierte Form der Religion bestimmt werden. Nach Horst Albrecht bedienen Massenmedien Funktionen von Religion: Sie spenden Trost, rhythmisieren und begleiten den Alltag, stiften Sinn und geben Lebenshilfe. Durch ihre ritualisierte Nutzung und Bedeutung im Alltag werden die Massenmedien, insbesondere das Fernsehen, so zur »Medienreligion«.[18] Diese »Medienreligion« belegt – funktional gesehen –, dass das diffus gewordene religiöse Feld sich längst nicht mehr auf »sichtbare« religiöse Praxis und Kommunikation innerhalb der Institution Kirche oder auf Religion als Erfahrung des Numinosen beschränkt. Religion verliert ihre Konturen, sie wird uneindeutig und ist wie selbstverständlich nahezu überall präsent.

Der funktionale Religionsbegriff wird weithin als geeignetes Instrument anerkannt, um religiöse Verschiebungen und Wandlungsprozesse in der (Post-)Moderne aufzuspüren. Dabei bleibt jedoch das spezifisch Religiöse, die Frage, ob der Einzelne grundsätzlich religiöse Erfahrungen macht, auf der Strecke. Die Innenperspektive religiöser Glaubenssysteme wird nicht erfasst. Funktionale Religionsbestimmungen »erreichen ... nicht die authenti-

18

sche Ebene religiöser Selbstverständnisse«.[19] In dem Maße, wie die religiöse Eigenperspektive vernachlässigt wird, koppeln sich religiöse Inhalte von religiösen Funktionen immer weiter ab. Dem entspricht, dass Religion mittlerweile auf dem Weg einer »Nicht-Definition« bestimmt wird: »Religion ist alles, was man dafür hält.«[20] Solche Religionsbestimmungen ohne einen konkreten inhaltlichen Bezug machen jedoch praktische Religion unmöglich.

Die Unschärfe funktionaler Religionsbestimmungen geht mit ihren diffusen und unklaren Formen einher, die häufig unbewusst bleiben. So spricht man vom Fernsehpublikum als einer »Gemeinde« ohne Rücksicht darauf, dass sich diese keiner Religion bewusst ist und sich nicht als religiös kommunizierend sieht. Auch ein Fußballfan wird wohl eher erstaunt reagieren, wenn man seine Begeisterung für Stars als »Fußballreligion« beschreibt und ihm unterstellt, er nehme im Stadion an einer Art Gottesdienst teil, der Glaubenserfahrungen ermögliche. Die Entdifferenzierung des Religionsbegriffs führt so nicht nur dazu, dass man voreilig alles Mögliche mit der Kategorie des Religiösen bedenkt, sondern Religiosität wird auch zunehmend von außen in Menschen hineingetragen, die sich selbst gar nicht mehr als religiös verstehen. Damit können zwar säkulare Phänomene in religiöse transformiert und viele Zeitzeichen für »religiogen« (Hubert Treml) erklärt werden, aber am eigentlichen Problem mogelt man sich vorbei: der Tatsache, dass Religion für die Lebensführung des Einzelnen immer bedeutungsloser wird. Geht man von der alltagspraktischen Bedeutung von Religion aus und fragt nach authentischer religiöser Erfahrung, wird man weniger von einer »Rückkehr der Religion« als vielmehr von einer Krise der Religion und des Gottesglaubens sprechen müssen. Der »Megatrend Religion« entpuppt sich in dieser Hinsicht als Megaflop.

### Auf dem Weg in eine postreligiöse Zeit

Die Anhänger der funktionalen Religionstheorie sehen dies anders. Der Bedeutungsverlust kirchlicher Religion werde durch neue Formen des Religiösen ausgeglichen. Statt Säkularisierung liege »nur« ein Gestaltwandel der Religion vor. Religion löst sich nicht auf, sie wechselt lediglich ihr Erscheinungsbild, so der Kultursoziologe Hans-Georg Soeffner. »Gott und die Götter sterben nicht. Sie gehen auch nicht verloren. Sie machen lediglich eine Fülle von Metamorphosen durch und erscheinen in immer neuen Gestalten.«[21] Es gelte, diese neuen »Images« von Religion aufzuspüren. Und so

19

begeben sich modernitätsfreudige Religionssoziologen und praktische Theologen auf eine vielfältige religiöse Spurensuche in der Welt des Sports, der Printmedien, der Werbung, des Kinos, des Fernsehens oder der Popmusik.[22] Diese Spurensuche, die nicht selten gerade von denjenigen vorgenommen wird, denen die kirchengebundene Religion fremd geworden ist, führt auf den immer gleichen Befund: Der abnehmenden Attraktivität traditioneller Religionsformen stehe ein Aufschwung an »religiogenen« Sinnangeboten gegenüber. Säkularisierung sei also im Wesentlichen ein Wandlungsprozess, in dem Abbruch mit Aufschwung und Verlust mit Neubeginn einhergehe.

Doch mit religiösen Entdeckungsreisen in die Welt der Medien, des Sports oder der Popmusik ist es nicht getan. Neuere Untersuchungen zeigen: Das Verdunsten kirchlich verfasster Religion wird nicht einfach kompensiert. Das, was die christlichen Kirchen an Akzeptanz verlieren, wird durch einen religiösen Aufschwung außerhalb der Kirchen nicht aufgefangen. Die Verluste an kirchlich vorgegebener Religiosität werden durch Zugewinne außerkirchlicher Religiosität nicht einmal annähernd ausgeglichen. Entgegen den Annahmen der funktionalen Religionstheorie nimmt nicht nur traditionale Kirchlichkeit, sondern auch individuelle Religiosität ab.[23] Das Interesse an religiösen Phänomenen wie Esoterik, Spiritualität oder der historischen Person Jesu Christi – siehe den Dan Brown-Boom – ist zwar gestiegen, aber dies heißt noch nicht, dass Menschen auch wieder mehr an religiöse Vorstellungen glauben oder der Religion für ihr eigenes Leben höhere Bedeutung einräumen. Die Indikatoren für eine alltagspraktisch gelebte Religiosität sind in Deutschland, so belegen die Studien des Religionssoziologen Detlef Pollack, seit Jahrzehnten rückläufig.[24]

Es findet somit kein nahtloser Übergang von tradierter zu »neuer« Religion statt. Der Austritt aus der Kirche geht nicht automatisch mit einem Eintritt in neue religiöse Bewegungen einher, sondern eher mit Prozessen, in denen Menschen grundsätzlich das Interesse an Religion verlieren und Einstellungen des Atheismus und der religiösen Indifferenz entstehen.[25] Damit aber wäre die weit verbreitete religionssoziologische These von der Ablösung tradierter Religion durch »neue« Religion wie die Medienreligion oder Fußballreligion letztlich eine Verschleierung der Tatsache, dass Religion ihre Bedeutung im Alltagsleben verliert und nicht mehr dominierender Faktor der Lebensgestaltung ist. Die Unhaltbarkeit der These vom Übergang offizieller zu alternativer Religion verstärkt sich nach Pollack noch durch den Befund, dass Religiosität und Kirchlichkeit eng miteinander zusammenhängen. Es trifft einfach nicht zu, dass die Kirchen sich leeren, Religion dagegen boomt. Diejenigen, die die Kirche verlassen, schätzen sich mehrheitlich auch nicht mehr als religiös ein.[26]

Den Kritikern des Säkularisierungstheorems ist insofern Recht zu geben, als religiöse Wandlungsprozesse nicht nur einen Verlust an Religiosität und Kirchlichkeit bedeuten, sondern auch einen Gestaltwandel des Religiösen. Aber dieser Formenwandel, so Pollack, geht mit einem grundlegenden »Bedeutungsverlust der Religion einher, der alle ihre Dimensionen betrifft, ihre institutionelle und rituelle ebenso wie ihre individuelle und erfahrungs- und überzeugungsmäßige«.[27] Der Säkularisierungsprozess ist also nicht an ein Ende gekommen, wie etwa Wolfram Weimer optimistisch behauptet. Der Bedeutungsrückgang von Religion in ihren institutionellen, sozialen und individuellen Dimensionen zeigt vielmehr, dass der Prozess der Säkularisierung ungebrochen weitergeht. Die von Weimer beschworene Rückkehr der Religion bedeutet keine »Resakralisierung«, durch die gleichsam eine neue religiöse Oase entsteht, in der das Christentum neu erblüht und sein Comeback feiert. Die Globalisierung mit ihren Verunsicherungen für den Einzelnen, der empfundene Verlust von Orientierung und Verlässlichkeit mag zu einer neuen Neugier auf das Christentum führen. Aber dieses neue Interesse am Christentum, so resümiert Johann Hinrich Claussen nüchtern und realistisch, »ist nichts, was der Säkularisierung widerspricht«. Die aktuelle Neugier am Christentum ist nach Claussen »eine viel zu fragile und unzuverlässige Tendenz«, als dass man mit ihrer Hilfe den Niedergang der volkskirchlichen Tradition christlicher Religiosität aufhalten könnte. »Sie ist sicherlich nicht der Fels, auf dem man eine Institution bauen sollte.«[28]

Die Hoffnung vieler Kirchenleute und Christen auf eine triumphale Rückkehr der Religion ist ein Wunschtraum. Immer weniger Menschen sind mit der Botschaft der christlichen Kirchen vertraut, der Abbruch des Glaubenswissens scheint unumkehrbar. Viele Menschen leben wie selbstverständlich ohne religiöse Bindung und beantworten auch die Sinnfrage nicht mehr im Rückgriff auf Religion. Man verlässt sich vielmehr auf die Verantwortung, die man selbst für sein Leben hat. Die vor allem in Ostdeutschland weit verbreitete religiöse Indifferenz macht es, folgt man den Ergebnissen Pollacks, insgesamt »empirisch gesehen fragwürdig, Religion als ein Grundbedürfnis des Menschen anzusetzen«.[29] Damit aber wäre der These von der Rückkehr der Religion jede Grundlage entzogen.

Pollack ist entgegenzuhalten: Religion wird wieder öffentlicher thematisiert – auch als Gegenreaktion auf die Auswüchse eines militanten Islamismus. Als Abgrenzung gegen die vermeintliche Bedrohung durch den Islam fragt man wieder eindrücklicher nach der eigenen Religiosität. Das gesteigerte öffentliche Interesse an Religion ist aber nicht mit Religion oder Religiosität an sich gleichzusetzen. Vor allem: Diejenigen, die sich wieder stärker auf die christliche Religion beziehen, um sich vom Islam abzugrenzen, wissen in der Regel nicht viel vom Christentum und stimmen mit dessen Verbindlichkeit kaum überein. Man will heute Religion erleben und nicht so sehr glauben. Es geht nicht darum, Religion auf einen gedanklichen Gehalt hin zu »verstehen«; es dominiert vielmehr eine religiöse Erlebnisfähigkeit ohne Halt an einem religiösen Wissen.

Es gibt eine Renaissance der Religion in dem Sinne, dass heute ein religionsfreundlicheres Klima in der Gesellschaft herrscht und Religion ein größerer Aufmerksamkeitswert zukommt. Aber von einer Rückkehr der Religion *als* Religion an sich kann keine Rede sein. Selbst die Verfechter der These vom »Megatrend Religion« müssen einräumen, dass im substanziellen Sinn von Religion kein Megatrend festzustellen sei und sich Religiosität als eine »bewusste und existenzielle Entscheidung für eine bestimmte Religion oder Weltanschauung« verflüchtige oder ganz auflöse.[30] Damit ist die »Wiederkehr« der Religion nicht als Anzeichen für den Anbruch eines »neoreligiösen« Zeitalters auszuwerten. Im Gegenteil: Wenn nur die Funktionen als sekundäre Leistungen der Religion zurückkehren und diese die Frage nach Gott überhaupt nicht mehr berühren, dann bestätigt der vermeintliche »Megatrend Religion« letztlich nur die Tatsache, dass wir längst in einer postreligiösen Zeit leben.

## Megatrend Gottvergessenheit

In der Rede zum Friedenspreis des deutschen Buchhandels in der Frankfurter Paulskirche vom 14. Oktober 2001 sprach Jürgen Habermas von den knapp werdenden »Ressourcen der Sinnstiftung« in einer Zeit der »entgleisenden Säkularisierung«.[31] Der Kolumnist Thomas Assheuer diagnostiziert am Beispiel der Gegenwartsliteratur eine geradezu »verzweifelte« Sinnsuche: »Im Netz der westlichen Kultur zappelt und zuckt ein bilderloses, von allen Imaginationen gereinigtes und seinem Triebschicksal stumm ergebenes Subjekt, das verzweifelt die Wirklichkeit nach Sinn abtastet, aber zwischen Paris und Bangkok nichts anderes vorfindet als jene Schnittmuster, die die Hohen Priester der kapitalistischen Religion, Trenddesigner und ›Verhaltenskonsumsoziologen‹, vorgestanzt haben.«[32] Der in dieser verzweifelten Suche nach Sinn ausmachbare Religionsbedarf weist Religion eine doppelte Funktion zu. Religion soll zum einen »weltbejahende« Sinngebung ermöglichen. Sie soll helfen, mit selbstproduzierten Grenzen und Ängsten sinnvoll umzugehen. Zum andern wird Religion aber auch nachgefragt als »weltverneinender« ethischer Protest gegen die Verzweckungen und Rationalität einer Konsum- und Fortschrittsgesellschaft.[33]

Diese weltverneinende Funktion von Religion entsteht gewissermaßen »aus Not« heraus. Der Mensch der (Post-)Moderne sucht Freiräume, die sich den bedrohlichen Gesetzen des gnadenlosen Wettbewerbs und der Globalisierung entziehen. Er sehnt sich nach Halt angesichts der zunehmenden Ökonomisierung des Lebens. In diesem individualisierten Kontext taucht die neue »Sehnsuchtsreligion« primär unter dem Label »Spiritualität« auf. Sie bezeichnet – in Abgrenzung gegenüber jeder Art von Instrumentalisierung durch religiöse Institutionen – die Sehnsucht und Suche nach lebensnahem Sinn. »Mittels Spiritualität will man sich vor den politischen und gesellschaftlichen Gefahren und Bedrohungen schützen und in der beschleunigten Moderne Oasen der Ruhe finden. Spiritualität wird wichtig für das persönliche Seelenheil, für ganzheitliche Gesundheit, Selbstverwirklichung und umfassende Heilung.«[34]

Spiritualität meint das lebensmäßig Relevante an Religion, die Sehnsucht nach »unmittelbar erlebtem Sinn«. Religion, die nach diesem Maßstab nachgefragt wird, unterliegt tief greifenden Wandlungsprozessen. Es kommt zu einer »Neudefinition des religiösen Feldes«.[35] Eine grundlegende Änderung im »Feld des Religiösen« ist die Deinstitutionalisierung von Religion. Der moderne »Heilige Kosmos« verlässt die Welt der Institutionen. Das idealtypische Modell, in dem die Kirche, der »Heilige Kosmos« und die Bedeutungshierarchie der Weltansicht deckungsgleich sind, hat ausgedient. Das bedeutet nicht, dass das Religiöse in der Gesellschaft schwindet, Religion wird vielmehr zu einer privaten Wirklichkeit. Religion findet in entkirchlichten und individualisierten Räumen eine neue Heimat. Damit entzieht sich Religion zugleich dem herkömmlichen religionssoziologischen Zugriff. Die »moderne Sozialform der Religion«, so Thomas Luckmann, lässt sich »eher durch etwas charakterisieren, was sie *nicht* ist, als durch das, was sie *ist*: Sie zeichnet sich durch das Fehlen allgemein glaubwürdiger und verbindlicher gesellschaftlicher Modelle für … Erfahrungen der Transzendenz aus«.[36] Religion wird so unsichtbar und zugleich zunehmend subjektiv. Das Erlebnis wird zur zentralen Kategorie der Religion für den Einzelnen und damit Religion selbst zur individuellen Aufgabe. Jeder stellt sich sein eigenes Religionsmuster zusammen. Religion wird zur »Religion nach Wahl«, der Einzelne zum »Religionskomponisten« (Paul M. Zulehner).

Um eine solche subjektive, unsichtbare Religion zu erfassen, ist die Fragestellung der klassischen Religionsforschung umzukehren. Man fragt nun nicht mehr von der Kirche und ihrem Schicksal her nach Religion, vielmehr dreht sich alles um die Religion des Einzelnen, um seine Spiritualität. Wer von hier aus nach der Wiederkehr der Religion fragt, kommt erneut zu dem Befund, dass man nicht von einer Rückkehr *der* Religion sprechen kann. Wo es Religion (noch) gibt oder wieder gibt, taucht sie im Plural auf.[37] Das Aufbrechen des kirchlichen Monopols hat zur Folge, dass religiöse Traditionen durch andere Kulturformen zunehmend abgelöst und umgestaltet werden. Es gibt keine Instanz, die die Befriedigung religiöser Bedürfnisse noch mehrheitsfähig leisten kann. »In diesem Sinne«, so das Fazit des Religionssoziologen Franz-Xaver Kaufmann, »gibt es ›Religion‹ nicht mehr.«[38] Das einstmals enge Feld des Religiösen löst sich auf, die Sinnstiftungsangebote differenzieren sich aus. Die Kirchen stehen in Konkurrenz mit einer Vielzahl von Sinnanbietern. Es kommt zu einer »Dispersion« des Religiösen, seiner Verteilung auf die verschiedensten Anbieter und Sozialformen.[39] Autogenes Training, Yoga und dergleichen ermöglichen Kontemplation, das Fernsehen hilft bei der Sinnstiftung und der Transzendierung des Alltags, die Psychologie bei der Angstbewältigung, die Ökoszene bei Therapien aller Art. »Erlösung« kann man nun auch vom Kino erwarten, Heilsversprechen von der Werbung und religiöse Gemeinschaftserlebnisse von Mega-Events.

Mit dem Dispersionstrend wird das Religiöse zunehmend ungreifbarer und unbestimmter. Es schwebt frei umher, ohne sich an eine eindeutige Glaubens- und Lebenslehre zu binden. Die Dispersion des Religiösen fördert so religiöse Unverbindlichkeit, sie bedient Formen diffuser Religiosität. Dem entspricht der Trend zur Entdifferenzierung. Die Grenzziehungen zwischen dem religiösen Feld und anderen Feldern wie der Medizin werden unscharf.[40] Aufgaben kirchlicher Amtsträger werden von einem breiten Spektrum anderer Anbieter übernommen. Heil und Heilung bieten auch Ärzte an, »Befreiung« versprechen Medienheilige wie Madonna, Schuld- und Lebensbewältigung erlangt man auf der Couch des Psychotherapeuten, orientierende Vorbildhaftigkeit wird nunmehr den Fernsehstars zugesprochen.

## Religion ohne Gott

In dem Aus- und Entdifferenzierungsprozess heutiger Sinnangebote wird der individualistische Zugang zur Religion vorherrschend. Religiöse Überzeugungen und die Zugehörigkeit zu einer Glaubensgemeinschaft sind zunehmend das Ergebnis einer subjektiven Entscheidung. Die Bindung an Glaube und Kirche bewegt sich zwischen »belonging without believing« und »believing without belonging«. Man kann ohne Kirche religiös oder nicht-religiös in der Kirche sein. Die institutionelle Religionszugehörigkeit und die religiöse Praxis des Einzelnen sind nicht mehr deckungsgleich. Die religiöse Sozialisation wird mehr und mehr zu einer Collage-Religiosität. Die individuelle Konstruktion der religiösen Identität nach dem Motto »Ich mache mir meine Religion selbst« folgt den Prinzipien der Montage, der Vermischung und des Samplings. Religiöse Angebote werden mit individuellen Bedürfnislagen abgeglichen und entsprechend kombiniert, wobei man vieles zusammenwürfelt, was rituell, traditionell und »lehrmäßig« ganz unterschiedlich daherkommt. Die unter dem Label »Spiritualität« versammelten Sinnangebote – von Buddhismus light über Esoterik bis zu Naturheilverfahren – liefern Bastelbögen für eine Patchwork-Religion, in der jeder nach seiner Façon selig werden kann. Jeder ruft aus einem reichen Schatz an Sinnangeboten das ab, was ihm zusagt: Gemeinschaftsgefühl bei kirchlichen Mega-Events, aber bitte ohne Moralkodex und stattdessen eine Prise fernöstlicher Meditation. Glaubensinhalte und Glaubensformen des Christentums werden zu »kulturellem Treibgut«. Mal ist Fasten »in«, mal Klosteraufenthalte, dann wieder Alltagsexerzitien. Die ursprünglich christliche Sinngebung löst sich dabei häufig auf. Die neue Spiritualität bindet sich nicht an Lehrinhalte und wird als Ausdrucksform einer »religiösen Mischkultur« gleichsam zu einem Container, in den man beliebig diffuse Sehnsüchte hineinlegen kann.[41]

In der persönlichen Auswahl und Komposition unterschiedlichster Angebote dominiert statt der einstigen Gott-Verankerung eine erlebnisbestimmte Ich-Orientierung. In ihrer extremsten Form führt diese Ich-Orientierung zur Sakralisierung des Selbst. Aus Selbstreferenz wird Selbstreverenz, eine Selbstreverenz, in der man Göttliches im Ich sucht und Gott als transzendentes Gegenüber ausfällt. Heiner Barz beschreibt vor diesem Hintergrund das neue »Credo der Selbstverehrung«:

»Ich glaube
an mich selbst (ich versuche es zumindest)
an nichts Übernatürliches
an Gott und Satan, die sich in mir und im Kosmos zeigen
an die experimentelle Wissenschaft
an paranormale Phänomene
an die Wiedergeburt
dass ich mich von anerzogenem Traditionsballast erst freimachen muss,
um zu mir selbst zu finden
dass alle Religionen wahr und unwahr sind und sich jeder
seine eigene Religion selbst zusammenzimmern muss
nur, wenn ich etwas davon hab.«[42]

Glaube und Religion werden in diesem »Credo« einer »spirituellen Selbstmedikation« unterworfen, die Folgen auch für das Gottesbild des Einzelnen hat. Luthers Frage »Wie finde ich einen gnädigen Gott?« bedeutet nicht mehr: »Wie werde ich den Anforderungen Gottes gerecht, dass er mir gnädig wird?« Zentral ist vielmehr das Problem geworden: »Wie finde ich einen Gott, der mir und meinen Bedürfnissen gerecht wird?«[43] Diese bedürfnis- und erlebnisbestimmte Form der Religiosität ist vor allem in den von Gerhard Schulze beschriebenen Selbstverwirklichungs- und Unterhaltungsmilieus verankert. In diesen Milieus dominiert individualisierte religiöse Erfahrung. Der Einzelne wird zur letzten Instanz in Sachen Religion. Das Leben hat nur einen Sinn, wenn man ihm selbst Sinn verleiht. Bei der Auswahl religiös-weltanschaulicher Orientierungen tritt entsprechend die Wahrheitsfrage hinter der subjektiven Einschätzung zurück, was das einzelne Angebot in der jeweiligen Situation dem Ich bringt. So entsteht letztlich eine Religion ohne Gottesbezug. »Religion« arbeitet nunmehr der Überhöhung des Einzelnen zu, sie dient der persönlichen Vervollkommnung, dem Trost und der Vertröstung sowie Heilsversprechungen, die Hier und Jetzt einlösbar sind und von zahlreichen Anbietern offeriert werden.[44]

Die Wiederentdeckung der Religion erfolgt so unter den Bedingungen des freien Marktes religiöser Angebote. Auf diesem Markt erweisen sich die religionsproduktiven Tendenzen der gegenwärtigen Gesellschaft vielfach lediglich als ein erhöhtes Interesse an Religion aus ganz pragmatischen Gründen. Ob Erbauung durch »Rockheilige« wie Prince oder Stressabbau durch Klosteraufenthalte – man nutzt diese Angebote vielfach als religiöse Vitaminspritze, um sich selbst vom Druck des Alltags zu entlasten und sich zugleich wieder fit zu machen für eben diesen Alltag. Religion gilt dabei immer mehr als ideales Mittel zum Erreichen rein weltlicher Ziele: Gesundheit und Erfolg. Wer glaubt, so verkünden selbsternannte TV-Medizingurus wie Hademar Bankhofer, ist fitter und gesünder. Wer religiös orientiert ist, so erklären Wirtschaftsbosse, ist in der Regel flexibler einsetzbar und belastbarer. Wer religiöse Bindungen hat, so ermitteln Demoskopen, ist kinderfreundlicher und geburtenwilliger.

Dort, wo Religion nach ihrem weltlichen und privaten Nutzen bemessen wird, entsteht eine religiöse Konsumhaltung. So bietet »Religion online«, Religion im Internet, die Möglichkeit, Glaube und Rituale auszuprobieren und zu wechseln wie Kleidermoden – wie es euch gefällt. In einem solchen religiösen Selbstbedienungsladen wird Religion zu einem Produkt, das dem Ich dienen und ihm zur Selbstverwirklichung und Sinn verhelfen soll. Dabei zählen innere Stimmigkeit und Erfahrung. Für diesen »Nutzen« von Religion ist man auf Gott nicht angewiesen. Man »streicht« Gott, »um desto besser religiöse Gefühle bedienen zu können« (Norbert Bolz), und lässt dabei außer Acht, dass eben »nicht alles Religion (ist), was sich so fühlt«.[45]

Wo das aber der Fall ist, wo Menschen das glauben, was ihnen wohltut, verlieren religiöse Inhalte ihre »objektive« Plausibilität. Ihre Gültigkeit ist nunmehr abhängig davon, was sie im Ich auslösen. Die Frage: Was beinhaltet mein Glaube, weiß ich das überhaupt? tritt zurück hinter subjektivierten Fragen: Wie »stimmig« ist »mein« Glaube? Welche Gefühle bringt er in mir hervor? Gerade die letztere Frage zeigt erneut, wie ambivalent der »Megatrend Religion« ist. Die neue Religionsfreundlichkeit erweist sich einmal mehr als eine rein bedürfnisorientierte Nachfrage nach Religion, in der das funktionale Eigeninteresse an Religion maßgebend ist, vor allem das »geglaubte Potential an Lebenshilfe«. Hierfür stellen eine Vielzahl von Angeboten nichtchristlicher Provenienz – von der Edelsteintherapie bis zum Yoga – offensichtlich viel effektivere »Lösungen« bereit als der christliche Glaube, »Lösungen«, in denen »Religion« allenfalls als religiöses »Update« mit Therapieleistung auftaucht.[46]

Für solche Updates lässt sich ein personaler Gott nicht gebrauchen, auch nicht die Anbindung an traditionelle Formen der Frömmigkeit. Die Rückkehr der Religion sei zugleich eine »Wiederkehr der Götter«, so die These des Theologen Friedrich Wilhelm Graf. Der dreifaltige Gott des Christentums, der personale Gott, der sich in Jesus Christus offenbart hat, ist darin nur eine – zunehmend bedeutungslos werdende – Option in einem Polytheismus, dessen wichtigster Gott »Wellness« heißt und der das Göttliche über eine »psychische Transzendenz« dem menschlichen Selbst zugänglich und verfügbar macht.[47] Aus christlicher Sicht bedeutet der »Megatrend Religion« so letztlich keine Wiederkehr der Religion, sondern vielmehr eine Deformation von Religion. Der Megatrend Religion geht mit dem Megatrend Gottvergessenheit einher. »Heute gibt es in großen Teilen der Welt eine merkwürdige Gottvergessenheit«, so Papst Benedikt XVI. auf dem Weltjugendtag in Köln. »Aber zugleich gibt es auch ein Gefühl der Unzufriedenheit an allem und mit allem: Das kann doch nicht das Leben sein! In der Tat nicht. Und so gibt es zugleich mit der Gottvergessenheit auch so etwas wie einen Boom des Religiösen. Ich will nicht alles schlecht machen, was da vorkommt. Aber – um die Wahrheit zu sagen – weithin wird doch Religion geradezu zum Marktprodukt. Man sucht sich heraus, was einem gefällt, und manche wissen Gewinn daraus zu ziehen. Aber die selbst gesuchte Religion hilft uns im Letzten nicht weiter.«

### Gotteskrise

Der Megatrend Gottvergessenheit hat mittlerweile auch die Aufmerksamkeit der Fernsehsender auf sich gezogen. »Glauben ohne Gott« – so der Titel einer ARD-Reportage vom 25. Februar 2007, die enthüllte, dass in Deutschland über 20 Millionen Menschen ohne religiöse Bindung leben. Die in der Reportage vorgestellten Humanisten glauben an die Welt und sonst nichts. Sie leben ihren Humanismus in der Kunst, der Natur und im Mitgefühl für andere aus. Angebote der Kirche verfolgt man interessiert, aber ohne Überzeugung. Die zentrale Glaubenswahrheit des Christentums, ein Leben nach dem Tod, wird abgelehnt. Mit dem Tod kommt das Aus. Das Leben selbst ist letzter Wert. Rituale kanalisieren und bändigen die Angst vor dem Tod.

Von einem beispiellosen »Kreuzzug der Gottlosen« berichtet der *Spiegel* im Sommer 2007. Für Richard Dawkins, den Papst der »neuen Atheisten«, gilt das Motto »Ich glaube nicht, und das ist auch gut so.« Hohe Priester dieses Mottos sind Naturwissenschaftler, Autoren und Philosophen, die sich mit Macht der »Rückkehr des Religiösen« in den Weg stellen. Ihre Waffen, so der *Spiegel*, sind Darwin, das Internet und das »wachsende Unbehagen über die Einmischungen von Bischöfen und Islampredigern, Polit-Frömmlern und Kirchen«. Die Propheten des »Neuen Atheismus« wie der US-Autor Sam Harris sind überzeugt, dass es keine übernatürliche Macht gibt und der

Atheismus »keine Therapie gegen den Glauben« ist, sondern nur »die wiedergefundene geistige Gesundheit«. Die Botschaft, dass Gott lediglich ein »Produkt der Menschen« ist und nicht umgekehrt, verkauft sich gut. Harris ist zum »Peter Hahne für Gottlose« avanciert. Der Erfolg von Dawkins Buch *Der Gotteswahn* (2007) belegt nach Auffassung des Autors die Tatsache, dass die Zeit »reif ist für ein neues atheistisches Denken«.[48]

Vor diesem Hintergrund stellt sich die Krise, die das Christentum in Deutschland erfasst hat, nicht ausschließlich als eine Kirchenkrise dar. Die Krise ist zur Gotteskrise geworden. Sie hat einen Ursprung in der Haltung »Kirche, nein«. Zwischen Gottesglaube und Verbundenheit mit der Kirche, das zeigen die Untersuchungen Pollacks, besteht ein enger Zusammenhang: Je verbundener Menschen mit der Kirche sind, desto höher ist auch die Wahrscheinlichkeit, dass sie an Gott glauben. Von den evangelischen Christen, die sich der Kirche eng verbunden fühlen, sind es 86 Prozent, die von sich sagen, dass sie fest an Gott glauben. Von denjenigen, die mit der Kirche gar nicht verbunden sind, glauben hingegen nur 7 Prozent an Gott.[49] Dieser Zusammenhang zwischen Gottesglaube und Kirchlichkeit belegt erneut, dass die gegenwärtige Kirchenkrise noch ganz andere Dimensionen angenommen hat. Jene einst in der Kirche verortete Volksreligiosität, die Gott eine Bedeutung für das Leben gab und mit seiner Hilfe und seinem Segen rechnete, ist selbst in den Traditionsmilieus auf dem Rückzug. Dem vermeintlichen Megatrend Religion steht zunehmend ein Gewohnheitsatheismus gegenüber, der mit der kirchlich gebundenen Religion jeden Gottesglauben überhaupt verabschiedet. Von 1991 bis 2002, so ermittelte Pollack, sank der Anteil der Westdeutschen, die sich zu irgendeiner Form des Gottesglaubens bekannten, um fast 20 Prozent.[50] Von einem »Megatrend Religion« kann angesichts dieses zentralen Indikators der Religiosität also nicht gesprochen werden, wohl eher von einem wachsenden Trend der Gottlosigkeit.

Dass der Glaube an einen personalen Gott in der Lebensführung des Einzelnen in dem Maße an Bedeutung verliert, wie die Kirchlichkeit zurückgeht, belegt auch eine Studie des Heidelberger Forschungsunternehmens »Sociovision«, die die Deutsche Bischofskonferenz in Auftrag gegeben hat. Die Studie, die auf Milieuuntersuchungen des gleichen Instituts basiert, kommt zu dem ernüchternden Befund, dass die Kirche und ihre Botschaft den Menschen fremd geworden ist.[51] Elf Prozent der Deutschen, so »Sociovision«, sind Hedonisten. Sie sind spaßorientiert, legen Wert auf ein geordnetes, schönes Leben mit Familie und gutem Einkommen und leben ganz im Hier und Jetzt. Die Botschaft von einem menschgewordenen Gott erreicht dieses Milieu genauso wenig wie jenes Milieu, das die Konsum-Materialisten bilden. Sie machen laut »Sociovision« 12 Prozent der Bevölkerung aus und gelten als typische Kleinbürger, deren Leben von Kneipen, Fußball, Konsum und Fernsehen bestimmt ist. Sie sind für die Kirche kaum erreichbarer als jenes Milieu, das die Performer und Postmateriellen bilden. Erstere stellen die Leistungselite dar, sind multioptional und flexibel ausgerichtet und lehnen konventionelle Lebensmuster ab. Die Postmateriellen, die wie die Performer 10 Prozent der Bevölkerung ausmachen, sind überwiegend hochgebildete und kosmopolitische Menschen, die ebenfalls von der kirchlichen Lebenswirklichkeit entfernt sind und sich vom christlichen Gottesglauben verabschiedet haben. Nur noch in Teilen dreier Milieus, vor allem im Milieu der Traditionsverwurzelten, kommt Kirche als »Lehrmeisterin« eines christlichen Gottesbildes an. Ansonsten gilt: »Wir sind Papst«. Aber keineswegs Kirche. Die Mehrheit der Bundesbürger weiß nicht, für welche Botschaft der Papst einsteht und was in den Kirchen über den Gott Jesu Christi gepredigt und verkündet wird.

Dass der christliche Gottesglaube im vermeintlichen Megatrend Religion immer bedeutungsloser wird, bestätigt auch eine Untersuchung des *Spiegels*. »Glauben Sie an Gott? Warum glauben Sie? Wie stellen Sie sich Gott vor?« So lauteten die Fragen, die das Meinungsforschungsinstitut TNS Infratest im Juli 2005 im Auftrag des *Spiegels* an 1000 repräsentativ ausgesuchte Deutsche stellte. Das Ergebnis: Zwar glauben zwei Drittel an ein höheres Wesen, doch viele halten dabei an einem Gott fest, der mit dem Christentum nichts mehr zu tun hat. Man glaubt an eine transzendente Energie, einen kosmischen Gott oder überirdische Kräfte, nicht aber an einen personalen Gott. Glaubensunsicherheit und Glaubensferne gehen dabei Hand in Hand. Nur noch eine Minderheit der Gläubigen kenne sich im Koordinatensystem des christlichen Gottesglaubens aus, so der Infratest-Werteforscher Thomas Gensicke. »Die Mehrheit hat einen diffusen Glauben und merkt gar nicht, wenn sie sich in Widersprüche verwickelt.« So stimmen laut *Spiegel*-Umfrage zwar beispielsweise 65 Prozent der Gläubigen dem Satz zu: »Gott kennt und schützt mich persönlich«, aber schon bei der nächsten Frage sagt von diesen 65 Prozent beinahe die Hälfte genau das Gegenteil: »Gott hat die Welt zwar erschaffen, aber er nimmt keinen direkten Einfluss auf das tägliche Leben.«[52] Das Bekenntnis zu einem geschichtsmächtigen Gott und zu Jesus

Christus als Sohn Gottes und Erlöser der Menschen gehört weithin nicht mehr zum Credo einer entchristlichten Gesellschaft.

Daran haben offenbar auch »Mega-Events« wie der Weltjugendtag in Köln nichts geändert. Nur gut ein Drittel der deutschen Katholiken macht derzeit eine stärkere Orientierung an religiösen Werten und kirchlicher Lehre aus als in den vergangenen Jahren. Nur jeder Fünfte attestierte der Jugend in Köln genuin religiöses Empfinden.[53] Dazu fügen sich die Ergebnisse der 15. Shell-Jugendstudie. Auch hier finden sich deutliche Anzeichen für die gegenwärtige Gotteskrise. Glaube und Religion, so das Ergebnis der Studie, spielen für die Jugendlichen in Deutschland eine eher geringe Rolle. 23 Prozent der befragten Jugendlichen »wissen nicht richtig, was sie glauben sollen«. 28 Prozent stehen nach eigener Auskunft der Religion fern, weniger als ein Drittel der Befragten glaubt an einen persönlichen Gott. Der kernchristliche Gedanke, dass der Einzelne sein Leben vor Gott lebt und dieses Leben nach dem Tod auch vor Gott rechtfertigen muss, findet kaum noch Zustimmung, selbst bei den Gottesgläubigen.[54]

Noch drastischer fallen die Untersuchungsergebnisse des Würzburger Religionspädagogen Hans-Georg Ziebertz aus, die die *Frankfurter Allgemeine Sonntagszeitung* am 3. Advent 2006 referierte: Nur noch 23 Prozent der deutschen Jugendlichen kommt aus einem religiösen Elternhaus und bezeichnet sich als religiös. Religiosität ist hier eher eine philosophische Idee oder allgemeine Weltanschauung, von der kaum noch ein Verpflichtungscharakter ausgeht. Zwar glauben die meisten Jugendlichen an einen Gott, doch sei dieser Gott, so Ziebertz, eine ferne Kraft. Der menschgewordene Gott, der im Zentrum der christlichen Weihnacht steht, spielt keine Rolle mehr.

»Gottlos und doch religiös wollen viele sein«, so charakterisieren Zeitbeobachter das Lebensgefühl des (post-)modernen Menschen, der sich in einem religiösen Supermarkt immer seltener der Angebote der christlichen Kirche »bedient«.[55] Dies zeigt sich am deutlichsten in dem neuen Trend zur »Spiritualität«, *dem* Zauberwort für das Sammelsurium an Sinnsuche von Tai-Chi über Homöopathie bis zu Simplify your life-Angeboten. Rund 15 Prozent der Deutschen fahnden derzeit nach Spiritualität, so das Ergebnis einer Studie der Düsseldorfer Wissenschaftsstiftung *Identity Foundation* und der Universität Hohenheim zum Thema »Spiritualität in Deutschland«.[56] Doch diese 6 Millionen spirituellen Sinnsucher suchen mehrheitlich nicht den Gott des Christentums, sondern religiöse Wohlfühlangebote aus Esoterik, Wellness und Buddhismus. Es dominiert eine Geschichts- und Wirklichkeitserfahrung ohne Gott, in der man auf der Suche nach dem Sinn gottlos religionsfroh ist.

Die Gotteskrise der Gegenwart ist daher nur schwer zu diagnostizieren, weil sie religiös eingekleidet ist. Sie ist nach Auffassung des Theologen Johann Baptist Metz »sowohl innerhalb wie außerhalb des Christentums in eine religionsfreundliche Atmosphäre getaucht«.[57] In dieser religionsförmigen Gotteskrise verabschiedet man sich von großen Atheismen. Das Nein zu Gott ist nicht das Nein eines reflektierten Atheismus, sondern das Nein einer gottlosen Religionseuphorie, in der man Religion als Stimmung, als Lebensverzauberung und Selbstfindung bejaht, den Anspruch des biblischen Gottes jedoch ablehnt. Diese religionsförmige Gotteskrise ist, so Metz, nicht einfach eine Existenzkrise Gottes, sondern eine Krise der Gottesrede selbst: »Die intelligible und kommunikative, die verheißungsvolle Macht des Wortes Gottes (ist) endgültig geschwunden«. Gott wird nicht nur »nicht geglaubt«, sondern auch gar nicht mehr »vermisst«.[58] Diejenigen, die ständig religiöse Signaturen im Säkularen aufspüren wollen, müssen sich daher fragen lassen, ob sie nicht einfach nur Religion gesundbeten und jenen praktischen Alltagsatheismus außer Acht lassen, in dem der Mensch zum alleinigen Planer und Gestalter seines Lebens wird und sich ansonsten auf das Ausleben und Genießen seiner Möglichkeiten einrichtet.

## Die Wiederkehr der Religion – ein medialer Megatrend?

In der von Thomas Luckmann vorgestellten Religionssoziologie sind alle Sinndeutungssysteme im Kern an sich religiös. Es gibt somit letztlich keinen Schwund der Religion in der Gesellschaft. Säkularisierung bedeutet lediglich, dass institutionalisierte Religiosität abnimmt. Religion wird nunmehr individuell gestaltet, wandert in die Privatsphäre ab und wird »unsichtbar«. An die Stelle des religionssoziologischen Paradigmas der Säkularisierung tritt das Paradigma der religiösen Individualisierung und Pluralisierung. Diese Ablösung, so nahm Luckmann an, schwäche die Prägekraft der Religion im Blick auf das öffentliche Leben. Luckmanns These von der »unsichtbaren Religion« über den Gestaltwandel des Religiösen in der Moderne trifft jedoch auf die gegenwärtige religiöse Landschaft nur bedingt zu. Die »Wiederkehr« der Religion bedeutet überraschenderweise auch, dass Religion in das öffentliche Bewusstsein zurückgekehrt ist und wie selbstverständlich einen Platz im öffentlich-politischen Raum beansprucht. Religion ist sichtbar geworden und besetzt den öffentlichen Diskurs in einem solchen Ausmaß, dass man mittlerweile sogar von einer »Resakralisierung« der Öffentlichkeit spricht.[59] Als entscheidender Auslöser hierfür gelten die Ereignisse vom 11. September 2001. Dass sich die Terroristen ausdrücklich auf eine göttliche Mission beriefen, dass Religion sich hier mit Gewalt verschwisterte, hat die religiöse Sprache mit neuer Intensität in die weltpolitische und mediale Öffentlichkeit katapultiert. Parallel dazu verstärken religiöse Konfliktsituationen wie der Streit über die Rolle Gottes in der Europäischen Verfassung, die Kopftuchdebatte, die Diskussion über Kreuze in staatlichen Schulen sowie über das Schulfach Lebenskunde-Ethik-Religion (LER) die wachsende öffentliche Kommunikation über Religion.

Die neue Sichtbarkeit der Religion trifft, so Gottfried Küenzlen, auf alle Weltreligionen zu. Sie stünden nicht nur vor ihrer Wiederkehr, sondern seien bereits fest im politischen Bewusstsein ihrer Nationen verankert. Religion und Glaube erwiesen sich weltweit als geschichtsbewegende Größen – für optimistische Zeitbeobachter eine denkbar positive Entwicklung. Die Auseinanderentwicklung von Glaube und politischem Handeln, von Religion und Gesellschaft sei gestoppt. Vor dem Hintergrund der Globalisierung und der dadurch verursachten interkulturellen Migration komme es zu einer »religiösen Revolution«. Vor allem der kulturelle Wettbewerb mit dem Islam lasse jeden Einzelnen wieder fragen, woher er komme und was seine religiöse Identität sei. So werde auch in Deutschland wieder verstärkt nach der Verwurzelung der Kultur in der christlichen Tradition gefragt – mit spürbaren und sichtbaren Folgen: Man spreche wieder über Morgengebete in Schulen, bekenne sich zu Kreuzen in öffentlichen Räumen, christliche Schulen und Internate erleben einen Boom. Mehr noch: In zentralen ethischen Fragen – von der Abtreibung bis zur Sterbehilfe – sei die christliche Botschaft zum gewichtigen Gegner des Liberalismus avanciert.[60]

Doch die angebliche Wiederkehr der Religion bedeutet nicht nur Gutes. Sie hat ein Janusgesicht, sie bedeutet auch eine Wiederkehr von religiös motivierten Gewaltkonflikten und ist gepaart mit Intoleranz gegenüber anderen Religionen. Islamistische Terroristen instrumentalisieren Religion als Begründung für ihre Verbrechen. Die Weltmacht USA missbraucht Religion als Rechtfertigung für einen politischen Kreuzzug. Thomas Assheuer spricht in der *Zeit* bezeichnenderweise davon, dass in einer »von Modernisierungskonflikten erschütterten Weltöffentlichkeit« religiöse Wahrheit zur

»symbolischen Waffe« werde: »Die Sprache der Religion«, so Assheuer, »bringt nicht nur ureigene spirituelle Sehnsüchte und reale Unrechtserfahrungen zum Ausdruck; sie dient auch dazu, politische Interessen als höhere Wahrheiten zu verschleiern. Religion bringt eine komplizierte Welt auf einen gefährlich einfachen Nenner – und wird zum Brandbeschleuniger.«[61]

Die »Wiederkehr« der Religion ist also janusköpfig. Sie bedeutet vor allem auch die Wiederkehr der radikalen Form von Religion, nämlich des Fundamentalismus. Er zeigt sich nicht nur in religiös motivierten Verbrechen islamistischer Terroristen, sondern auch auf der Ebene der individuellen religiösen Biographie. Den verunsichernden Wirkungen der Globalisierungs- und Modernisierungsprozesse begegnen viele durch eine Sehnsucht nach Eindeutigkeit, durch eine Flucht in die autoritären Vorgaben fundamentalistischer Welten. Im Protest gegen die (Post-)Moderne erliegen so viele gewissermaßen dem »Hitler-Modell«. Auch diejenigen, die den »Megatrend Religion« primär als eine Respiritualisierung beschreiben, weisen auf das Janusgesicht dieser Entwicklung und konstatieren, dass die neuen spirituellen Bewegungen »politisch nicht selten eine bedenkliche Nähe zu rechtsradikalem und faschistischem Gedankengut« haben.[62]

### Religion in den Medien – Medienreligion

Die Rückkehr zum »Credo-Prinzip« ist noch in anderer Hinsicht zweideutig und widersprüchlich. Während sich Religion als einflussreicher Faktor in Politik und Gesellschaft einer neuen medialen Präsenz erfreut, werden institutionell gebundene, alltägliche Formen religiöser Praxis marginalisiert und medial kaum wahrgenommen. Es sind primär religiöse Mega-Events wie der Weltjugendtag und religiöse Konfliktthemen wie die Diskussion um die Abschaffung des Religionsunterrichts, die die Weihe medialer Aufmerksamkeit erhalten. Das heißt: Die neue Sichtbarkeit von Religion, die grundsätzlichen Verschiebungen im Verhältnis von Öffentlichem und Privatem sind nicht von dem höheren Medieninteresse an Religion zu trennen. Dass Religion einen Ort im Raum öffentlicher Meinungsbildung erhalten hat und religiöse Repräsentanten wie der Papst einen neuen Grad öffentlicher Präsenz erreicht haben, ist vor allem ein Werk und eine Wirkung der Medien. Dabei gilt: Religion wird nicht nur in und durch die Medien öffentlich, die Medien werden vielmehr selbst *als* Religion wahrgenommen.

Das gestiegene Medieninteresse an Religion sowie die Tatsache, dass man die Medien selbst als eine Form der Religion beschreibt, ist jedoch nicht

...zusetzen mit einem religiösen Aufschwung, der sich auf die religiöse
... des Einzelnen auswirkt. Millionen jubeln dem Papst (im Fernsehen)
... verschwinden dann im wortwörtlichen Sinn von der Bildfläche.
...istliche Eventveranstaltungen werden immer populärer, Jugendkreisen
in den Gemeinden dagegen fehlen die Teilnehmer. Der viel beschworene
»Megatrend Religion« ist offensichtlich ein Phänomen, das sich zum großen
Teil in den Medien ereignet, nicht aber im religiösen Alltag. Der Bedeutungs-
zuwachs von Religion in den Medien scheint geradezu mit einem Bedeu-
tungsschwund von Religion und Glaube in der individuellen Lebensführung
einherzugehen.

In den Medien wimmelt es derzeit nur so von Autoren, die »ihre« Religion
anpreisen und »in print« natürlich auch verkaufen wollen. Trendforscher
Horst Opaschowski schreibt über die Zehn Gebote. TV-Moderator Stephan
Kulle erklärt in seinem Buch *Warum wir wieder glauben wollen* (2006), welche
Bedeutung der Religion in einer schnelllebigen Zeit zukommt. Sein Kollege
Peter Frey spricht in dem von ihm herausgegebenen Buch *77 Wertsachen*
(2007) über die Renaissance christlicher Werte. Der Wissenschaftspublizist
Martin Urban nähert sich in seinem Bestseller *Warum der Mensch glaubt*
(2005) der Religiosität physiologisch mit den Instrumenten der Hirnfor-
schung und weist zugleich auf biologische Grundlagen spiritueller Bedürfnisse
hin. Andere Forscher führen das Interesse an Religion auf ein »Gottes-Gen«
zurück. Dieses rege die Ausschüttung von Glückshormonen an, die auch bei
religiösen Erfahrungen auftreten. Es scheint also einen »genetischen Fingerab-
druck« Gottes zu geben. Fernsehsender wie 3SAT sichern sich mit eben diesen
»Gottes-Gen«- und »Gottes-Modul«-Themen hervorragende Quoten.

Die Wiederkehr der Religion in den Medien erschöpft sich nicht im Me-
dienrummel um Glaubensbekenntnisse, religiöse »Outings« und Erkennt-
nisse. Die Medien verschaffen auch dem politischen Konfliktpotential von
Religion höhere Aufmerksamkeit. Dazu gehört nicht nur die symbol-
trächtige Diskussion um Kopftücher und Kruzifixe, Gottesbezüge und Blas-
phemien, sondern vor allem auch die Allianz von Religion und Gewalt. Fast
alle religiösen Akteure, so beobachtet Friedrich Wilhelm Graf, verfolgen im
Einsatz um »ihren« Glauben »eine Politik der demonstrativen Besetzung
öffentlicher Räume. Manche bevorzugen dabei eine Kommunikationsform,
die ihnen maximale Medienpräsenz garantiert: die Sprache der Gewalt«.[63]
Religiös motivierter globaler Terror sichert gewaltbereiten Gläubigen den
höchsten medialen Aufmerksamkeitswert. In medial beförderten Empö-

rungs- und Bedrohungsszenarien erweist sich das Thema Religion so als Erfolgsstory.

Die Medien bestimmen also zu großen Teilen thematisch die Wiederkehr der Religion. Sie lenken die Aufmerksamkeit auf himmelssehnsüchtigen Terror sowie auf kirchliche Mega-Events wie die »globale Wallfahrt nach Rom« *(Der Spiegel)* anlässlich des Todes von Johannes Paul II. Der mediale Aufmerksamkeitswert, der der religiösen Alltagspraxis in Kirche und Gemeinden zukommt, ist dagegen vergleichsweise gering. Von hier aus kommt man erneut zu dem Schluss: Je mehr von dem so genannten »Megatrend Religion« in den Medien die Rede ist, desto mehr verdunstet Religion im Alltag des Einzelnen. Nicht die fromme Praxis hat sich geändert, sondern der mediale Aufmerksamkeitswert von Religion, das mediale Interesse an Religion und Glaube. Ist der »Megatrend Religion« also nur von den Medien gemacht? Der Theologe Horst Albrecht geht noch weiter. Massenmedien wie das Fernsehen, so Albrecht, erzeugen und vermitteln nicht nur Religion, sie sind nicht nur selbst zur Religion geworden, sondern bestimmen auch den Glauben: »Der Glaube der vielen Einzelnen (wird) heute in einem noch ungeahnten Maß von den Massenmedien geprägt.«[64]

### Populäre Religion

Was man heute »glaubt«, folgt also offensichtlich nicht zuletzt den Bedingungen der Medien und ihrer Mediatisierung des Glaubens. Nach Wolfram Weimer fungiert diese Mediatisierung »wie ein gewaltiges Verstärkerorgan der religiösen Kommunikation« und befördert so das »Comeback der Religion«.[65] Richtig ist: Unter den Bedingungen der Mediatisierung kehrt Religion wieder, aber nicht im Sinne einer Fortsetzung ihrer einstigen Gestalt. Sie folgt nunmehr medialen Codes. Vieles, was in den Medien wiederkehrt, ist dabei nur noch religionsförmig und hat eine andere Qualität von Religion zum Inhalt. Religion wird umformatiert auf ästhetische und Lebenshilfeorientierte Erlebnisformate hin. Entkonfessionalisierte und dekontextualisierte Vereinnahmungen religiöser Traditionen arbeiten dem »Religiotainment« zu – Religion als Unterhaltung. Religion wird so im weitesten Sinn des Wortes »popularisiert«. In dieser »populären Religion« werden traditionelle Inhalte der Religion nicht nach Maßstäben herkömmlicher religiöser Kommunikation thematisiert, sie gleichen sich vielmehr den Formen und Mustern der Popularkultur an. Dabei dienen religiös aufgeladene Layouts und Ästhetiken häufig nicht-religiösen Inhalten und Zielen und folgen einem Marktprinzip.[66] Wer etwa Telenovelas im Fernsehen als »sinnstiftende« Tagesbegleiter und Ritualersatz deutet, muss sich daher auch der Tatsache stellen, dass diese »quasireligiösen« Eigenschaften einem Produkt anhaften, das per Fanbücher, Fanzeitschriften und diverse Merchandise-Artikel vermarktet wird. Dies aufzudecken ist Aufgabe einer Theologie, die sich mit der marktförmigen Instrumentalisierung von Religion nicht einfach abfindet und sich von »religiogenen« Verbrämungen abgrenzt. Es muss der Theologie also auch darum gehen, die vielfältigen religiösen Aufladungen des Säkularen zu entzaubern, Aufladungen, in denen genuin-christliche Gehalte zum Teil völlig entleert und aufgezehrt werden.

Von hier aus ist erneut Zurückhaltung geboten, wenn man in der Gesellschaft eine neue Konjunktur der Religion ausmachen will und vom Eintritt in ein »postsäkulares« Zeitalter spricht. Solche Zeitdiagnosen gehen davon aus, »dass sich die Religion in einer zunehmend säkularen Umgebung behauptet«.[67] Dieses postsäkulare Fortbestehen von Religion ist an die primär medial beförderte verstärkte Sichtbarkeit des Religiösen gebunden. Im Gewand der Medien mag Religion »neu« sichtbar werden, aber sie wird vielfach nicht mehr *als* Religion sichtbar. Religion ist gefragt als Instrument zur Steigerung von Aufmerksamkeit, als Symbolvorrat für mediale Inszenierungen oder als vielfältige »Sinnagentur« im Alltag. In allen diesen Funktionen ist Religion nicht mehr maßgeblich Vorgabe für eine transzendenzbestimmte Lebensführung. Die Diskrepanz zwischen der vermeintlichen »Allgegenwart« des Religiösen in den Medien und seiner alltagspraktischen Vernachlässigung wächst. In Zeiten, in denen die meisten Menschen Zugang zur Religion immer mehr über die Medien haben, ist daher grundsätzlich auch nach den Folgen der populären Mediatisierung von Religion zu fragen. Was bedeutet es also konkret, wenn Menschen Religion nicht mehr im Alltag leben und erst recht nicht in der Kirche »erleben«, sondern in einem Massenmedium wie der *Bild*-Zeitung?

## Kapitel 2

# *Bild* und die Wiederkehr der Religion

»Der Papst empfängt *Bild*«, so der Aufmacher der *Bild*-Zeitung am 23. November 2004. »Diese Ehre«, so verkündet das Blatt stolz, »ist noch keiner deutschen Zeitung zuteil geworden.« Verdient hat sich *Bild* die päpstliche Anerkennung (unter anderem) durch die »Volksbibel«-Aktion. Höhepunkt der Privataudienz ist denn auch der Augenblick, in dem Chefredakteur Kai Diekmann Papst Johannes Paul II. ein Exemplar der *Bild*-»Volksbibel« überreicht, die das Blatt über 250 000 Mal verkaufen wird. In Gegenwart von *Bild*-Vatikan-Korrespondent Andreas Englisch, der im Blatt für den Papst und die *Bild*-Bibel die Werbetrommel rührt, verspricht Diekmann dem Oberhaupt der Katholischen Kirche: »Mit über zwölf Millionen Lesern täglich ist uns auch die Verbreitung der christlichen Glaubensbotschaft ein ernstes Anliegen« (23. 11. 2004). »Ungefähr seit diesem Tag«, so konstatiert die *Frankfurter Allgemeine Sonntagszeitung* am 24. April 2005, »versucht *Bild* sich als papsttreueste Zeitung der Welt zu positionieren.« Mit einem unterhaltsamen Religionsjournalismus verfolgt das Blatt das Leiden und Sterben Papst Johannes Paul II. und zelebriert die Wahl Benedikts XVI. als nationalen Triumph, als »Jahrtausend-Sensation« (20. 4. 2005). *Bild* kopiert zudem jenen modischen Feuilleton-Katholizismus, der zwei einst als dogmatische Hardliner kritisierte Päpste zu Vorbildern im Kampf gegen den Zeitgeist und Relativismus kürt.

*Bild* scheint Ernst zu machen mit der Absicht, die christliche Glaubensbotschaft zu verkünden. Wer die Diekmannsche *Bild* aufschlägt, dem begegnet Religion auf Schritt und Tritt. Religionskritik als Kirchenkritik findet man in *Bild* nicht (mehr). *Bild* folgt vielmehr traditionellen religiösen Codes: Aufmachung und Inhalte des Blattes orientieren sich immer wieder an christlichen Festen wie Weihnachten und Ostern. *Bild* berichtet wohlwollend bis euphorisch über kirchliche Ereignisse wie Weltjugendtage oder Kirchentage. *Bild* ruft zudem mit prominenten Vorbildern zum Widerstand gegen Werteverlust und Beliebigkeit auf und bezieht – im Rückgriff auf Aussagen der biblisch-christlichen Tradition – zu ethischen Fragen klar Stellung.

Ein Boulevardblatt mit dem Ruf, *das* Klatschblatt der Nation zu sein, als »Verteidiger des Glaubens«? Das löst nicht nur im Feuilleton der *Frankfurter Allgemeinen Sonntagszeitung* kultur- und religionskritisches Unbehagen aus. *Bild* und Religion scheinen auf den ersten Blick zwei völlig unverträgliche Größen zu sein. Die Ereignis- und Unterhaltungsorientierung der *Bild*-Zeitung, die Tendenz der *Bild*-»Schlagzeilen-Pistoleros« (Heinrich Böll), Menschen mit Seelenmüll und melodramatischen Belanglosigkeiten zuzuschütten, die Fixiertheit auf Sensationelles und Skandalöses, auf Spektakuläres und Schockierendes – all das ist eine dezidierte anthropologische Entgegensetzung zur Intention des Glaubens. *Bild* ist zudem bestimmt durch schnelles Erinnern und Vergessen. Vieles dient nur dem kurzfristigen Nervenkitzel. Der Unterschied zwischen Schein und Realität, zwischen Inszenierung und Wirklichkeit ist dabei kaum auszumachen. Für das Ziel der maximalen Konsumierbarkeit inszeniert *Bild* das Falsche oft als real. Die Wahrnehmung der Realität wird von käuflichen Illusionen überformt. Wenn aber wahrhaftige Realität letztlich nicht mehr interessiert, weil sie sich nicht verkauft, hat auch die Wahrhaftigkeit des Glaubens nur noch wenig zu bestellen. Religion und Glaube gehorchen offenbar nicht den Bedingungen des Boulevards.

*Bild* ist als Boulevardzeitung von der täglichen Kaufentscheidung des Lesers abhängig und damit von Gesetzen ökonomischer Bedingtheit. *Bild* muss tagtäglich das anbieten, was den Bedürfnissen und Gratifikationserwartungen des Lesers entspricht. *Bild* ist so »Werbung durch gesteigerten Leseanreiz und die Ware, für die geworben wird, zugleich«.[1] Auch das Thema Religion unterliegt in *Bild* diesem Warencharakter. Es wird als ausgeklügelte Medienstrategie eingesetzt zum Zweck eines leserbindenden Blattverkaufs. Religion, die den kommerziellen Bedingungen der Marktsituation zu folgen hat, bleibt nicht »unversehrt«. Sie wird dem *Bild*-Emotainment untergeordnet und einer strukturellen Entheiligung als Mittel zum Kaufanreiz unterworfen. Der Abstand zwischen der medialen und religiösen Ebene, zwischen Boulevard und Religion an sich scheint so gesehen unüberwindbar.

Folgt man jedoch dem Ansatz von Religionssoziologen, die mit ihrer Rede von »unsichtbarer« oder »impliziter« Religion vielfältige säkulare Phänomene integrieren, dann sind Massenmedien und Religion auf einer Ebene vergleichbar: Massenmedien können Nutzungsaspekte einer Religion erfüllen und Funktionen der traditionellen Religionskultur übernehmen. Das Religiöse begegnet also nicht mehr nur an »offiziellen« Orten wie religiösen

Institutionen, es verlagert sich vielmehr zunehmend in die Massenmedien. Hier werden säkulare Inhalte sakralisiert, hier wird Profanes mit einem »Heiligenschein« versehen und entsteht Religion ohne Lehrinhalte. Die medienreligiöse Wirkungsqualität der Massenmedien ergibt sich dabei nicht nur aus bestimmten inhaltlichen Angeboten, sondern resultiert bereits aus ihrer permanenten Verfügbarkeit. Massenmedien suggerieren im Alltag Verlässlichkeit, sie verstetigen die Zeit, sie vermitteln Sicherheit und Geborgenheit als Lebensbegleiter und besetzen damit – so die Annahme – die Funktionsstelle von Religion und Glaube.

So populär die Instrumentarien zur Beschreibung von Medien als neuer Form des Religiösen mittlerweile geworden sind, so eindeutig muss man andererseits feststellen, dass Massenmedien kein tragfähiges Äquivalent der (christlichen) Religion und des Glaubens sind. Massenmedien sind transzendenzvergessene Verweissysteme, sie kennen nur »kleine« Transzendenzen. Ein Massenmedium wie *Bild* mag Lebenshilfe anbieten und Sicherheit und Orientierung vermitteln, aber was in *Bild* wie Religion wirkt, bleibt in der Regel ohne Wirkung und bestimmt die alltägliche religiöse Lebensgestaltung gerade nicht. Als Funktionsäquivalent von Religion erfüllt *Bild* nicht die Bedingungen praktischer Religion. In *Bild* ist Religion vielmehr oft nur Zutat zum Entertainment und wirkt nicht durch sich selbst. Sie erscheint als Religiotainment, als eine Form der Unterhaltungsreligion, die Erlebnis und Gefühl in den Vordergrund rückt und den Nachweis der Nützlichkeit für das Individuum erbringen muss. »Religio« im Sinne eines sich Hinwendens und Zurückbindens an etwas Numinoses tritt zurück und wird stattdessen als Event und Erlebnis medial überformt. Solche Unterhaltungsreligion lebt von Erbauung, Inszenierungen, Stimmungen, die lediglich ereignishaft sind und nicht nachhaltig in den religiösen Alltag hineinführen.

Eine andere Perspektive ergibt sich, wenn man fragt, ob die *Bild*-Angebote (quasi)religiös genutzt werden und wie *Bild* inhaltlich Glaubensthemen profiliert. Was Letzteres angeht, ist die *Bild*-Zeitung offenbar besser als ihr Ruf und setzt sich mit der Tradierung von christlichem Kulturgut positiv in Szene. Melodramatische Geschichten sind in *Bild* oft so eingekleidet, dass sie auf eine höhere Gerechtigkeit verweisen, nach der das Gute und Richtige maßgebend ist. Religiöse *Bild*-Unterhaltung bringt spielerisch auch Gott in das Tagesgeschehen ein. Stars und ihre Schicksalsstories werden so vorgestellt, dass dabei religiöse Haltungen wie Gottvertrauen zur Geltung kommen. In groß angelegten *Bild*-Hilfsaktionen erlebt der Leser zudem die

Durchsetzungskraft von Verhaltensnormen wie Nächstenliebe, Verzicht und Brüderlichkeit, die einem christlich orientierten Wertesystem entstammen.

Die tägliche Abstimmung am Kiosk macht deutlich, dass es in Deutschland eine Leserschaft gibt, die man mit den religiösen *Bild*-Botschaften ansprechen kann. In Zeiten, in denen allerorts von einer »Wiederkehr der Religion« gesprochen wird, passt sich *Bild* wie ein Chamäleon an. »Wir können Trends nicht umdrehen, wir verstärken Trends«, so Kai Diekmann in der *Süddeutschen Zeitung* anlässlich des *Bild*-Jubiläums zum 50. Jahrestag des Bestehens der ersten Ausgabe (19. 6. 2002). Und so dockt *Bild* gezielt an einen Trend der Zeit an – das neue (mediale) Interesse an Religion und Glaube. Die *Bild*-Zeitung und ihre Leserschaft stehen dabei in wechselseitiger Beeinflussung: Die *Bild*-Zeitung prägt die Wahrnehmung von Religion in der Öffentlichkeit, zugleich greift sie aber auch Einstellungen zur Religion auf. Wie andere Printmedien, die in der von Lutz Friedrichs und Michael Vogt herausgegebenen Studie *Sichtbares und Unsichtbares: Facetten von Religion in deutschen Zeitschriften* (1996) untersucht wurden, übernimmt *Bild* eine solche »Spiegelfunktion für makrosoziale und ideengeschichtliche Entwicklungen innerhalb der Religion«.[2]

Kritiker der *Bild*-Zeitung haben ihr in der Vergangenheit stets mehr als nur eine Spiegelfunktion zugeschrieben. *Bild* wurde verurteilt als Institution zur massenhaften »Bewusstseinsfalsifikation«, die mit gezielter Meinungsmanipulation arbeite. Anstelle »persönlicher Willensbildung« des Lesers trete dessen »Steuerung« durch das Medium *Bild*.[3] Genau in diesen Zusammenhang kulturkritischer Manipulationsthesen gehört die Metapher vom »Monster« *Bild*, von der »Endstation *Bild*-Sucht«, der der Leser verfallen sei, scheinbar völlig passiv und außengelenkt, unfähig, mediale Welt und Wirklichkeit auseinander zu halten. Gerhard Henschels fulminanter *Gossenreport* (2006), der *Bild* als Europas »größte und übelste Sexualklatschkloake« verdammt, geht noch weiter. Er schließt von der »Verkommenheit« der *Bild*-Zeitung direkt auf die »Verkommenheit« der Leser. Sie werden als »Schwachköpfe« verurteilt, als »geistiges Lumpenproletariat« und »Pöbel«, »der mit Bettgeschichten aus dem höheren und niederen Adel der Fernsehprominenten unterhalten zu werden wünscht«. Der »Klosettmoral« der »sittenverwildernden« *Bild*-Zeitung entspricht in dieser Deutung unmittelbar der »geistige und moralische Kretinismus« des Lesers. Kai Diekmanns »dreckige Sexualnachrichtenkaschemme« befriedige die »ganz Doofen« und ihre »schmutzige« Moral, einen »Sensationspöbel« mit seinem »allgemeinen Bedürfnis« nach »Fickgeschichten und übler Nachrede«.[4]

Doch diesen bedauernswerten und moralisch zu verurteilenden Leser gibt es nicht. Medienrezipienten – die neuere Wirkungsforschung weiß das schon lange – sind keine »black box«, in die Mediendarbietungen einfach eingetrichtert werden. Es gibt keine direkte Medienwirkung in dem Sinne, dass der Inhalt der Kommunikation und die Richtung des Effekts identisch sind und somit Eigenschaften eines Medienprodukts den Eigenschaften des Rezipienten unmittelbar entsprechen. Der Rezipient ist nicht bloßes Objekt der Medienwirkung, sondern eigenmächtiges Subjekt, das das Medium nach eigenen Bedürfnissen nutzt. Ein Rezipient, der ein Medienangebot für unterhaltsam oder orientierend hält, wird anders auf das betreffende Angebot reagieren als jemand, der dieses für unglaubwürdig erachtet. Von daher ist genau zwischen verschiedenen Medien- und Rezipientenmerkmalen zu unterscheiden. So ergab eine von Peter A. Bruck und Günther Stocker durchgeführte Untersuchung zur Lesearbeit von Käufern einer Boulevardzeitung, dass Medienwirkungen nicht zuletzt von den Persönlichkeitseigenschaften und unterschiedlichen Voraussetzungen der Rezipienten abhängig sind. Die Palette der von Bruck und Stocker beobachteten Leserrollen reichte »von Spektakel und Aufregung suchenden VoyeurInnen bis zum Fußballer, der jedes statistische Detail im Sportteil genau studiert«.[5] Die Wirkungsmöglichkeiten von Boulevardmedien wie *Bild* sind also nicht zu verabsolutieren, die Reaktion auf das mediale Angebot kann von Leser zu Leser verschieden sein. Es gibt die »*Bild*-Wirkung«, aber diese ist offensichtlich mehr vom Leser und seiner Situation abhängig als von den *Bild*-Angeboten selbst.

Medien bestimmen und kontrollieren nicht das, was Menschen denken, sie haben aber eine Thematisierungsfunktion und damit einen Einfluss darauf, welche Themen in der Medienöffentlichkeit für die wichtigsten gehalten werden. Demnach macht es nach wie vor Sinn, auch inhaltsbezogen zu fragen, welches »Bild« von Religion dem Leser in *Bild* angeboten wird. Wie dieses »Bild« von Religion vom Leser rezipiert wird, muss hier offen bleiben. Was aber den Stellenwert der *Bild*-Zeitung *als* Religion angeht, ist aus Lesersicht festzuhalten, dass man nicht zu weit gehen sollte. Nach meinen eigenen Erfahrungen empfinden es vor allem Jugendliche als äußerst befremdlich und abwegig, wenn man sich mit ihnen über »ihre« *Bild*-Zeitung unterhält, auf religiöse Inhalte und Funktionen hinweist und ihnen dann die Schlussfolgerung nahelegt: »*Bild* – das ist nicht zuletzt auch etwas Religiöses.« Wer heute aus funktional-religionssoziologischer Perspektive Massenmedien wie *Bild* zur Religion erhebt, muss sich fragen lassen, ob man damit nicht letzt

lich religiöse Erfahrungen und Absichten einfach in Rezipienten hinein-
projiziert, die *Bild* primär zur Unterhaltung – »just for fun« – lesen. Dass in
*Bild* auch Religion hauptsächlich als Unterhaltung daherkommt, steht auf
einem anderen Blatt, denn es ist keineswegs ausgemacht, dass die Leser das
*Bild*-Religiotainment auch wirklich als religiös wahrnehmen.

Die von Axel Springer in Auftrag gegebene qualitative Analyse der *Bild*-
Zeitung von 1965 sieht eine wesentliche Funktion von *Bild* für die Leser darin, dass sie signalisiere, welche Ereignisse und Meinungen für den jeweiligen
Tag von Bedeutung seien und so Orientierung ermögliche. In diesem Sinn
macht und beeinflusst *Bild* durchaus öffentliche Meinung.[6] *Bild* ist ein Themensetter, ein Gesprächsstofflieferant für Millionen Leser, und die meisten
von ihnen erleben Religion eben nicht mehr in der Kirche, sondern vor dem
Fernseher, im Kino – oder in *Bild*. Der Begriff von Hans Magnus Enzensberger »Bewusstseins-Industrie« trifft auf diese Situation nur bedingt zu. Dem
Leser wird kein neues Bewusstsein oder eine neue Religion oktroyiert, sondern vielmehr das Angebot gemacht: *Bild* Dir Deine Religion.

## Der »Wandel« der *Bild*-Zeitung

»Großer Gott, steh uns bei!«, so das Stoßgebet von *Bild* anlässlich des Terror-
anschlags vom 11. September 2001 (12. 9. 2001). Als der Tsunami Tausenden
den Tod brachte, titelte *Bild*: »Wo war Gott?« (8. 1. 2005). Das Sterben
Johannes Pauls II. machte *Bild* zum öffentlichen Ereignis, nach der Wahl
Joseph Ratzingers zum Nachfolger inszenierte das Boulevardblatt das »Wir
sind Papst«-Gefühl (20. 4. 2005). Das Frommsein ist mit Sicherheit keine herausragende Eigenschaft von *Bild*. Ein genauer Blick auf die Ausgaben seit
2001 zeigt jedoch, dass es dem Boulevardblatt immer wieder gelingt, die religiöse Befindlichkeit seiner Leser markant auf den Punkt zu bringen. So
sensationalistisch, trivial und säkular, wie die *Bild*-Zeitung in den Augen vieler ihrer Kritiker daherkommt, ist sie offenbar gar nicht. Im Gegenteil:
Glaube und Religion haben seit einigen Jahren in *Bild* Hochkonjunktur. *Bild*
ist nicht nur »papstfromm« geworden, sondern leistet sich auch ein breites
Spektrum an religiösen Angeboten. Es reicht von Glaubensbekenntnissen
Prominenter, die als religiöse Vorbilder stilisiert werden, bis zu Geschichten,
die Gott als »deus ex machina« beschwören und die Mächte des Guten und
Bösen auf unzweideutige Weise voneinander trennen.

In *Bild* wird zum Gebet aufgerufen: »Betet für diesen Mann, der seine Familie verlor!« (6. 1. 2005), der Glaube an Gott bekräftigt: »Ohne Gott kann man die Welt nicht erklären« (13. 11. 2006) und verteidigt: »Atheismus ist unmodern« (3. 12. 2001), Gott um Hilfe angerufen: »Lieber Gott, steh diesen verzweifelten Eltern bei« (12. 4. 2003) und gedankt: »Ich danke Gott für seine Hilfe« (15. 3. 2001) sowie Glaubenswissen vermittelt und Fragen beantwortet wie: »Warum feiern wir eigentlich Pfingsten?« (7. 6. 2003). Was steckt hinter solchen Schlagzeilen? Will *Bild* der christlichen Botschaft wirklich dienen? Verfolgt die *Bild*-Zeitung gar seelsorgerische Absichten? Der Gründer der *Bild*-Zeitung verfolgte sehr wohl solche Absichten. Axel Springer verlieh seinen Zeitungen eine höhere, seelsorgerische Bedeutung und legte dem rein kommerziellen Verhältnis zwischen Käufer und Verkäufer einen »menschlichen« Sinn bei. Der Springer-Verlag umgab sich in seinen frühen Jahren mit der religiösen Aura eines christlichen Zeitungshauses. Springers religiöse Grundeinstellung, die zeitweise Züge einer »Jesus-Euphorie« annahm, bestimmte die Richtung des Verlags. Springer hielt sich für einen »Auserwählten«, von Gott berufen, »die Welt vor dem Satan zu retten«. Dies entsprach, so Michael Jürgs in seiner Springer-Biographie, der »simplen Philosophie« seiner Zeitungen: Für das Gute eintreten, wo es sichtbar wird, gegen das Böse, wo es das Gute bedroht.[7]

»Ich bin ein politisch engagierter Christ«, so Springer über sich selbst, »das ist kein Geheimnis. Und ich habe aus dem christlichen Glaubensbild Leitbilder, die mein Leben und Wirken prägend begleiteten.«[8] In der christlichen Botschaft sah Springer eine Aufforderung zu ethisch-moralischem Handeln im Zeichen der Nächstenliebe. Es galt daher, in der Berichterstattung christliche Glaubenssätze zu beachten und ethische Prinzipien für ein menschliches Miteinander zu stärken. »Seit nett zueinander!« hieß entsprechend die von Springer ausgegebene Losung, unter der beim 1948 lizenzierten *Hamburger Abendblatt* geschrieben und vertrieben wurde. »Diese so oft verlachte und verhöhnte, weil missdeutete Lebensphilosophie war«, so Springer rückblickend über sein Heilsarmee-Motto, »nicht weltfremd liebedienerisch gemeint. Sie entsprang der harten Zeit des Mangels, der Ellenbogenexistenz, wo einer glaubte des anderen Feind zu sein, wo Denunziantentum als Produkt einer zerbombten Welt und einer zerstörten Moral florierte; in einer solchen Zeit unmenschlicher Lebensumstände war unser Aufruf ›Seid nett zueinander‹ beinahe eine Sensation.«[9]

### »Bild« als moralische Anstalt und Lebenshelfer

Als Springer am 24. Juni 1952 die erste Ausgabe der *Bild*-Zeitung auf den Markt brachte, versuchte er diese »Sensation« fortzuschreiben und erklärte das »Seid nett zueinander« zur Richtlinie auch für die neue Zeitung. Mit *Bild* wollte Springer bewusst eine »moralische Zeitung« machen; er verstand unter Moral jedoch nicht die aktive Arbeit des Einzelnen an sich selbst oder eine Erziehung zum kritischen Bürger, sondern das freundliche, harmonische sowie »konsensorientierte Miteinander« der Menschen.[10] Die Zeitung habe den Wünschen der Menschen »auf der Straße« nachzuspüren und die Aufgabe, »von diesem runden Leben, das jedem das nächste ist, das er besitzt, so menschlich zu berichten, wie es ist ... Dazu gehört auch«, so Springer auf Anfrage des *Sonntagsblatts* im Jahr 1953, »dass wir uns daran gewöhnen, freundlich und menschlich miteinander umzugehen und uns das Leben nicht unnötig schwer zu machen«.[11]

Die Botschaft, die so unter die *Bild*-Leser gebracht wurde, unterstellte, dass der einfache Mann auf der Straße zwar gut, aber verführbar sei und dass man ihn mit indirekten Mitteln zu richtigem Handeln bewegen könne. Von daher habe der Redakteur geradezu eine erzieherische Mission wahrzunehmen und »auf das Gute zu achten und es mitzuteilen«. Die Aufgabe »eines im christlichen Geiste aktiven Zeitungshauses« sah Springer entsprechend darin, »dem Menschen zu helfen, dass er wieder ›fähig wird zur Transzendenz‹ oder anspruchsloser gesagt, ihm zu demonstrieren, dass nicht nur Böses, sondern überall auch das Gute in der Welt existiert, dass Weltgeschichte ein unaufhörlicher Kampf zwischen Gut und Böse ist, und dass es gilt, in dieser Auseinandersetzung ständig Stellung zu beziehen«.[12]

Die überhöht-optimistische Auffassung, Zeitungen könnten den Leser zum »Guten« erziehen, formulierte Springer explizit als Grundlage für die Notwendigkeit der *Bild*-Zeitung: »Dieses Land braucht eine Zeitung, die das moralische Bewusstsein wiedererweckt. Dieses Volk ist in den Nachkriegsjahren durch Schwarzmarkt und überlebensnotwendiges Stehlen so korrumpiert, dass es lernen muss, sich wieder über Hühnerdiebe zu empören. Ich will diese moralische Zeitung machen.«[13] Das moralisch Gute stand bei Springer ganz im Zeichen eines gefühlsbestimmten Christentums: »Gut war, was gut tat.«[14] Wer Gutes tat, dem ging es auch gut. In dieser gefühlsmäßigen Deutung des Guten wurde das Abgründige eliminiert und der Zusammenhalt derer bestärkt, die auf der »guten« Seite waren.

Der Leser-Allianz der »Guten« sind die Parolen und Maximen der ersten

*Bild*-Zeitungsausgaben untergeordnet. Entsprechend lauten die Themen: die vom Bösen bedrohte und dennoch schöne, heile Welt, das menschliche Miteinander, das Glück im Kleinen, das den »Guten« zusteht. Dazu ein Schuss Rührung, ein moralischer Tagesspruch und eine Portion Patriotismus – das alles unterlegt mit der faszinierenden Mischung aus Information und Unterhaltung, die dem Leser über den »faden Alltag« hinweghalf.[15] In dieser Mischung wurde das pseudoseelsorgerische »Seid nett zueinander« in den säkularisierten Predigten von Hans Zehrer, genannt »Hans im Bild«, weitertransportiert. Quasi als Vorredner und moralische Instanz wandte sich »Hans im Bild« seiner »Gemeinde« zu und stimmte sie mit Tagessprüchen wie »Ein Leben ohne Freude ist wie eine weite Reise ohne Gasthaus« (24. 6. 1952) auf die alltäglichen *Bild*-Predigten ein, die immer wieder die Gefühle des Herzens beschwörten: »Ohne Herz ist die neue Welt ... nicht zu ertragen« (7. 10. 1958). Nur mit Herz ist das »Heil« im privaten Bereich möglich. Nur so kann man »mitten in den Stürmen der Weltgeschichte ... das kleine Schiff seines privaten Lebens heil und unbeschädigt hindurchsteuern, eine gute Ehe führen, eine Familie gründen und ein halbes Jahrhundert lang glücklich miteinander leben« (12. 9. 1958).

Gemütvoll, bieder, restaurativ, erbaulich – das waren die Markenzeichen von *Bild* unter ihrem ersten Chefredakteur Rudolf Michael (1952–1958), den Springer angewiesen hatte, die »Herzen der Menschen« anzusprechen.[16] Michael fand die Formel, die bis heute den Erfolg der *Bild*-Zeitung sicherstellt: die Personalisierung, Simplifizierung und Visualisierung der Berichterstattung, die sensationalistische Überhöhung von Ereignissen, die unterhaltsame Dramatisierung von Fakten, die emotionale Ansprache sowie die klare Trennung in Gut und Böse, arm und reich, Sieger und Verlierer. Dazu kam der scheinbar selbstlose Einsatz des Blattes als Anwalt der kleinen Leute. Ihnen erzählte man vom großen Glück in einer plastischen Bildersprache, deren Glücksmetaphern durch Berichte von schrecklichen Verbrechen und Unglücken profiliert wurden.

Von softer Herzenswärme und Erbaulichkeit war in *Bild* bald nicht mehr viel zu spüren. Das »Seid nett zueinander«-Motto ging in der Hitze des Gefechts um die reißerischste Schlagzeile, die melodramatischste Story unaufhaltsam unter. Nicht erbauliche Geschichten vom treuherzigen Hund als Retter in der Not schafften es nun auf die Titelseite der *Bild*-Zeitung, sondern Berichte über vermeintliche Kindesmörder (10. 1. 1953). Nicht mehr die rührselige Schnulze vom verarmten Prinzen sorgte nun für Schlagzeilen, sondern unheimliche Katastrophen und Bedrohungen: »Typhus in Stuttgart: bisher über 200 Kranke« (12. 1. 1953).

Mit der Politisierung von *Bild* unter dem Chefredakteur Karl-Heinz Hagen (1960–1962) verlor der biedere Gemütsjournalismus weiter an Bedeutung. Für die Predigerstelle von »Hans im Bild« kam 1961 das Aus. Auf Anweisung Springers schlug *Bild* einen dezidiert antikommunistischen Kurs ein. Das seelsorgerische Vokabular der »Hans im Bild«-Kanzel passte nicht mehr in die emotionsbetonte Mischung aus Human-Interest-Rührung und politisierter Information. Letztere erreichte mit der Berichterstattung über den Mauerbau einen Höhepunkt. Panzer dominierten die *Bild*-Titelseite, Stacheldrahtrollen rahmten Artikel ein, die Leser in Furcht und Schrecken versetzen sollten: »Der Westen tut nichts!« (16. 8. 1961), »Ulbrichts Hitlerjugend droht jetzt offen: Wir werden auf Deutsche schießen« (8. 9. 1961), »Es gibt wieder KZs in der Zone« (9. 9. 1961). Den neuen aggressiv-antikommunistischen Stil von *Bild* unterlegte Hagen mit einem Sensationalismus, der in immer grelleren Tönen und im Staccato-Stil die Leser emotionalisierend ansprach. Diese Eigenschaft von *Bild* blieb bestehen, die Politisierung des Blattes nicht. Die Macher der *Bild*-Zeitung lernten unter Hagens Regentschaft die Lektion, dass explizit politische Schlagzeilen den Leser nicht langfristig binden konnten.

Die Entpolitisierung von *Bild* unter dem Chefredakteur Peter Boenisch (1962–1971) verhalf dem zurückgedrängten erbaulichen Neubiedermeier nicht zu einer Renaissance. Boenisch entfernte sich dezidiert vom Grundanliegen Springers. Als Massenblatt könne sich *Bild* bestimmten Trends »anpassen«, sie aber nicht »umdrehen«, so die skeptisch-realistische Einschätzung Boenischs. Eine Massenblatt-Leserschaft lasse sich wohl »flüchtig auf Orientierungspunkte hinleiten, nicht aber ›erziehen‹«.[17] Die *Bild*-Leserschaft ließ sich in Boenischs Augen zwar nicht erziehen, aber man konnte für sie Partei ergreifen. Boenischs *Bild* nahm sich des »kleinen Mannes« an und transportierte dessen Anliegen in emotionsgeladenen Kampagnen. Daneben dominierten verstärkt »weiche« Themen aus dem Sex and Crime-Bereich wie Verbrechen, Ehebrüche und private Katastrophen.

Die Pfarrer, die gelegentlich in *Bild* auftreten und unter anderem dazu auffordern, man solle sich »wie Christus solidarisch … fühlen mit dem Letzten unserer Menschheitsfamilie« (25. 5. 1964), geben primär allgemeine Lebenshilfeparolen aus. Ihre »Tipps zur Lebensmeisterung«, so schreibt der *Spiegel* kritisch, »(machen) den Briefkastenonkel brotlos«. Die kirchliche

Botschaft werde auf Springers »Seid nett zueinander« reduziert, »eingebettet in das von Hass und Sentimentalität durchtränkte ›Bild‹«. »Den Menschen die Vernunft zu verleiden, darin (passt) sich (der *Bild*-Pfarrer) seinem Medium ohne Aufhebens an.« Doch Boenischs *Bild* will mit der christlichen Botschaft nicht »die Einfältigen dumm … machen«, wie der *Spiegel* unterstellt, sondern den »kleinen Mann« vor allem emotionalisierend ansprechen und aufrichten.[18] Die *Bild*-Weisheiten sind konsequent auf die Sorgen des kleinen Mannes abgestimmt – auch Gott steht auf der Seite des einfachen, hart arbeitenden Mannes auf der Straße. »Gott hat mitgeholfen!«, titelt *Bild* am 8. 11. 1963 nach der Rettung der verschütteten Bergleute in Lengede.

Gott als Schlagzeile, als Blickfänger und »Aufhänger« des maximalen Reizes spielt in der Anti-Springer-Krise der Jahre 1968 bis 1971 keine Rolle. Die Kampagne »Enteignet Springer« war ein ideologisch und nicht religiös motivierter Protest gegen *Bild*-Verfälschungen und politische Indoktrination der »Massen«. Die »Massen« freilich blieben – trotz aller Kritik und Aufklärung – *Bild* letztlich treu, wohl auch weil sich das Blatt konsequent ihrer psychosozialen Befindlichkeiten annahm. Unter dem Chefredakteur Günter Prinz (1971–1980) geschah dies wieder mit dem quasireligiösen Pathos der Gründerzeit. Prinz hielt an den klassischen boulevardesken Themen aus den Bereichen Sex, Crime und Skandale fest, setzte aber zugleich auch auf die Lebenshilfefunktion von *Bild*. In seinem Begrüßungsartikel stellte Prinz *Bild* als Medium vor, welches dem Leser die »Welt in all ihrer Wirrnis« erklärt und für ihn »kämpft« (6. 8. 1971).

Bereits zwei Wochen nach Prinz' Einzug in die Chefredaktion konstatierte der Branchendienst *kress report,* dass es ab sofort möglich sei, *Bild* »ohne Brechreiz« zu lesen: »Man hat nun wirklich eine Zeitung vor sich, mit Nachrichten, einer Fülle von Informationen, aus denen sich der Leser belernen kann (Lebenshilfe im besten Sinn).«[19] Lebenshilfe hieß für Prinz nicht nur, dem Leser Orientierung und Verlässlichkeit im unübersichtlichen Nachrichtendschungel zu vermitteln, sondern auch aktiver Einsatz für den Leser. Mit der populären Aktion »*Bild* kämpft für Sie« konnte das Blatt als Anwalt des kleinen Mannes die Leserblatt-Bindung weiter ausbauen. Lebenshilfe in Form von Rat und Beistand nach dem Motto »Wenn niemand mehr zu Dir hält, kämpft *Bild* an Deiner Seite« wurde ein fester Bestandteil der Verkaufsstrategie der *Bild*-Zeitung. Sie forderte umgekehrt auch Hilfsbereitschaft und Nächstenliebe vom Leser ein. Unter Prinz überzog *Bild* die Leserschaft mit wohltätigen Aktionen wie »Ein Herz für Kinder«. Hinter den vermeintlich uneigennützigen Wohltätigkeitsaktionen steht auch hier eine kalkulierte Strategie zur Stärkung der Leserblatt-Bindung. Wer zur *Bild*-»Gemeinde« gehört, dem wird geholfen – und sie hilft selbst aktiv.

Die von Heinrich Böll und Günter Wallraff vorangetriebene Anti-*Bild*-Kampagne vermochte Prinz nicht zu stoppen. *Bild* wurde »faschistoider Meinungsterror« vorgeworfen, die IG Metall nannte *Bild* »Opium fürs Volk«. Die Auflage stieg dennoch. Prinz erreichte wieder die vierte Auflagen-Million. Das schlechte Image von *Bild* als Krawall- und Lügenblatt blieb. Bis Anfang der neunziger Jahre kann *Bild* die schlechten Imagewerte nicht verbessern. Chefredakteur Hans-Hermann Tiedje (1989–1992) verfestigt mit seinem Sensations- und Mord-und-Totschlag-Journalismus das Image von *Bild* als Klatsch- und Revolverblatt für den »Pöbel«. Mit den Chefredakteuren Claus Larass (1992–1997) und Udo Röbel (1998–2000) kommt die Wende. Beide vollziehen eine weitgehende Abkehr von Tiedjes »Haudrauf-Journalismus«.[20]

Die Medienkritik goutiert dies mit wohlwollender Anerkennung. »Das Blatt wendet sich«, überschreibt die *Süddeutsche Zeitung* am 6. Februar 1999 ein Porträt von *Bild*. »*Bild* ist nicht mehr das Krawallblatt, das es lange war«, konstatiert der *Spiegel* in einem »Special«. Die »Mutter des Boulevards«, so der ehemalige *taz*-Chefredakteur Michael Sontheimer, wirke mittlerweile »geradezu hausbacken und bieder«. Die *Bild*-Zeitung »ist nicht mehr das einzigartig geschmacklose Böse«.[21] *Bild* kommt ruhiger und seriöser daher. Mit anderen Worten: »*Bild* ist eine nette und enorm professionell gemachte, liberale Boulevardzeitung geworden.«[22] Der Imagegewinn, den diese »Wende« dem Blatt einbringt, ist beachtlich. Sogar der zweifache Kisch-Preisträger Christoph Scheuring wurde zwischenzeitlich zum *Bild*-Hausautor – mit dem Argument, es gebe »heute keine moralisch-ethischen Gründe mehr, nicht zu *Bild* zu gehen. In der Seriosität der Faktenlage und der Genauigkeit der Recherche unterscheidet sich *Bild* nicht mehr vom *Spiegel*«.[23]

Die neue Seriosität zahlt sich aus. Unter Larass und Röbel arrangieren sich Medien, Werbeträger, Politiker und Gewerkschafter mit der »neuen« *Bild*. Ihre Werbung im Blatt verstärkt dessen seriöses Profil. Die ARD schaltet im Januar 1997 eine Anzeigenreihe, das Bundesministerium für Arbeit und sogar die IG Metall werden »treue« Anzeigenkunden von *Bild*.[24] »Pöbel sind gewiss auch die Politiker, die sich auf *Bild* einlassen«, schimpft der Berliner Publizist Claus Koch 1990 in der *Zeit* (17. 8. 1990). In dem Maße, wie *Bild* selbst das Pöbelimage verliert, verlieren sich jedoch auch die Berührungsängste der Politiker. *Bild*-Kritiker registrieren zähneknirschend die wachsende Akzeptanz der *Bild*-Zeitung in Gesellschaft, Wirtschaft und in der Medienlandschaft – eine Akzeptanz, mit der das Blatt am 21. März 2007 in einer einheitlichen Selbstportrait-Beilage stolz für sich wirbt: »Gestatten, *Bild*! … Auch wenn es eitel klingt: Ich bin wirklich exklusiv! … Und das ist auch mein Anspruch. Ich will als Erstes informieren. Fakt ist: keine andere Tageszeitung wird in der Tagesschau und in anderen Medien so oft zitiert wie ich.« Und während Kritiker die *Bild*-Leser als »doofe«, »genäschige Kundschaft« »mit dem kruden Humor von Vierjährigen« (Gerhard Henschel) verurteilen, versichert das Selbstportrait den so Verurteilten: »*Bild*-Leser befinden sich in guter Gesellschaft … Die Zahlen belegen: Ich habe mehr jugendliche Leser als die *Bravo*, mehr weibliche Leser als die *Brigitte* und – jetzt kommt's – ich werde von mehr Professoren und Akademikern gelesen als die *FAZ*.«

Die Kritik an der ideologischen Dimension der *Bild*-Inhalte, die vor allem in den sechziger und siebziger Jahren gegen »das Monster aus dem Hause Springer« (Hans Magnus Enzensberger) vorgebracht wurde, ist nahezu verstummt. Vorbei die Zeiten, in denen man *Bild*-Leser als hilflose Opfer einer Publizistik sah, die nicht ihre Interessen vertrat und ihnen ein falsches Weltbild einflößte. »Die *Bild*-Macher haben immer professionell gearbeitet«, so schreibt Peter Glotz 1999 anerkennend über die »neue« *Bild*-Zeitung, »aber heute reflektieren sie die Gedanken und Sorgen des kleinen Mannes, statt sie zu manipulieren.«[25] Unter Larass und Röbel nahm sich *Bild* nicht nur der Sorgen des kleinen Mannes an, das Blatt besann sich auch wieder verstärkt auf die pseudoreligiöse Lebenshilfe-Funktion der Zeitung, die Prinz eingebracht hatte. »*Bild* hilft«, gibt Orientierung und steht dem kleinen Mann mit Rat und Tat zur Seite – mit solchen »Service«-Leistungen veredeln Larass und Röbel das Blatt. Der Abwärtstrend bei den Verkaufszahlen kann damit nicht grundlegend aufgehalten werden – eine Entwicklung, mit der auch der aktuelle Chefredakteur Kai Diekmann (seit 2001) zu kämpfen hat.

### Abkehr vom Boulevard?

Zu fragen wäre, ob die Einbrüche bei den Verkaufszahlen mit dem viel zitierten »Wandel« von *Bild* zusammenhängen, den Medienbeobachter als Abkehr vom klassischen Sensationsjournalismus beschrieben haben. Ein Blick in die Diekmannsche *Bild* zeigt jedoch, dass ein »Wandel« in diesem Sinne nicht vorliegt. *Bild* setzt nach wie vor auf die bewährte Mischung von Sex und Sensation, Schock und Skandal, Fakten und Fiktion. Psychisch erregende, hyperbolisch aufgeblähte Schock- und Gruselthemen – vom »größten Blutbad aller Zeiten« (17. 4. 2007) bis zum privaten Schicksalsschlag – bestimmen leitmotivisch die Ausgaben der *Bild*-Zeitung. »Harte« Themen aus den klassischen Ressorts Politik und Wirtschaft werden überlagert von »weichen« Themen aus dem Bereich Sex and Crime: Ehebrüche, Verbrechen, Scheidungen und Korruption. Banalitäten werden dabei zu Staatsaffären aufgeblasen – siehe die *Bild*-Story um den »Pinkel-Prinzen« Harry (19. 7. 2006) –, komplexe Sachverhalte im Betroffenheitsmodus abgehandelt – siehe die *Bild*-Berichterstattung über den drohenden Klimakollaps – und Informationen hollywoodisiert – siehe die *Bild*-Promi-News.

Die Diekmannsche *Bild* bricht gezielt in das Privat- und Intimleben von Menschen ein und enthüllt als vermeintlich unantastbare moralische Instanz Schmuddel-Affären, Intrigen, Ränkespiele. In einem Artikel über Sienna Miller, Amerikas »süßeste Hollywood-Prinzessin«, spekuliert *Bild*: »Ist ihr Neuer nur ein Promi-Jäger?« Mit Blick auf das Nacktfoto des Hollywood-Stars schreibt *Bild*: »Da liegt sie wie ein Geschenk Gottes. Mit blanken Brüsten und lockenden Lippen.« Die religiös und »poetisch«-alliterierend eingemäntelte Sex-Idylle entzaubert *Bild* moralisierend: »Alle Achtung, Sienna! Da hast du dir ja ein echtes Flatter-Früchtchen geangelt!« (21. 2. 2007).

Am 16. April 2007 berichtet *Bild* über das »bizarre Erotik-Dreieck des Rolf Eden« und enthüllt: »Deutschlands ältester Playboy teilt Geliebte mit seinem Sohn.« Ob Eden im Fall einer Schwangerschaft seiner Geliebten »Opa oder Vater« wird, darüber darf der Leser sich mit *Bild* freimütig Gedanken machen. In anderen Fällen darf er sich mit *Bild* über Peinlichkeiten amüsieren. So muss sich »Luxus-Luder« Paris Hilton am 21. Januar 2006 »schmutzigen *(Bild-)*Gerüchten« stellen. »Pinkelte Paris Hilton ins Taxi?«, fragt *Bild* und liefert sogleich den »Beweis« für die »Piesel-Affäre«: ein mit Paris' Urin getränktes Handtuch, das der Taxifahrer in seinem Wagen gefunden haben will. Neben solchen Promi-»Piesel-Affären« – von Prinz Ernst-August bis zu Prinz Harry – interessiert vor allem der Seelenmüll der Promis. Private Geständnisse über Drogensucht, Alkoholexzesse oder Seitensprünge werden in und durch *Bild* zu Klatschthemen der Nation.

*Bild* »verschlagzeilt« Menschen. Sie werden verleumdet, bloßgestellt und Teil der *Bild*-Gerüchteküche. »Heide Simonis jetzt ins Dschungel-TV?«, fragt *Bild* am 2. Mai 2006 und spekuliert, ob die Politikerin nach ihrer Teilnahme an einer Tanz-Show nun auch im Dschungel-Camp auftreten werde. Darunter ist eine Fotomontage ihres von Maden überhäuften Gesichts zu sehen. In enthüllenden Ausführungen bringt *Bild* Heide Simonis zusätzlich mit Shows wie »Die Alm«, »Promi-Boxen« und »Big Brother« in Verbindung und zeigt eine weitere Montage, in der der Kopf der Politikerin auf einen mit Jauche bedeckten Frauenkörper im Bikini gesetzt ist. Simonis' Schmerzens-geld-Klage gegen die *Bild*-Zeitung scheitert kläglich. Genauso wenig Chan-cen gegen *Bild* haben der als »doofer Sex-Trottel« diffamierte TV-Star Rain-hard Fendrich (2. 1. 2004) und Glamour-Girl Victoria Beckham, die das Blatt als »völlig balla-balla« beschreibt. Angesichts der spärlichen Oberbe-kleidung der Promi-Frau mutmaßt *Bild*: »Bei dieser Frau könnte man glatt meinen, ihr IQ läge unter Zimmertemperatur« (7. 4. 2007).

Die »neue« *Bild* lasse das Blut in den Schlagzeilen nur noch »tröpfeln, nicht mehr strömen«, so urteilen Medienbeobachter.[26] Das stimmt so nicht. Blut durchzieht bis zur bestialischsten Variante – dem Kannibalismus – viele Ausgaben der aktuellen *Bild*-Zeitung. »Massaker! Sechs Tote im China-Res-taurant«, meldet *Bild* am 6. Februar 2007 und liefert »blutrünstige« Einzel-heiten: Der Ehemann eines der Opfer will seine Frau aus dem Restaurant abholen. »Dann der Schock. Seine zierliche Frau lag mit einer klaffenden Wunde auf dem Fußboden. Tot! In den anderen Räumen des Gasthauses fand der Ehemann fünf weitere Leichen.« »Die drei Männer und drei Frauen lagen blutüberströmt auf dem Boden … Alle hingerichtet durch Kopf-schüsse … In einer riesigen Blutlache röchelte neben den Toten ein Schwer-verletzter.«

Der unter der leserlockenden Schlagzeile »Vampir-Wahn« geschilderte »Gruselmord« fällt noch blutrünstiger aus: Ein Schüler schneidet einer Frau »mit einem Messer den Brustkorb auf, reißt ihr Herz heraus. Dann lässt er Blut in einen Soßentopf fließen – und trinkt ihn mit einem Zug aus« (18. 7. 2002). »Sex, Blut, Gewalt« – das sind nicht nur die »perversen Fanta-sien« des Amokläufers von Blacksburg in Virginia (19. 4. 2007), sondern generell Themenkonstanten eines Boulevardblatts, das mit Meldungen wie »Mädchen im Bus Arm abgerissen« (14. 5. 2005) gezielt Bilder des Grauens beschwört und so nicht nur die Gewaltlust des Lesers bedient, sondern auch dessen Erleichterung darüber, dass das Entsetzliche immer nur einem ande-ren zustößt.

»Da sagt man, in eurer Zeitung stehen immer so viele, viele traurige Dinge. Dagegen steht die nackte, die triviale Tatsache, dass ich mit einem

Mord Millionen erreiche. So sind die Menschen, ich kann's nicht ändern.«[27] Dieser Einsicht des ersten *Bild*-Chefredakteurs Rudolf Michael ist das Blatt bis heute treu geblieben. Sex »sells« und Crime erst recht. Mit dem Wortschatz der Brachialgewalt rekonstruiert *Bild* Verbrechen detailgenau und lädt sie emotional so auf, dass der Leser Gefühle des Entsetzens bis hin zum Ekel durchlebt: »Ihr Körper ist von Narben übersät. Jede einzelne erinnert Anna P. (34) an die zwei schlimmsten Jahre ihres Lebens. Die Jahre, die sie mit ihrem Mann Murat Ö. (29) verbrachte. Er folterte sie mit Schlägen und Messerstichen. Jetzt sitzt er in Haft. Trotzdem sagt sie: ›Ich liebe ihn noch immer‹« (8.8.2006). Dass dafür kein Anlass besteht, macht die nachfolgende Gewaltszenerie deutlich: »Schließlich ging er mit einer Geflügelschere auf sie los, stach ihr ins Bein. Ihr Knie zertrümmerte er mit einem Stuhl und im Urlaub hätte er sie fast im Meer ertränkt. Dann stach er ihr mit einem Messer in die Lunge. Sie wachte in ihrem eigenen Blut auf. Ins Krankenhaus durfte sie nicht, sie verband sich selbst.« Abscheuliches, Grauenhaftes wird hier in schockierenden Details ausgebreitet. Dabei soll nicht nur das Mitgefühl des Lesers geweckt werden, der fassungslos und entsetzt das schlimme, fremde Schicksal verfolgt; vielmehr zielt der Bericht auch darauf, den Leser einen für ihn völlig gefahrlosen Anflug von Grauen, Schrecken und Leid »kosten« zu lassen, »weil (ihm) die Luft des Alltags zu fad ist« (3.5.1956).[28]

Das »Kosten«, das Auskosten von Schrecken und Leid funktioniert auch im Bereich der Sexualdelikte, die *Bild* oft auf drastischste Weise präsentiert. »Die unfassbare Anklage des Grauens«, titelt *Bild* am 7. November 2006 anlässlich der Gerichtsverhandlung gegen den Entführer der 14jährigen Stephanie aus Dresden. Die Rede ist von »unvorstellbaren Perversionen« und »unsagbar« »schrecklichen Details«, die *Bild* ausführlich beschreibt. Der Leser erfährt unter anderem, dass Stephanie missbraucht wurde, »während sie mit (dem Entführer) Fernsehen gucken musste«. »Der Täter zwang sie, mit ihm zu baden. Er rasierte sie im Intimbereich, lebte seine kranken sexuellen Phantasien mit ihr aus.« Für Gerhard Henschel ist es hier nicht zuletzt auch der Leser selbst, der seine eigenen »schmutzigen« Phantasien mit *Bild* auslebt. »*Bild*«, so Henschel, »ist das Sexualorgan, das zwölf Millionen impotente kleine Männer von der Straße als ihr eigenes empfinden.«[29] Diese mit den Instrumenten und dem Vokabular der *Bild*-Zeitung selbst arbeitende Verurteilung der *Bild*-Leserschaft geht zu weit. Aber was die Sensationsstorys der Diekmannschen *Bild* anbelangt, bleibt festzuhalten: *Bild* ist weiterhin ein »hartes Blatt« »an der Grenze der Geschmacklosigkeit« (Michael Sontheimer).

Dies war auch schon für den Gründer der *Bild*-Zeitung unerträglich. »Ich leide wie ein Hund darunter, dass manches in meinen Blättern steht, womit ich überhaupt nicht einverstanden bin«, so Springer in einem Gespräch mit dem *Zeit*-Autor Ben Witter. »Wie oft leide ich, wenn ich morgens die *Bild*-Zeitung lese. In Hunderten von Briefen beschwor ich die Chefredaktion, alles zu lassen, was gegen die Würde des Menschen verstößt.«[30] Springer würde auch angesichts der aktuellen *Bild* wie ein Hund leiden. Menschenverachtende, perverse Schlagzeilen und Titelstorys bestimmen auch die »gewandelte« *Bild*-Zeitung: »Ösi isst eigenen Zeh« (18. 6. 2003), »Arbeiter ertrank in Schokolade« (26. 7. 2002), »Autofahrerin nach Streit um Parkplatz zersägt« (31. 8. 2006), »Frau schnitt untreuem Ehemann den Penis ab« (30. 11. 2001) – all das sind Nachrichten aus einer *Bild*-Welt, die sich dem Leser als ein Panoptikum abstruser, bizarrer und abartiger Ereignisse präsentiert.

Eine neue Dimension des Tabubruchs und der Verletzung der Privatsphäre erreicht die Diekmannsche *Bild* mit ihren so genannten »Leser-Reportern«, die Prominente privat ausspähen, aktuelle Unglücksfotos liefern und dafür bei Abdruck von *Bild* eine Geldprämie kassieren. In diesem neuen Volkspaparazzi-Unwesen wird Spannertum jeder Art belohnt. Nichts bleibt mehr verborgen. Gnadenlos werden Prominente und Nicht-Prominente in kompromittierenden oder privaten Situationen abgelichtet. Kritiker bekämpfen solche menschenverachtenden Auswüchse der *Bild*-Berichterstattung mittlerweile mit den Mitteln von *Bild* selbst. So platzierte Gerhard Henschel am 8. Mai 2002 in der *taz* eine fiktive Geschichte mit dem Titel »Sex-Schock! Penis kaputt?« Diekmann, so »enthüllte« der Artikel, habe sich einer Penisverlängerung unterzogen, die Operation sei jedoch nicht erfolgreich verlaufen. Der empörte Diekmann verklagte Henschel daraufhin auf die Zahlung von 30 000 Euro Schmerzensgeld. Das Landgericht Berlin wies die Klage zurück. Begründung: Diekmann suche gezielt »seinen wirtschaftlichen Vorteil aus der Persönlichkeitsrechtsverletzung anderer«. Er müsse »davon ausgehen, dass diejenigen Maßstäbe, die er anderen gegenüber (anlege), auch für ihn selbst von Belang (seien)«. Henschels Artikel knüpfe »an den persönlichkeitsrechtsverletzenden Journalismus des Klägers an« und nehme »genau diesen Journalismus kritisch aufs Korn.«[31]

Dass es auch mit dem »Wahrheitsjournalismus« von *Bild* nicht weit her ist, belegen die vielfachen Verstöße gegen die Richtlinien des Pressekodex seit Beginn der Amtszeit von Kai Diekmann. 2004 wurde *Bild* durch den Presserat zwölfmal gerügt. Das entsprach rund einem Drittel der 2004 insgesamt ausgesprochenen Rügen.[32] Sehr viel häufiger finden sich Rügen und Verurteilungen von *Bild* im Weblog BILDblog, in dem die mangelnde Glaubwürdigkeit und die fehlende Objektivität des Blattes regelmäßig aufgedeckt werden. So seriös, soft und bieder, wie die »neue« *Bild*-Zeitung von der Medienkritik vielfach beschrieben wird, ist sie offensichtlich also gar nicht. Dass in *Bild* keine »Wende« zu beobachten sei, meint auch der *Bild*-Kritiker Klaus Staeck. Nicht das Blatt habe sich »gewandelt«, so Staeck in der *Süddeutschen Zeitung* (6. 2. 1999), sondern die Leute: »Ihr seid großzügiger geworden. Ihr empört euch nicht mehr über Sauereien.« Mit der zunehmenden Boulevardisierung der Kommunikationskultur werden »Sauereien« alltäglich. Der Aufmerksamkeits- und »Empörungswert« von Paparazzi-Fotos, Enthüllungen und Intrigen sinkt zusehends, weil all das wie selbstverständlich im Internet und im Fernsehen zu haben ist. Diese Veralltäglichung der Sensationen und »Sauereien« ist wohl mit ein entscheidender Grund für die Talfahrt der *Bild*-Auflage, deren Angebote auf den Leser oft nur noch wie kalter Kaffee wirken. Gerade diese Reaktion aber, so Medienbeobachter, zwinge die *Bild*-Zeitung, sich von Boulevard-Konkurrenten abzusetzen und entsprechend seriöser und »softer« daherzukommen.

In einer Analyse der *Bild*-Aufmacher hat Stefan Schirmer versucht, die These von dem Wandel der *Bild*-Zeitung in den neunziger Jahren empirisch zu überprüfen. Das Ergebnis: In den meisten der analysierten Qualitätsdimensionen war keine nennenswerte Veränderung auszumachen. Eine Ausnahme ist der Befund, dass Vorverurteilungen im Verlauf der neunziger Jahre zurückgingen. Aber grundsätzlich lassen die Aufmacher, so Schirmer, »in vielen Bereichen keine Abweichungen« erkennen.[33] Der »Wandel« der *Bild*-Zeitung ist anders begründet. Er deutet sich unter Larass und Röbel bereits an: *Bild* verstärkt den Einsatz des Themas Religion. Religiöses fasziniert, es ist aus *Bild*-Sicht voller Geheimnisse, die wiederum den *Bild*-Enthüllungen zuträglich sind: »Aschermittwoch: Das Geheimnis um einen alten Brauch« (12. 2. 1997) – »Geheimcodes in der Bibel« (2. 6. 1997). Die Diekmannsche *Bild* setzt diesen Trend fort. Die Anzahl der religiös bestimmten Aufmacher nimmt unter dem aktuellen Chefredakteur kontinuierlich zu und erreicht 2005 mit dem Tod von Johannes Paul II. und der Wahl des »deutschen Papstes« einen Höhepunkt. Dazu fügt sich die stetig steigende

Anzahl religiöser Beiträge, die sich von 2001 bis 2005 nahezu vervierfacht, auf deutlich über 300 Beiträge.[34] Eine Abkehr vom Jahrmarkt der Sensationen bedeutet dieser Wandel der Bild-Zeitung nicht. Bild geht nach wie vor mit Schlagzeilen und Stories über Mord, Totschlag, Terror sowie Intimitäten aus dem Leben von Medienpromis wie Dieter Bohlen auf Leserfang. Aber die neue »gewandelte« Bild hat ein zweites Standbein. »Bild«, so Kai Diekmann, »hat nicht nur Bohlen, sondern auch Bibel« (29. 12. 2003).

## Vom Klatschblatt zur Kirchenkanzel?

Kai Diekmann nennt seine Zeitung »das Leitmedium«, und tatsächlich gelingt es Bild nach wie vor, Kampagnen zu initiieren, Themen vorzugeben und als »Anwalt« des Volkes Druck auf »die da oben« auszuüben. So erreichte Bild 2003 in der beispiellosen »Florida-Rolf«-Kampagne um einen deutschen Sozialhilfe-Empfänger in Miami, dass die Politiker gesetzesmäßig reagierten. Für Diekmann ist Bild daher auch nicht »irgendein Boulevard-Blatt« sondern eine »Volkszeitung«. Mehr noch: Bild ist, so Diekmann in einem Interview mit der FAZ (15. 9. 2005), »die gedruckte Barrikade der Straße« – also »Anwalt der Leser, Zuhörer, Ratgeber, Verteidiger, Helfer«. In all diesen Rollen verzeichnet Bild jedoch eine abnehmende Anziehungskraft beim Leser. Die Auflage der Bild-Zeitung sinkt immer deutlicher unter die magische Vier-Millionen-Grenze. Im Januar 2007 betrug die verkaufte Auflage laut BILDblog nur noch 3,44 Millionen Exemplare.

Diese Abwärtsentwicklung bei den Verkaufszahlen will Diekmann mit unterschiedlichen Strategien stoppen. Eine Strategie ist den Reformbemühungen von Larass und Röbel abgelesen: die Verstärkung des »seriösen« Boulevardjournalismus als Abgrenzung von der Boulevardisierung des Fernsehens. »Mein Erfinder Axel Springer«, so heißt es im Bild-Selbstportrait vom 21. März 2007, »plante mich vor 54 Jahren als ... gedruckte Antwort auf das Fernsehen ... Der Mensch denkt in Bildern. Bilder haben Kraft. Deshalb heiße ich Bild.« Doch in der medialen Bilderflut ist Bild heute nur noch ein Bild unter vielen. Aus dem Vorbild Fernsehen ist der schärfste Konkurrent von Bild geworden – da hilft auch der Werbeslogan »Fernsehen wird durch Bild erst schön« nicht weiter (6. 12. 2002). Gegenüber Boulevardmagazinen wie Explosiv oder Brisant wirkt Bild zuweilen geradezu betulich und harmlos. Auch Schmuddel-Magazine wie taff laufen Bild seit langem den Rang ab. Das

Boulevard-Fernsehen beschränkt sich zudem nicht auf das Kopieren der *Bild*-Zeitung. Klatsch und Tratsch, Sex und Sensationen werden in Talkshows wie *Britt* live mit Tränendrüsendruck aufgemischt. Die emotionale Anmache von *Brisant* – »Vater arbeitslos, Sohn geistig behindert, Mutter an Leukämie gestorben« –, der Voyeurismus von *Explosiv* – »Frauen flirten frech« –, der inszenierte Nervenkitzel von *taff* – »Droht eine neue Killerwelle?« – all das sind abgefilmte *Bild*-Zeitungsthemen, die das Fernsehen in bewegten und eben nicht starren Bildern plastisch zum Anschauen anbietet.

Die aktuelle Prognose könnte für die *Bild*-Zeitung nicht ungünstiger sein. »Auf Dauer«, so das Urteil von Medienbeobachtern, »werden Boulevardzeitungen nur noch eine Nischenexistenz fristen. Das Fernsehen nimmt die Unterhaltungsfunktion einfach besser wahr.«[35] Diekmanns Gegenrezept lautet: Ausbau der sozialpsychologischen *Bild*-Angebote zur Lebenshilfe. Diekmanns *Bild* vermittelt die Gewissheit: Man ist »im Bilde«, man erhält von *Bild* Rat und Trost und vor allem Anleitungen, wie das so unübersichtlich gewordene Leben zu meistern ist. Mit ihren alltagsbegleitenden Verhaltensratschlägen – siehe die Tagebuchbeiträge von Claus Jacobi und die Reihe »Post von Wagner« – avanciert die *Bild*-Zeitung mehr und mehr zum Lebenshelfer und Wertgeber, der grundlegende Orientierungsaufgaben übernimmt. In Zeiten sinkender Renten, steigender Krankenkassenbeiträge und nach wie vor hoher Arbeitslosigkeit gibt *Bild* zudem konkrete Hinweise und Hilfen: »Wie finde ich einen guten Zahnarzt?« (25. 4. 2007), »So schützen Sie sich vor Ärztepfusch« (9. 5. 2003), »So werden Sie Ihre Schulden los!« (24. 1. 2006), »Sozialgeld statt Sozialhilfe. *Bild* erklärt die neue Stütze« (2. 8. 2003), »Schrumpf-Rente. Wovon sollen wir im Alter leben?« (18. 1. 2006).

Der Funktionswandel der *Bild*-Zeitung von reiner Unterhaltungs-Animation zur Lebenshilfe geht einher mit einem weiteren Abgrenzungsversuch vom Boulevardfernsehen. Unter Diekmann kommt es zum verstärkten Einsatz von Analysen und Kommentaren, die sich von aktuellen Geschehnissen abkoppeln und so der *Bild*-Zeitung eine nachhaltigere Aktualität verleihen. Diese Strategie ist verbunden mit einer weiteren Veredelung des Blattes: Bekannte Philosophen, Theologen und Religionsstifter erhalten in *Bild* ein Forum für Beiträge. *Bild* wirkt so insgesamt sachlicher und feuilletonisierter. Dem entspricht, dass der für *Bild* typische Staccato-Stil mit seinen Satz-Torsi, Schlagwörtern und stereotypen Wendungen in den *Bild*-Gastbeiträgen durch kompliziertere Satzstrukturen und einen »entsensationalisierten« Wortschatz abgelöst wird, der zu einer erhöhten Seriosität beiträgt.

Die Veredelung des Blattes, die formale und inhaltliche Annäherung an Qualitätszeitungen wie die *FAZ* durch einen seriösen »Wahrheits«-Journalismus – siehe den *Bild*-Werbeslogan: »Jede Wahrheit braucht einen Mutigen, der sie ausspricht« – ist Hintergrund für eine weitere Strategie zur Auflagensteigerung, die den eigentlichen »Wandel« der *Bild*-Zeitung ausmacht. *Bild* nutzt Religion als einen Steinbruch der Zitate, Bilder und Hoffnungen, um sich selbst mit quasireligiöser Bedeutung aufzuladen und das seriöse Profil zu verstärken. Religion ist so in *Bild* mit deutlich weltlicheren Interessen verbunden, als der neue religiöse Anstrich des Blattes es erahnen lässt. In dem *Bild*-Boom des Religiösen, den Verweisen auf Gott, Engel oder den Teufel kommt weniger die religiöse Signatur einer (post-)modernen Welt zum Vorschein als vielmehr der kalkulierte Rückgriff auf ein tradiertes Deutungssystem zum Zweck der Leserbindung an die Marke *Bild*. Als Mittel zur Erzeugung von Lebensgefühlen, Stimmungen und Images wird Religion in *Bild* gezielt marktorientierten Interessen angepasst. Religion steht im Dienst des Kaufanreizes und wird zu einem beliebig austauschbaren Etikett im Konglomerat maximaler Reize. Die Steigerung des Aufmerksamkeitswerts ist der eigentliche »Glaubensgrundsatz« von *Bild*.

Der Freiburger Soziologe Erhard Blankenburg fand 1967 in einer aufschlussreichen Studie über den Zusammenhang von kirchlicher Bindung und Wahlverhalten heraus: »Wo die kirchlichen Bindungen noch stark sind, wird CDU gewählt und eine Massenpresse wie *Bild* nicht gelesen.«[36] Unter Diekmann bricht *Bild* in diese einst *Bild*-fernen Milieus ein. *Bild* ist papsttreu und kirchentreu geworden. Dass *Bild* mittlerweile als Zeitung des Vatikans, als »Osservatore Tedesco« (*Süddeutsche Zeitung*, 22. 4. 2005) bezeichnet wird, ist neu, der religiöse Anstrich des Blattes dagegen nicht. Die »Rückkehr« der Religion in *Bild* ist in großen Teilen eine Wiederkehr des seelsorgerischen Anspruchs von Axel Springer. Diekmann rekurriert auf Springers ursprüngliches Konzept von *Bild* als moralische Anstalt. Springers »Seid nett zueinander« wird unter Diekmann zum »Seid gut und seid immer auf der Seite des Guten«.

### Das Erbe Axel Springers

Wie sehr sich die Diekmannsche *Bild* dem Anliegen Springers verpflichtet weiß, zeigen die Ausgaben zum 20. Todestag des Verlegers. *Bild* feiert Springer als »Jahrhundert-Menschen«, »Zeitungs-Genie« und »deutschen Visionär« (24. 8. 2005). Die eigentliche Bedeutung des Lebens Springers aber liegt nach Auffassung des *Bild*-Autors Claus Jacobi in der Gottsuche des Verlegers. Jacobi, Zeitzeuge, Weggefährte und Freund Springers, schreibt eine hymnisches Buch über den Verleger, aus dem *Bild* Auszüge abdruckt. Darin erfährt der Leser, wie religiös bestimmt und glaubensstark Axel Springer war. Er gerät im Herbst seines Lebens unter den Einfluss des »religiösen Pfadfinders« Pater Emmanuel Jungclaussen, von dem er das »Immerwährende Jesusgebet« übernahm und einübte. Nach dem Selbstmord seines ältesten Sohnes »beschäftigte« ihn die Religion »immer stärker«. Er gelangte zu der »felsenfesten« Überzeugung von einem Leben nach dem Tod und glaubte bedingungslos an die »Verheißung des Jenseits, eine Geborgenheit, die nur Gott gewähren kann« (24. 8. 2005).

In seiner Hommage an den Verleger beschreibt Jacobi ausführlich, wie sehr Springer von Weltuntergangserwartungen »gefesselt« war. Sie entsprachen, so Jacobi, »seinen eigenen düsteren Visionen über die Zustände in Deutschland und der Welt, … über Terror und sittlichen Verfall«.[37] Die aktuelle Garde der *Bild*-Zeitung geht von einer ähnlichen Zeitdiagnose aus. Franz Josef Wagner, der sich mit seiner Reihe »Post von Wagner« den Ruf eines »Gossen-Goethe« erworben hat, beklagt, dass »das Böse« heute nicht mehr »erkannt« werde. »Das Böse«, so Wagner, »ist nicht sichtbar. Es sitzt neben einem in der U-Bahn, auf einer Parkbank. Das Böse ist ein menschliches Wesen« (10. 12. 2004). Jacobi, der in der Diekmannschen *Bild* wie einst »Hans im Bild« predigt, beklagt ähnlich düster: »Wir leben in unseren Breiten in einer glaubensarmen Epoche … Wir glauben an Wissenschaft und Fortschritt, an die Vernunft, an Meinungsumfragen und an den Wetterbericht. Aber der Glaube nimmt ab« (6. 8. 2005). Die Ursache für diesen Zustand, die Wurzel des Übels, ist schnell ausgemacht: »Wir Deutsche sind … schwach geworden«, so Jacobi, wir beten den »Götzen Geld« an, der den »lieben Gott auf die Plätze (verweist)«. Wir tanzen ums goldene Kalb wie die Menschen im Alten Testament. »Aber damals, als die Menschen ums goldene Kalb ›Reigen‹ tanzten«, so betont Jacobi, »erschien Moses à la Schwarzenegger ›und zermalmte es zu Pulver!‹ Momentan ist ein Moses nicht in Sicht« (20. 12. 2003). Solange ein solcher Moses nicht in Sicht ist, füllt *Bild* diese Lücke aus. Die Diekmannsche *Bild* profiliert sich ganz im Sinne Springers als moralische Autorität. Das Blatt ist Kritiker der Zeit und Richter zugleich – ein moralischer Superheld »à la Schwarzenegger«.

Springers düsteres Urteil über »sein« Deutschland und den Zustand der Welt beruhte auf einer religiösen Verfallsanalyse: »Es ist der Abfall von Gott, der die Welt quält.« Der »Abfall von Gott«, so war Springer überzeugt, zerstört »die Ehrfurcht vor den anderen, verführt zum Irrglauben an das ›Paradies auf Erden‹, das immer schon in der Hölle ideologischer Zwänge endete … Der Rückweg zu Gott ist … der Ausweg aus dem Labyrinth der Zweifel und der Verzweiflung, die uns umgeben.« Dem »Abfall von Gott … Einhalt … gebieten«, dazu, so Jacobi, wollte Springer beitragen.[38] Diekmann, der gern darauf verweist, er sei Ursulinenschüler mit »Religion als viertem Abiturfach« gewesen und sich als »bekennender Christ« vorstellt, will mit *Bild* einen ähnlichen Beitrag leisten.[39] Als Teilnehmer an einer 1995 von der Nachrichtenagentur *idea* initiierten Podiumsdiskussion zum Thema »Hat die christliche Botschaft keinen Platz mehr in den Medien?« stellt Diekmann eine Zeitdiagnose vor, die Springers »düstere Visionen« fortschreibt: »Ganz allmählich verdunstet der Glaube.« Diese »Entwicklung der Glaubenssituation« entspricht nach Diekmann der »Lebenswirklichkeit« des Menschen. Er sei »allein gelassen«, »orientierungslos«, »hilflos«. Doch gerade diese Situation, so Diekmann, sei »eine riesige Chance« für die christliche Botschaft: »Wenn wir nämlich christliche Botschaft als das beschreiben, was Lebenshilfe ist, dann liegt genau an diesem Punkt eine große Herausforderung für die Kirchen und eine große Chance, Lebenshilfe zu geben; zu sagen: Wohin geht der Weg? Wie soll ich mich verhalten? Wo finde ich Orientierung?«[40] Genau auf diese Fragen will Diekmanns *Bild* Antwort geben. Sie ordnet die »Wirrnis« des Tagesgeschehens, orientiert sich an christlichen Standpunkten, bezieht in dem von Springer beschriebenen »unaufhörlichen Kampf zwischen Gut und Böse« Stellung und präsentiert den Papst als Garanten und Prediger des »Rückwegs zu Gott«.

»Nicht Gott hat sich … vom Menschen abgewendet«, so Springer in einem Brief an den damaligen Chefredakteur des *Hamburger Abendblatts*, Martin Saller, »sondern der Mensch von Gott.« Die Verantwortung eines der christlichen Botschaft verpflichteten Zeitungshauses sah Springer entsprechend darin, die »Verdrängung des Religiösen aus dem Bewusstsein der heutigen Menschen« nicht einfach hinzunehmen und sie vielmehr wieder »zur Transzendenz« zu »befähigen«.[41] Als moralische Anstalt hielt die Springersche *Bild* daher lange an der »pseudoseelsorgerischen Ambition fest, das Volk bessern zu wollen« und konnte sich hierfür auch auf das Auftreten von »Pfarrer in Bild« stützen.[42] Ganz so weit will Diekmann nicht gehen. *Bild* sei nicht unbedingt »das Zentralorgan der Deutschen Bischofskonferenz oder gar Mitteilungsblatt der EKD«, aber die christliche Botschaft habe auch in Massenmedien wie *Bild* ihren Platz und könne hier »Riesenerfolge« erzielen. Entsprechend lautet Diekmanns »Forderung an die Kirche« auf der *idea*-Podiumsdiskussion, sie müsse ihre »Berührungsängste« mit Massenmedien wie *Bild* »überwinden«.[43]

In der aktuellen *Bild* sind diese »Berührungsängste« längst überwunden. *Bild*, so *BamS*-Autor Peter Hahne, ist zur »größten ›Kanzel‹ der Bischöfe« geworden.[44] Eine erstaunliche Entwicklung. In den sechziger Jahren verdammten vor allem katholische Kritiker der *Bild*-Zeitung Springers »Seit nett zueinander« und seinen seelsorgerisch-missionarischen Anspruch als »widerchristlich«, als Auswüchse einer modernen »Todsünde« der Massenpresse, die »systematisch die individuelle Bewusstheit des Menschen zerstöre«.[45] Diese kulturpessimistische religiöse Kritik wird heute nicht mehr gegen *Bild* ins Feld geführt. Während in den Anfangsjahren der *Bild*-Zeitung gegen die Verbreitung des Blattes durch Predigten und moralischen Druck katholischer Pfarrer vorgegangen wurde, hat sich die Katholische Kirche mit der Diekmannschen *Bild* arrangiert und nutzt das Boulevardmedium zur Verbreitung ihrer Botschaft.

Um den Menschen wieder »fähig« zu machen »zur Transzendenz«, brauche man nach Springers Auffassung »Helfer«, denen er sich mit seinem Zeitungshaus verpflichtet wusste: »Helfen wir der Kirche in dieser Zeit weitgehenden Abfalls von Gott bei ihrer eigentlichen Aufgabe, nämlich Bindeglied zu sein zwischen dem Höchsten und den Menschen. Helfen wir auch den Dienern der Kirche, Mittler zu werden zwischen Gott und den Menschen. Helfen wir den Pastoren wieder das zu sein, was ihr Name aussagt: Hirten Gottes auf Erden.«[46] Die Diekmannsche *Bild* leistet solche Hilfe auf vielfältige Weise. Sie bietet Kirchenvertretern ein Forum für Beiträge, sie verteidigt christliche Werte, spricht sich offen für Kirchenmitgliedschaft aus und hält sich mit Kirchenkritik insgesamt zurück. *Bild*, so Diekmann, sei eine Zeitung, die sich weigere, »sich einem antiklerikalen Zeitgeist hinzugeben«. Schon als stellvertretender Chefredakteur von *Bild* habe er »bewusst darauf verzichtet, die Zeitgeist-Häme gegen die Kirchen mitzumachen«. Als neuer Chef des Blattes setzt Diekmann geradezu auf eine Allianz von Kirche und *Bild*. Während Diekmann 1995 noch beklagte, wie schwierig es sei, »einen deutschen Kardinal im Vatikan zu einem Gespräch mit *Bild* zu bewegen«, erklärt Kardinal Walter Kasper zum Auftakt des Jahres der Bibel 2003 in einem exklusiven

Interview mit *Bild*, warum die Bibel »das wichtigste Buch der Welt« ist (2. 1. 2003).[47]

Prestigeträchtige Projekte sichern die Allianz von *Bild* und Kirche. Beim Projekt der »Volksbibel« arbeitet *Bild* im Herbst 2004 mit der Augsburger Weltbild-Verlagsgruppe zusammen, die der Katholischen Kirche gehört. Der Erfolg der neuen Allianz ist beeindruckend. Über 250 000 Leser kaufen die »Volksbibel«. »›Goldene Feder‹ für die Volksbibel von *Bild*«, so verkündet das Blatt am 18. Mai 2005 stolz auf seiner Titelseite und verweist darauf, dass die erste Auflage bereits nach drei Wochen vergriffen gewesen sei. *Bild* legt entsprechend nach. »Jetzt kommt die *Bild*-Bibel in Gold!«, so die Anzeige des Blattes am 20. Oktober 2005 auf Seite 1, auf der auch zu lesen ist, die Gold-Bibel sei »dem Evangeliar des Papstes nachempfunden«.

Weniger papsttreu, dafür aber nicht minder prestigeträchtig ist die ökumenische Fortsetzung des Projekts Bibel. 2006 kooperiert *Bild* mit dem Club Bertelsmann und dem Gütersloher Verlagshaus und bringt eine mit 25 Bildern von Jörg Immendorff ausgestattete Ausgabe der ökumenisch angelegten Gute-Nachricht-Bibel auf den Markt, die in Zusammenarbeit mit den evangelischen und katholischen Bibelwerken in Deutschland, Österreich und der Schweiz erstellt wurde. Pünktlich zur Weihnachtszeit folgt 2006 das dritte *Bild*-Bibel-Projekt mit der Weltbild-Verlagsgruppe, die Dürer-Holzbibel, in deren Einband die »betenden Hände« von Albrecht Dürer geprägt sind. »Alle wollen das Buch der Bücher!«, jubelt *Bild* am 22. November 2006 und zitiert den Hamburger Weihbischof Hans-Jochen Jaschke herbei, der von der *Bild*-Bibel schwärmt: »Das ist eine Bibel zum Anfassen!« Im Mai 2007 erreichen die *Bild*-Bibel-Aktionen einen vorläufigen Höhepunkt. »Jetzt kommt die Papst-Bibel«, kündigt *Bild* auf Seite 1 am 24. Mai 2007 an. Die »Benedikt-Bibel«, eine Koproduktion von *Bild* und dem renommierten Herder-Verlag, sei die »edelste« Bibel – »exklusiv« und »streng limitiert«.

Die Bibel zum Anfassen, massenmedial transportierte Bibeltreue – dafür wird *Bild* kirchlicher Segen und Anerkennung zuteil. 2003, im Jahr der Bibel, druckt *Bild* regelmäßig die Lieblingsbibelstellen von Prominenten mit ihren Kommentaren ab und erhält dafür den kirchlichen Medienpreis. Das Blatt feiert sich selbst: »Bischöfe zeichnen *Bild* aus« (29. 12. 2003). Diekmann bekräftigt in einem Interview mit Hanno Gerwin über den *Bild*-Beitrag zum Jahr der Bibel noch einmal die Richtlinien und »Vorzüge« der »neuen« *Bild*: »Wenn man dazu beitragen kann, Mut zu machen, sich an die Bibel zu wagen, dann ist das eine gute Sache.«[48] Diese gute Sache zahlt sich für *Bild* in jeder Beziehung aus. Der Abschied vom schlechten Image als Lügen- und Krawallblatt ist kirchlich abgesegnet. *Bild-*»Hausautoren« wie Kardinal Lehmann belegen die reibungslose Akzeptanz des Blattes in kirchlichen Kreisen.

### Religion in der Popularkultur

Die neue »Union« von Kirche, Vatikan und »Gossenpresse« ist für den *Bild*-Kritiker Gerhard Henschel unerträglich. Der »Auftritt des Papstes zwischen der Telefonnummer einer triebigen Greisin und den Tränen eines angeblichen Vergewaltigungsopfers« sei ein würdeloser »Tanz um das goldene Kalb«.[49] Solche Kritik kommt inzwischen auch aus den Reihen des Springer-Verlages selbst. Alan Posener, Kommentarchef der *Welt am Sonntag*, ging im Mai 2007 in seinem Weblog auf Kai Diekmann los, der in seinem Buch *Der große Selbstbetrug* (2007) dazu auffordert, das Erbe der 68er abzuschütteln und Deutschland eine neue Perspektive zu geben. Nach Posener sind es gerade die 68er, die Diekmann noch heute dazu zwingen, »täglich auf der Seite 1 eine Wichsvorlage abzudrucken, und überhaupt auf fast allen Seiten die niedrigsten Instinkte der *Bild*-Leser zu bedienen, (zugleich) aber scheinheilig auf der Papst-Welle mitzuschwimmen«. Man könne nicht die *Bild*-Zeitung machen und »gleichzeitig in die Pose des alttestamentarischen Propheten schlüpfen, der die Sünden von Sodom und Gomorrha geißelt«. Gerhard Henschels Kritik geht noch weiter und nimmt sich nicht nur *Bild*, sondern den Papst selbst vor. Einem Papst, »der sich mit *Bild*-Redakteuren knipsen lässt, statt sie aus dem Tempel zu peitschen«, könne man nur die »Charakterfestigkeit und Prinzipientreue einer Flaschengurke« bescheinigen.[50]

Nun lässt sich Papst Benedikt XVI. nicht nur mit *Bild*-Redakteuren ablichten, er veröffentlicht auch – exklusiv in *Bild* – vorab einen Auszug aus seinem Jesusbuch (7. 4. 2007), und er stellt an seinem 80. Geburtstag für die *Bild*-Leser – natürlich wieder exklusiv – »die wichtigsten zehn Regeln für ein gutes christliches Leben« zusammen (16. 4. 2007). Dabei ist es keineswegs so, wie Henschel suggeriert, dass solche Beiträge stets unmittelbar neben Bettgeschichten und Sensationsmeldungen zu stehen kommen. In der Ausgabe vom 7. April 2007 findet sich, wie nicht anders zu erwarten, auch der übliche Schmuddel-Beitrag – »Pete Doherty gönnt sich ein Penis-Piercing« –, aber diese sensationsheischende Klatsch-Nachricht ist auf Seite 4 der *Bild*-Bundesausgabe platziert und deutlich abgegrenzt von dem exklusiven Vorabdruck aus dem Papstbuch, der auf Seite 10 lediglich mit einem Mond-Horo-skop »konkurriert«. Gleiches gilt für die Papst-Geburtstags-*Bild*. Benedikts »10 Regeln für ein gutes Leben« kommen in der Ausgabe vom 16. April 2007 zwar als Ankündigung auf Seite 1 unmittelbar neben der rührseligen Tren-nungsstory von Prinz William und Kate Middleton zu stehen, aber der eigentliche Abdruck der zehn Regeln findet sich auf der letzten Seite der *Bild*-Ausgabe, auf der die Papstbotschaft wiederum deutlich abgegrenzt ist von der Wettervorhersage und drei – unverfänglichen – Werbeanzeigen. Was Henschel als Auswüchse einer würdelosen Union von Kirche und Gossen-presse abtut, findet sich im Übrigen auch im Massenmedium Fernsehen. Auch hier kommt zum Beispiel das altehrwürdige *Wort zum Sonntag* des Öfteren neben Brutalo-Western und grotesken Thrillern zu stehen. So gese-hen müsste man den Kirchen grundsätzlich raten, von einer Beteiligung am massenmedialen Geschehen abzusehen.

Die Boulevardisierung der massenmedialen Kommunikationskultur ist nicht zuletzt auch ein gesellschaftliches Problem. Dieses wird aber von Kriti-kern von Boulevardmedien wie *Bild* nur selten konfrontiert, geht es doch oft lediglich darum aufzuzeigen, welche Bedrohung *Bild* für den »Kulturstand-ort Deutschland« darstellt. Von dieser Warte aus kommt Gerhard Henschel zu dem Schluss: Dass »eine Kulturnation bis hinauf in die höchsten Spitzen der Regierung, der Wirtschaft und der Erbverwalter Goethes mit diesem Zentralorgan der Unterhosenspionage paktiert, ist ein Skandal. In *Bild* gur-gelt der Gully obszön vor sich hin. Wer in dieses Abflussrohr hinabsteigt, der hat seinen Geist aufgegeben. Wer *Bild* als Kolumnist oder als Interviewpart-ner dient, der ist ethisch gerichtet und hat seinen intellektuellen und morali-schen Bankrott erklärt«.[51] Der »Kulturstandort Deutschland« ist aber längst nicht mehr von jener »hohen« Kultur bestimmt, für deren Bestand künst-lerische und akademische Kritik à la Henschel eintritt, sondern von einer massenmedial geprägten Popularkultur. In dieser Popularkultur werden »Massen« nicht einfach von willkürlich oder selbstherrlich agierenden Medienproduzenten manipuliert, sondern ermittelte »massenhafte« Be-dürfnisse bedient. Massenmedien wie *Bild* sind also zunächst einmal ganz unvoreingenommen als Indikatoren kultureller Entwicklungen und nicht zuletzt auch religiöser Wandlungsprozesse zu lesen, in denen Sehnsüchte und Wünsche von Menschen zu erkennen sind. Die autoritär überhöhte Per-spektive eines Kulturkritikers, der den moralischen und intellektuellen Nie-dergang des »Kulturstandortes Deutschland« beklagt und Massenmedien-

Rezipienten als »Schwachköpfe« und »Pöbel« diskreditiert, hilft hier nur wenig weiter.

Gerhard Henschels *Bild*-Kritik verurteilt gnadenlos jene »Bourgeoisie, die es sich in … einer monströsen Bedürfnisanstalt kannibalisch wohl sein lässt, Kolumnen schreibt, Interviews gibt, Urlaubsgrüße entbietet und keinen Anstoß daran nimmt, dass das Gesocks dort öffentlich mit Blut und Sperma gurgelt und im Gewerbe des Ausleerens königlicher Nachttöpfe und des Umkrempelns von Prominentenunterhosen eine marktbeherrschende Position ergattert hat«.[52] Zu der von Henschel verurteilten »Bourgeoisie« gehört auch die Kirche, deren Vertreter *Bild* bereitwillig Interviews geben und in *Bild* religiöse Beiträge platzieren. Dass diese Beiträge im Umfeld von Sensationsnachrichten auftauchen, mag man kritisieren. Aber diese Kritik ändert objektiv gesehen nichts an der Tatsache, dass religiöse Elemente heute geradezu ubiquitär in der massenmedialen Popularkultur zu finden sind und dass sich die religiöse Sozialisation zunehmend in den popularkulturellen Raum von Massenmedien wie *Bild* verlagert. Gerade weil diese Verlagerung fortschreitet und weil durch Massenmedien wie *Bild* öffentliche Information über die Kirche und ihre Botschaft vermittelt wird, kann sich die Kirche nicht der Medienwelt enthalten und muss vielmehr versuchen, in allen Sparten der Massenmedien zu Wort zu kommen.

»Die Frage, die sich heute der Kirche stellt«, so Johannes Paul II., »ist nicht mehr, ob der Mann auf der Straße noch eine religiöse Botschaft erfassen kann, sondern es handelt sich darum, die besten Ausdrucksformen der Kommunikation zu finden, sodass die Botschaft des Evangeliums ihre volle Durchschlagskraft erhält.«[53] In dieser Situation kann auch ein so »verrufenes« Massenmedium wie *Bild* eine Hilfe sein, denn es bietet einen Weg, um überhaupt noch die Menschen, die die christliche Botschaft nicht mehr kennen, zu erreichen. Unbestritten ist, dass Massenmedien einzelne Aspekte kirchlichen Handelns unterstützen können, die konkret erfahrbare Gemeinde vor Ort ersetzen können sie nicht. Mit religiösen *Bild*-Botschaften lässt sich nicht einfach das Terrain zurückgewinnen, das in der Verkündigungspraxis der Gemeinde verloren gegangen ist. Massenmedien sind andererseits aber durchaus in der Lage, Menschen für den christlichen Glauben zu öffnen und vor allem über diesen Glauben zu informieren. So kann man für die *Bild*-Zeitung beobachten, dass hier eine Art »Theologie light« »unters Volk« gebracht und damit popularisiert wird.

Kirche, die sich mit ihrer Botschaft in die Öffentlichkeit der Massenmedien begibt, wechselt von einer interpersonalen Kommunikation in die eigenständige Kommunikationsform der Medien. Es bleibt zu klären, was dieser Wechsel für die christliche Botschaft inhaltlich bedeutet und wie weit die Kirche diesen Wechsel vollziehen kann, ohne den Eigenstrukturen der Medien zu erliegen. Dies sollte jedoch nicht sogleich Anlass für Wehklagen über einen religiösen Kulturverfall sein. Eine Chance der Wahrnehmung von massenmedial geprägter Religion besteht darin, dass sich die »Hochtheologie« dieser populären Religion annimmt und von ihr lernt, was heute als Religion erlebt wird. Wer heute von einer Kanzel predigt, muss davon ausgehen, dass die Menschen vor der Kanzel zugleich in einer medialen Öffentlichkeit leben. Form und Inhalt christlicher Rede können daher nicht isoliert von ihren Wechselbeziehungen zu medial konstituierter Öffentlichkeit bestimmt werden. Die durch die Massenmedien veränderten Kommunikationsbedingungen haben somit unausweichlich Auswirkungen auf den Verkündigungsauftrag der Kirche. Sie sollte daher auch bei den Medien in die Schule gehen und offen wahrnehmen, was Massenmedien wie *Bild* an Sinnstiftung, Religion und Ethik anbieten und vor allem wie sie all das medial umsetzen und traditionelle Religion transformieren.

Gerade das Wie der Vermittlung ist für die Verkündigung der Kirche nicht unerheblich, wenn sie sich in die Medienwelt begibt. So gibt es heute viele Medienpraktiker und Theologen, die ausdrücklich feststellen, dass religiöse Inhalte dann am wirkungsvollsten sind, wenn sie in der Form von Unterhaltung dargeboten werden. Curt Hondrich geht noch weiter: Verkündigung gehöre in Unterhaltungsmedien wie das Fernsehen, um überhaupt noch vorzukommen.[54] Solange der Unterhaltungsbegriff jedoch nur mit kompensatorischen und eskapistischen Motiven verbunden wird, kann eine Annäherung von Unterhaltung an das Evangelium nicht gelingen. Der Theologe Manfred Josuttis schlägt an dieser Stelle einen anderen Weg ein und grenzt den Unterhaltungsbegriff von kulturpessimistischen Zugängen ab. Josuttis erkennt durchaus die eher negativ konnotierte eskapistische Wirkung von Unterhaltung, wertet sie aber positiv. Durch Unterhaltung, so Josuttis, »soll Gefährliches abgewehrt, soll von Bedrohlichem abgelenkt werden … Unterhaltung in diesem Sinn muss sein«.[55] Im Medienkontext lässt sich nach Josuttis Verkündigung von Unterhaltung nicht trennen. So können Themen von medialer Unterhaltung, wie etwa die Darstellung von Lebenskonflikten, durchaus als Verkündigungsgeschichten wirken. Es ist also – selbst in vermeintlich ganz säkularisierten Massenmedien wie *Bild* – durchaus möglich, auch unterhaltsam von Gott zu reden.[56]

Was aber geschieht mit der Gottesrede, wenn sie Gegenstand der *Bild*-Unterhaltung wird? Was bedeutet es, dass Religion zu einem Medienphänomen geworden ist? Verändern Massenmedien wie *Bild* die Religiosität der Menschen? Welche Art von »Religion« entwickelt *Bild*? Welche Art von Verkündigung wird hier geleistet und wie verhält sich diese zur christlichen Religion? Wenn es stimmt, dass die »Religion der Massenmedien« auch als Hinweis für das Bedürfnis des Menschen nach Sinnstiftung und Orientierung gelesen werden kann, dann sind diese Fragen nicht von der »hohen« Warte einer Religions- und Kulturkritik zu beantworten, die die massenmediale Unterhaltungsreligion von vornherein als trivial abtut und deren Rezipienten als »Gossenpublikum« verurteilt. Vielmehr gilt es, grundsätzlich die religiöse Aussagefähigkeit des Trivialen anzuerkennen. In einer Zeit, in der die kulturprägende Kraft der Kirche verloren geht, heißt dies nicht zuletzt, dass die Kirche die Tatsache akzeptieren muss, dass Menschen heute mit Religion auch unterhalten werden wollen.

## Religion als Medienphänomen

Die *Bild*-»Papamania« seit dem Tod Johannes Pauls II. mag manchen in dem Glauben bestärken, auch die *Bild*-Zeitung sei ein Indiz für die Renaissance der Religion. Doch der gesteigerte mediale Aufmerksamkeitswert von Religion ist zu unterscheiden von der alltagspraktischen Bedeutung von Religion im Leben des Einzelnen. Die erhöhte Medienpräsenz von Religion bedeutet nicht, dass auch der christliche Glaube mit seinem Bekenntnis zu dem von Jesus verkündigten Gott wieder im Kommen ist. Das aber legt eine Vermutung nahe, die sich bei der Lektüre der Diekmannschen *Bild* geradezu aufdrängt: Die vielfach behauptete Wiederkehr der Religion ist primär ein medial beförderter Megatrend. Mit anderen Worten: Die Rückkehr der Religion ereignet sich nicht in der religiösen Praxis, sondern ist zu großen Teilen ein medial inszeniertes Phänomen. Der Megatrend Religion geht letztlich vor allem mit veränderten Aufmerksamkeiten der Massenmedien einher.

*Bild* macht es sich zu Nutze, dass sich die Stimmung gegenüber Religion gewandelt hat und Religion auf dem Forum der (medialen) Öffentlichkeit eine größere Rolle spielt. Ein Beleg für die Rückkehr der Religion im substanziellen Sinn ist *Bild* in keinem Fall. Richtig ist: Religion ist heute in *Bild* häufiger anzutreffen als früher, aber es handelt sich in erster Linie um eine emotional ästhetisierte Religion, die nicht zuletzt dem Primat der Aufmerksamkeitssteigerung untergeordnet ist. *Bild* befriedigt ein öffentliches Bedürfnis nach spirituellem »Feeling«. Dieses Bedürfnis artikuliert sich hier in einem Patchwork von christlichen Religionsangeboten über Wellness- und Selbsterlösungsreligionen bis zum Friedensevangelium des Dalai Lama.

*Bild* druckt keine kirchlichen Verlautbarungen ab, sondern subjektive Glaubensbekenntnisse, die erfahrungs- und erlebnisorientiert sind. Die Übereinstimmung dieser Bekenntnisse mit dogmatischen Vorgaben der Kirche spielt im Primat des Erlebens keine herausragende Rolle. Im entkonfessionalisierten *Bild*-Religiotainment vermischen sich Inhalte christlicher Religion mit esoterischen Sinnstiftungsmodellen. Jeder wird bedient. Auf einer Seite wird dem Leser die christliche Erlösungsbotschaft angeboten und gleich daneben die »Glückslehren« des Buddhismus. Religion in *Bild* orientiert sich so am »Zapping«, der erlebnisorientierten Wahl von Sinnangeboten, dem »Kick«, den erlebnisbestimmte Religion auslösen kann. Es geht nicht um Religion und Glaube an sich, sondern um das Inszenieren des Glaubens, das Zitieren, Spielen, Imitieren. Die von *Bild* in Szene gesetzte Religion zielt auf Medieneffekte, auf einen Betroffenheitskonsum, der dem Leser eine gefahr- und folgenlose Identifikation anbietet. Diese medial inszenierte Religion vernichtet Inhalte. Grundmotive des christlichen Glaubens, die Kreuzestheologie, die Sünden- und Erlösungslehre werden in *Bild* »entschärft« oder gänzlich ausgespart. Überlieferte Glaubensbotschaften wie die Rede von der Dreifaltigkeit Gottes verlieren ihre erschließende und orientierende Kraft.

Die praktische Werthaltigkeit dessen, was den christlichen Glauben bestimmt, kommt in *Bild* kaum zur Geltung. Religion wird auf eine simple Moralität reduziert, die fordernde Dimension der Begegnung mit Gott ausgeblendet. Der »liebe Gott« der *Bild*-Zeitung ist Teil einer Bedürfnisreligion, die menschlichen Wünschen entspricht. Der von *Bild* domestizierte Gott wird zur Marke in einem Kontext, der ihn als Mischung von Sensation und Geheimnis erscheinen lässt. Im Vordergrund steht nur das »Fascinosum«, das »Tremendum« (Rudolf Otto) bleibt auf der Strecke. An seine Stelle tritt eine sentimentale Beschwörung des Emotionalen, ein Spektakel der Gefühlsduselei, die das Evangelium zur netten, belanglosen und letztlich beliebigen Botschaft nivelliert.

Die medienwirksame *Bild*-Inszenierung des Glaubens stärkt diesen nicht, sondern entleert ihn zu einem Event, das verbunden ist mit einer unbestimmten Sinnsuche und Personenkulten wie der »Papamania«. *Bild* schwimmt so auf der Welle der gefühlsmäßigen Rückkehr der Religion mit und deckt den emotionalen Bereich religiösen Erlebens ab. Was *Bild* bedient, ist eine Religiosität, die als rituelles Polster und den Alltag überhöhendes Gefühl genutzt wird. Der *Bild*-Boom des Religiösen lässt sich so weder als Beleg für ein Ende der Religionskrise noch als Indiz für ein Ende der Gotteskrise auswerten. Der Religion als »Feeling« stimmt man zu, den Anspruch des personalen biblischen Gottes lehnt man ab. Die Gotteskrise zeigt sich dort, wo die von *Bild* inszenierte Sinnsuche zum Egotrip im Gewand einer Gemeinschaftsideologie wird und hauptsächlich als Wohlfühlunterlage für die eigene Seele dient. Dort aber, wo Religion hauptsächlich als Komfortreligion für das eigene Ich konsumiert wird, offenbart sich die Gottvergessenheit einer entchristlichten Massengesellschaft in aller Deutlichkeit.

### Religion wider die »neue Unübersichtlichkeit«

»Geheimnis Bibel. *Bild* erklärt das wichtigste und schönste Buch der Welt«, so wirbt das Blatt am 16. Dezember 2002 für eine neue Serie. »›Religion und Glaube‹ – Band 11 der neuen *Bild*-Wissensbibliothek ist da. Mit über 1000 Fragen und Antworten«, verkündet *Bild* am 28. November 2006 und verweist auf die renommierten Herausgeber, den Physiker Ulf Merbold und den Literaturkritiker Hellmuth Karasek, der als *Bild*-»Hausautor« für den neuen *Bild*-Band auch gleich einen Artikel zum Thema »Als Gott zu den Menschen kam« beisteuert (28. 11. 2006).

In solchen Werbeaktionen und Beiträgen stellt sich die »Wiederkehr« der Religion in *Bild* noch einmal anders dar. Religion erschöpft sich in *Bild* offenbar nicht lediglich in stimmungsvollen Inszenierungen. Die »neue« *Bild* will anders sein, nicht mehr sensationslüstern, eskapistisch und inhaltsleer, sondern bedeutungsschwer, seriös, instruktiv. Was der Religionsunterricht an deutschen Schulen schon längst nicht mehr ausreichend leistet, übernimmt nun die *Bild*-Zeitung. *Bild* tritt als Vermittler von Glaubenswissen auf. In Serien und Reihen vermittelt *Bild* Grundwissen über die Bibel, das Christentum und die Kirche. Mehr noch: Gerade das, was vor allem der Katholischen Kirche vielfach Kritik einbringt, ihr als starr verurteiltes konservatives Fundament, ihr Festhalten am Überkommenen – all das wirkt nun in *Bild* überwiegend positiv und attraktiv.

»Mein Gott hat keine Lobby«, klagt *Bild*-Kolumnist Franz Josef Wagner

(27. 11. 2006). Mit *Bild* hat der christliche Glaube eine Lobby gefunden, die nicht zuletzt angesichts der islamistischen Bedrohung bereit ist, »für Jesus Christus auf die Barrikaden zu gehen« (27. 11. 2006). Wird die *Bild*-Zeitung so zu einer Apologetin des Christentums? Wohl kaum. Gedruckt wird in *Bild*, was sich bezahlt macht und die Auflage steigert. Und was Religion angeht, macht sich in *Bild* noch etwas ganz anderes bezahlt. Moralische Entrüstung gab es in *Bild* schon immer. Neu ist – und das ist das hier Interessierende – die religiös eingekleidete moralische Aufrüstung von *Bild*. Gegen das »Bekenntnis der Spaßgesellschaft: Freizeit, Gleichheit, Liederlichkeit« (12. 10. 2002) setzt *Bild* die »Sehnsucht nach Moral und Anstand« (21. 5. 2002). »Ich glaube«, so der *Bild*-Autor und Ex-*HörZu*-Chef Peter Bachér, »es wird Zeit aufzustehen, die Stimme zu erheben, dem Eindruck zu widerstehen, dass unser Leben eine einzige Sause ist, dass die Tugenden wenig zählen und die Moral in die Asservatenkammer der ›guten alten Zeit‹ gehört« (21. 5. 2002).

In Zeiten der Unsicherheit durch weltweiten Terror, Globalisierung und den Zwang, das Leben »in eigener Regie« auszurichten, wächst das Bedürfnis nach Orientierung. *Bild* befriedigt dieses Bedürfnis autoritär und knüpft an eine traditionelle Werteordnung der Gesellschaft an. Die »neue« moralisch aufgerüstete *Bild* bedient all jene, die sich mit schrankenloser Liberalität, mit dem »Götzen der Unverbindlichkeit« (12. 4. 2005) nicht abfinden wollen. Mit der euphorischen »Absegnung« von Johannes Paul II. und Benedikt XVI. stillt *Bild* kalkuliert und mit sicherem Gespür die religiöse Sehnsucht nach Beheimatung und Orientierung in einer unsicher und unübersichtlich gewordenen (Post-)Moderne. Mit Wojtyla und Ratzinger als Garanten erleben in *Bild* traditionelle Werte wie Nächstenliebe und Hilfsbereitschaft eine Renaissance als Gegenpol zum moralischen Relativismus.

Wenn es keine allgemeingültige Instanz mehr gibt, die Sinnorientierung anbietet, wird das Zusammenfügen der verschiedenen Sinnangebote ganz dem Individuum aufgebürdet. Aber der Pluralismus der Werte und Sinnangebote, das »anything goes« des (post-)modernen Lebensgefühls, ist letztlich auch eine Überforderung des Einzelnen. Die Fülle an Sinnangeboten macht eine stets neue Auswahl zur Pflicht und Qual, zu einer Anstrengung, der sich nicht mehr jeder unterziehen möchte. Anders gesagt: Es besteht heute gerade in Glaubenssachen eine Sehnsucht nach Führung, Anleitung und Autorität. Viele Menschen wollen und können ihre Wahlfreiheiten und Möglichkeiten gar nicht nutzen, sondern geben sie an neoautoritäre Instanzen ab, die eindeutige Moralcodes vorgeben. Genau das leistet die »neue« kirchen- und papsttreue *Bild*. Vor diesem Hintergrund kommt man zu einem bemerkenswerten Befund hinsichtlich der »Wiederkehr« der Religion: Was in *Bild* zurückkehrt, ist eine autoritäre Form der Religion, ein religiös unterlegter Konservatismus, der affirmativ-gefühlsmäßig an Bekenntnissen und Postulaten festhält. Dort, wo man der aufgeklärten Moderne überdrüssig geworden ist, der endlosen Glaubensreflexion, der Dekonstruktion und Entzauberung, sichert sich die autoritäre *Bild*-Religion mit ihrer konsensorientierten Naivität des Gut-und-Böse-Schemas Mehrheiten in allen Gesellschaftsschichten. Dass die sinkenden Verkaufszahlen der *Bild*-Zeitung mit der neuen Papst- und Kirchentreue des Blattes einhergehen, legt aber andererseits zugleich die Vermutung nahe, dass auch für das Themenfeld Kirche und Religion letztlich nur »bad news« verkaufsträchtige Nachrichten sind.

Dass die »neue« *Bild*-Zeitung Religion und Glaube in der Regel zum Gegenstand »guter« Nachrichten macht, steht im Einklang mit dem »Glaubensbekenntnis« ihres aktuellen Chefredakteurs. In seinem Buch *Der große Selbstbetrug* stellt Kai Diekmann die grundlegende Bedeutung des christlichen Glaubens heraus. Das Christentum sei »nicht nur Religion, es ist als Grundlage unserer Kultur auch Basis unserer Maßstäbe, vieler gesetzlicher Normen, von Anstand und Sitte«. Genau dies jedoch werde in der Gesellschaft immer weniger akzeptiert, so lautet die bekannte Verfallsdiagnose Diekmanns, der für den »Niedergang des Religiösen« nicht zuletzt das Erbe der 68er verantwortlich macht und zudem die »Hartnäckigkeit« beklagt, »mit der vor allem Linke gegen die Katholische Kirche (vorgehen)«. So eindeutig und provozierend das Bekenntnis zu den »christlichen Fundamenten« Deutschlands hier ausfällt, so wenig klar und eindeutig ist das Bekenntnis zum Christentum in der Diekmannschen *Bild*.[57] Das Blatt macht die christliche Religion zu einem Sinnangebot neben vielen anderen – von Esoterik bis Wellness – und bedient so genau jene religiöse Konsum-Mentalität und Beliebigkeit, gegen die Diekmann in seiner Streitschrift zu Felde zieht.

## Kapitel 3

# Religion in *Bild* – *Bild* als Religion

»Heute nur gute Nachrichten!«, titelt *Bild* am 24. Dezember 2003 und verkündet Erfreuliches aus der großen Welt der Wirtschaft und Politik – »kräftiger Aufschwung schon im Frühjahr«, »Politiker versprechen ganz große Steuerreform« – und der kleinen Welt der Promis, Stars und Sternchen: »Roy feiert mit Siegfried Weihnachten zu Hause«, »Dieter Bohlen verzeiht Thomas Anders«. Auch die äußere Gestaltung der *Bild*-Titelseite trägt der Bedeutsamkeit des Tages Rechnung. Das obligatorische halbnackte *Bild*-Girl auf Seite 1 erscheint im Weihnachtsmann-Outfit. Die Werbeanzeigen weisen auf besondere Weihnachtsaktionen – ein Geldgeschenk von einem Handy-Hersteller und ein günstiges Medikament für alle, die an Weihnachten erkältet sind. Dazu kommen die *Bild*-Weihnachtswerbeaktionen: Es gibt die *Bild am Sonntag* zweimal gratis zum Testen, »Weihnachtsgeld von *Bild*« (im Rahmen eines Gewinnspiels) und das ausführliche »TV-Programm zum Fest«.

All diejenigen, die pünktlich zur Weihnachtszeit über den von Profitinteressen der Konsumindustrie überwucherten »Heiligen Abend« zu lamentieren anfangen, werden sich hier bestätigt sehen. Doch *Bild* will mehr als nur den weihnachtlichen Konsumrausch bedienen. Dazu weicht das Blatt bewusst von der journalistischen Regel ab, dass nur schlechte Nachrichten gute Nachrichten sind und der Leser vorrangig an Meldungen über Kriminalität, Kriege und Katastrophen interessiert ist. Die guten Nachrichten, die »ausschließlich positiven Neuigkeiten«, sind »das schönste Weihnachtsgeschenk von *Bild*« (24.12.2003). In einem im Predigerton gehaltenen Kommentar von Peter Bachér auf Seite 2 der *Bild*-Weihnachtsausgabe wird dem Leser eröffnet, was es mit diesem Geschenk auf sich hat: »Wir alle sind Kinder Gottes«, beginnt Bachér. »Wir alle glauben an das Gute im Menschen. Wir lassen uns diesen Glauben nicht nehmen. Auch dann nicht, wenn er angesichts des täglichen Horrors in den Medien oft mal ins Wanken gerät.« Die textuelle Strategie dieses Kommentars zielt auf die Herstellung einer »Wir«-Gemeinschaft von *Bild* und Leserschaft. Das vertrauliche »wir« spricht den Einzelnen persönlich an und integriert ihn in die *Bild*-Lesergemeinde. Die »Wir«-

Anrede suggeriert, dass der Leser mit »seinem« Medium auf einer Ebene steht. Es scheint keine Hierarchie zwischen *Bild* und dem Leser zu geben. Der Leser fühlt sich so nicht nur aufgenommen in eine »Wir alle«-Gemeinschaft, sondern auch persönlich ernst genommen und aufgewertet. Der »Wir«-Diskurs verstärkt die Leserblatt-Bindung, die durch die »wir – die anderen«-Polarisierung weiter gefestigt wird. Der *Bild*-Glaube an das Gute im Menschen ist als Gegensatz zu den »bösen« Medien etabliert, die »täglichen Horror« darbieten. Dass *Bild* selbst alltäglich »Horror« darbietet – von bestialischen Verbrechen bis zum weltweiten Terror –, spart Bachér in seinem Kommentar aus. Er setzt *Bild* vielmehr als das »gute« Medium in Szene und vermittelt dem Leser das Gefühl, mit *Bild* auf der »richtigen Seite« zu stehen.

In der Allianz von *Bild* und Leserschaft geht es nicht zuletzt auch darum, gezielt Leserbedürfnisse nach Sicherheit und Orientierung zu befriedigen. Angesichts des »täglichen Horrors« entstehen Unsicherheiten. Der Glaube an das Gute scheint bedroht, die Verlässlichkeit des Menschen fragwürdig. Bachér formuliert diese Unsicherheiten, um sie sogleich direktiv aufzulösen – ganz im Sinn von Axel Springers Anliegen, im Kampf zwischen Gut und Böse Stellung zu beziehen: »Wir fragen uns«, so Bachér, »ist der Mensch zum Guten nicht mehr fähig. Kommen wir in eine seelische Eiszeit? Und vor allem: Gibt es eigentlich keine guten Nachrichten mehr? Die Wahrheit ist: Es gibt sie! Es gibt sie stündlich in den Familien, bei den Nachbarn, am Arbeitsplatz. Liebe, die anonym bleibt.«

Es besteht also Anlass zur Hoffnung. Es gibt *das* Gute und es gibt Menschen, die Gutes tun. Wer das genau ist, sagt *Bild* ganz explizit und nimmt dabei gegenüber »den anderen«, »denen da oben« die Rolle des Anwalts der »kleinen Leute« ein: »Das Gute an den guten Nachrichten ist«, so Bachér, »sie kommen zumeist von den Namenlosen, dem so genannten ›kleinen Mann‹, der erst sein Herz und dann seine Geldbörse öffnet.« Die Identifikationsbereitschaft des Lesers mit *Bild* wird hier vor allem dadurch erhöht, dass er sich selbst als aktiv Mitwirkender im Einsatz für das Gute dargestellt sieht. Diesem aktiven, »guten« Leser gibt *Bild* eine Stimme. Im Namen des »kleinen Mannes« inszeniert sich *Bild* dabei selbst als Fürsprecher des Guten. So verweist Bachér gezielt auf die *Bild*-Aktion »Ein Herz für Kinder« und betont: »Man muss nur genau hinschauen: *Bild* druckt täglich, wie auch in dieser festlichen Weihnachtsausgabe, gute Nachrichten. Ihr trauriges Schicksal ist nur, dass sie immer wieder überblendet werden vom Bösen, vom Schrecklichen, von der Fratze des Terrors.« Die hier vorliegende Selbstreferenz von *Bild* zeigt: Der Leser wird letztlich nicht auf das Gute an sich verwiesen, das es durchzusetzen gilt, sondern auf das Produkt *Bild*, das sich als Anwalt des Guten und der Guten profiliert.

Die Botschaft des »Seid gut und tut Gutes« wird in der *Bild*-Weihnachtsausgabe auch von kirchlicher Seite »abgesegnet«. In einem Interview mit Kardinal Lehmann, das gleich neben Bachérs Kommentar zu finden ist, fragt *Bild*: »Welche Botschaft möchten Sie den Deutschen auf den Weg geben?« Die Antwort des Kardinals lautet: »Die Botschaft der Bibel ›Liebe deinen Nächsten wie dich selbst‹ ist … aktueller denn je: Man muss in seinem direkten Umfeld Gutes tun, Zeit füreinander haben und Zukunftsängste nehmen. Wenn jeder Einzelne diese Botschaft ernst nimmt, wird die Gesellschaft als Ganzes davon profitieren.« Diese Handlungsanweisungen arbeiten der *Bild*-Gemeinschaftsideologie zu. *Bild* schafft selbst eine Gemeinschaft der »Guten«, die sich für das Gute einsetzt. In den »guten« *Bild*-Nachrichten und *Bild*-Hilfsaktionen wird gemeinschaftliches Handeln von Lesern und Kirchenvertretern mit der *Bild*-Zeitung als Garanten des Guten demonstriert.

Die eigentliche Mitte des Weihnachtsevangeliums geht in dem »*Bild*-Weihnachtsgeschenk« an die Leser verloren, die Botschaft von einem Gott, der sich in der Geburt eines Kindes der Welt offenbart hat und sie von dem Bösen erlösen und retten will. In seinem Weihnachtsinterview mit *Bild* betont Kardinal Lehmann: »Jeder möchte vor allem sein Leben friedvoll mit den Menschen verbringen, die er liebt. Das gilt gerade an Weihnachten … Ohne Gott geht dies auf die Dauer nicht. Er kennt unsere Welt, ist selbst Mensch geworden und hat der Not ins Gesicht geschaut.« So wie *Bild* sich selbst in Szene setzt, müsste es eher heißen: Ohne *Bild* geht es nicht … Das Blatt beschwört einen Konsens der »Guten«, der die Ursachen und Bedingungen für »böses«, abweichendes Verhalten ausblendet. *Bild* setzt so gezielt auf einen Konsens, der in einer unübersichtlich gewordenen Gesellschaft mit ihrer Pluralisierung von Lebensstilen und Veränderung von Werten und Normen gar nicht möglich erscheint. *Bild* umgeht die »neue Unübersichtlichkeit« (Jürgen Habermas) und münzt die selbst beschworene Angst vor einer seelischen und moralischen »Eiszeit« in eindeutige Identifikationsofferten um, die traditionelle Tugenden wie Nächstenliebe und Hilfsbereitschaft bestätigen und sich an einem vermeintlich allgemein anerkannten »Guten« orientieren.

## Zwischen Religion und Unterhaltung

Religion ist als Thema grundsätzlich positiv von *Bild* besetzt. Dabei kann auf den ersten Blick von einer Entkirchlichung und Entchristlichung der Religion in *Bild* nicht die Rede sein. *Bild* orientiert sich in Gestaltung und Thematik regelmäßig an christlichen Festen und Jahreszeiten wie Advent, Weihnachten und Ostern. In der Adventszeit präsentiert die *Bild*-Zeitung ihren Lesern Geschichten wie »Sankt Nikolaus in Not« von Felix Timmermans – laut *Bild* »eine der schönsten Weihnachtsgeschichten der Welt« (5. 12. 2002). Prominente wie Thomas Gottschalk erklären »exklusiv in *Bild*«, was es mit der Legende vom heiligen Nikolaus auf sich hat und »warum der heilige Nikolaus heute die Hand über mich hält« (6. 12. 2002). Am Heiligabend 2004 macht *Bild* mit der Neugier erweckenden Schlagzeile auf »Das Jesus-Geheimnis« und berichtet von Vatikan-Forschern, die »offiziell bestätigen«: »Ja, (fast) alles ist wahr!« Gleich darunter findet sich die gute *Bild*-Sexnachricht zu Weihnachten: »Handy-Klingelton lässt Brüste wachsen.« Auf der letzten Seite der *Bild*-Weihnachtsausgabe wird der Leser dann religiös »aufgeklärt«: »Jesu Geburt. So war es wirklich« und erhält Kurzantworten auf Fragen wie: »Gab's die Hirten?«, »Gab's Engel?«, »Gab's eine Krippe?« Dann folgt ein Bibel-Quiz, das als Multiple Choice-Test aufgemacht ist und von grundlegenden Fragen wie: »Warum feiern wir eigentlich Weihnachten?« bis zu speziellen Wissensfragen reicht wie: »Welches Buch der Bibel erzählt nicht von der Weihnachtsgeschichte?« Wer von den 15 Fragen weniger als 5 Fragen richtig gelöst hat, erhält von *Bild* den Ratschlag, »sich im nächsten Jahr zu Weihnachten eine Bibel (zu) wünschen«. (Natürlich eine *Bild*-Bibel, so darf man vermuten.)

Auch an Ostern leistet *Bild* grundsätzliche Wissensvermittlung in Sachen Christentum und biblischer Geschichte. *Bild* richtet den »Ostergruß des Papstes« aus (24. 3. 2005), und Claus Jacobi erklärt den Lesern, dass dieses Fest »das älteste, höchste und ursprünglich einzige Fest der Christenheit« ist, »das Fest der Auferstehung Jesu nach der Kreuzigung am Karfreitag« (10. 4. 2004). »Traurig aber wahr«, beklagt *Bild* am Gründonnerstag 2006, »jeder vierte Deutsche weiß nicht, was an Ostern eigentlich gefeiert wird.« Was wäre der Leser in dieser Situation ohne *Bild*? Nur *Bild* scheint ihn darüber aufklären zu können, »was wann geschah« – von Gründonnerstag bis Ostermontag (13. 4. 2006). Sogar zu dem fast ganz in Vergessenheit geratenen Pfingstfest bietet *Bild*-Prediger Jacobi eine *(Bild-)*Bibelkunde an, die den

Leser darauf hinweist: »Am 50. Tag nach Ostern konnten die Apostel plötzlich fremde Sprachen« (29. 5. 2004). Anlässlich des zum Vatertag verwandelten Himmelfahrtsfests platziert *Bild* auf Seite 1 der Ausgabe vom 16. Mai 2007 einen Artikel mit dem Titel »Was ist eigentlich Himmelfahrt?« und vermittelt in einfacher, anschaulicher Sprache biblische Grundkenntnisse über ein den Lesern völlig fremd gewordenes christliches Fest.

*Bild* bezieht sich in all diesen Beiträgen auf Aussagen der christlich-kirchlichen Religion und nutzt jahreszeitliche christliche Rituale zur religiösen Strukturierung von Zeit. *Bild* trägt dabei der Tatsache Rechnung, dass man auch in einer zunehmend entchristlichten Gesellschaft an christlichen »Rahmungen« selbst dann noch festhält, wenn man deren Inhalte nicht mehr so genau kennt. Vor diesem Hintergrund profiliert sich *Bild* als Glaubensvermittler-Instanz im weitesten Sinn. *Bild* gibt sich dafür nicht nur kirchentreu, sondern auch bibelfest. 2003, im »Jahr der Bibel«, setzt *Bild* ein christliches Ausrufezeichen. Prominente sowie bekannte Persönlichkeiten aus Politik, Wirtschaft und Gesellschaft stellen jeweils ihre Lieblingsbibelstelle vor und beschreiben in einer Art Privat-Exegese, welche Bedeutung die Bibel für sie hat. In dieser Privat-Exegese erfährt man, dass die Bibel Richtschnur für persönliche Entscheidungen und Auffassungen sein kann. Die *Bild*-Promi-Exegeten bezeugen so die Relevanz des Glaubens und der Bibel im Leben des Einzelnen. Dass *Bild* eben diese politische und gesellschaftliche Promizunft in den üblichen Empörungsszenarien nur allzu oft öffentlich als raffgierige Egoisten verdammt, steht auf einem anderen Blatt. Was die Bibel angeht, wirken die *Bild*-Promi-Exegeten jedenfalls fromm. Vor allem: Sie sehen sich als Mitglieder einer christlich geprägten Kultur, in der das Bekenntnis zum Glauben kein Fremdkörper ist. In Zeiten, in denen eben dieses Bekenntnis verdunstet und Bibelkenntnisse gen Null gehen, leistet die *Bild*-Bibelkunde sozusagen elementaren Religionsunterricht für die Massen.

Anlässlich der Verleihung des Medienpreises an *Bild* wird kirchlicherseits die Bedeutung der *Bild*-Bibel-Aktion denn auch in der massenmedialen »Breitenwirkung« gesehen (29. 12. 2003). *Bild* erzielt diese Wirkung auf dem Weg der Unterhaltung und bedient dabei vor allem die Neugier des Lesers, sein Interesse an Geheimnisvollem und Enthüllungen. Die *Bild*-Zeitung stellt entsprechend nicht einfach religiöse Gestalten der Bibel vor, sie weckt vielmehr Neugier und Voyeurismus und fragt reißerisch-intimisierend: »Maria Magdalena – Sünderin oder Heilige?« (8. 8. 2003), »Zeigt dieses Bild die Geliebte von Jesus?« (12. 10. 2005). »Erklärt« *Bild* den Lesern »das wichtigste und schönste Buch der Welt« (16.12.2002), wird daraus eine Art Roman um »Helden ... und ihre kleinen Sünden« (18.12.2002). Unterhaltung pur ist gesichert, wenn *Bild* von den »Ruhmestaten« und »Schwächen« der »Helden des Alten Testaments« berichtet und dem Leser enthüllt, dass König Salomo ein »Frauenheld«, Judith eine »Verführerin« war und König David – »blond und schön« – »acht Ehefrauen aus allen Teilen des Landes« hatte (18.12.2002). Die Sachinformation über die Bibel wird hier von einer auf Sensation ausgerichteten Unterhaltung verdrängt, die den Leser emotional involvieren soll. Nicht die inhaltliche Ausrichtung führt in *Bild* Regie, sondern die emotionale Anziehungskraft eines Themas.

Die *Bild*-Bibelexegeten steuern ihren Teil zu den unterhaltsamen biblischen Stories bei und verleihen dem Ganzen einen wissenschaftlichen Anstrich. Namhafte Theologen wie Professor Manfred Oeming und Professor Joachim Gnilka machen das *Bild*-Frage- und Antwortspiel mit und geben Antworten auf Fragen wie: »Haben Adam und Eva wirklich gelebt?« (16.12.2002) oder »Was bedeuten die Gleichnisse Jesu?« (23.12.2002). Dabei müssen sich die *Bild*-Professoren gefallen lassen, dass sie nicht über das Erlösungswerk Jesu Christi Auskunft zu geben haben, sondern über »Jesus privat«. Entsprechend lauten die Fragen: »Hatte Jesus eine Frau oder eine Freundin?«, »Wer war sein bester Kumpel?«, »Wie war Jesus gekleidet?« (24.12.2002). So wie sich *Bild* Prominenten nähert und ihr Privatleben enthüllt, nähert sich *Bild* auch der Jesusgestalt. Das ist keine Eigentümlichkeit von *Bild*, sondern entspricht der Tatsache, dass Jesus heute für viele lediglich ein Mensch »wie du und ich« ist.

Der Glaube an den dreifaltigen Gott, der die Gottheit Jesu Christi einschließt, ist heute selbst im Gottesbild traditionsbewusster Gottgläubiger auf dem Rückzug.[1] Mehr noch: Viele Menschen halten Jesus für eine bloße Idee und bezweifeln, dass er überhaupt gelebt hat. An dieser Stelle verleiht sich *Bild* den Status eines allwissenden Aufklärers, der vielfältige Beweise für die Existenz Jesu aufzubieten hat. »Der Jesus-Beweis«, so titelt *Bild* am 23. Oktober 2002 und berichtet von einer »archäologischen Sensation«, einem Gebeinskasten, in den »20 aramäische Buchstaben ... eingeritzt sind«, die von »Jesus und seinem Bruder (erzählen)«. Um die Glaubwürdigkeit und die Authentizität der Evangelien geht es auch, wenn *Bild* im Namen der Leser Bibelforscher befragt, ob Jesus »wirklich Wunder wirken (konnte)« (17.11.2004). Das Interesse des Lesers an dem Menschen Jesus bedient *Bild* dabei ganz konkret »bildhaft«. »Sehen wir hier das Gesicht Jesu?«

(29. 9. 2005), »Sah Jesus so aus wie auf dieser Gold-Münze?« (2. 9. 2005). Während es hier hauptsächlich um leserträchtige Enthüllungen der Marke »Da-Vinci-Code« geht, vertritt *Bild* auch eine »seriösere« »dogmatische« Gegenposition, die wiederum als moralisches Empörungsszenario konzipiert ist. »Skandal am Karfreitag«, so *Bild* auf Seite 1 in der Ausgabe vom 22. März 2005. »Darf das TV knutschenden Jesus zeigen? Wir sehen den Kuss der Sünde. Jesus Christus, Sohn Gottes, küsst die Hure Maria Magdalena. Pro 7 zeigt ausgerechnet Karfreitag einen knutschenden Jesus.« Der angebliche »TV-Skandal« bezieht sich auf eine Pro 7-Dokumentation zu Dan Browns Weltbestseller *Sakrileg*. Dass in diesem Roman Maria Magdalena »zur wahren Begründerin der Kirche« wird und so »eine Säule der katholischen Tradition ... ins Wanken« gerät, kann die neue kirchen- und papsttreue *Bild* nicht gelten lassen (22. 3. 2005). Zugleich braucht das Blatt aber gerade den Skandal, um die dogmatischen Zügel wieder fester anzuziehen und Mehrheiten für eine Glaubensposition zu schaffen – Jesus Christus ist Gottes Sohn –, die in einer religiös plural geprägten Gesellschaft schon längst nicht mehr mehrheitsfähig ist.

Dass Massenmedien wie *Bild* in Sachen Religion auf das dramatische Potential von »Regelverstößen« setzen, weil der angenommene »Glaubenskonsens« auf den Skandal angewiesen ist, um sich daran aufzubauen, zeigt auch das *Bild*-Empörungsszenario um Mel Gibsons »blutigen Jesus-Film« »Die Passion Christi« (11. 3. 2004). »Brutal und eklig«, ruft *Bild* empört aus und fragt im Namen der Leser: »Darf man aus dem Leid Christi einen Horrorstreifen machen, der statt Mitleid und religiösen Gefühlen fast nur Ekel erregt?« (18. 3. 2004). Das Spiel mit der »Normverletzung« ist auch hier Medienstrategie. Das folgende *Bild*-Glaubensbekenntnis benutzt den »Skandal«, um sich daran gleichsam zu generieren: Die Auferstehung Jesu sei im Film nur eine »Randnotiz«, so *Bild*. »Dabei ist sie der Kern der frohen (!) Botschaft: ›Jesus lebt‹, singen die Christen bald wieder an Ostern. Tod, wo sind nur deine Schrecken?« (18. 3. 2004). So wie die *Bild*-Zeitung die Glaubensbezeugung für diese Botschaft aufbaut – als gemeinsame Verurteilung von Gibsons »blutigem Spektakel« (21. 2. 2004) –, gelingt es ihr wiederum erfolgreich, einen religiösen Konsens herbeizuführen.

Die christliche Religion ist in *Bild* nicht einfach Restposten einer an sich gänzlich selbstbestimmten Gesellschaft, vielmehr wird die Bedeutung des Glaubens auch für gesellschaftliche Perspektiven betont. Dabei gehen Moral(isieren) und Glaube Hand in Hand. So wird das Bekenntnis zum christlichen Glauben in *Bild* zum politischen »Kriterium«. Die rot-grüne Bundesregierung unter Gerhard Schröder hat in *Bild* nicht zuletzt deshalb schlechte Karten, weil sie angeblich kein eindeutiges Wertebewusstsein vorzuweisen hat und es ihr an moralischer Integrität fehlt. So startet *Bild* Anfang 2001 einen beispiellosen Kreuzzug gegen die moralisch anstößige Karriere von Bundesgesundheitsministerin Ulla Schmidt in einer »Rotlicht-Bar«. CSU-Hardliner Peter Gauweiler erhält mit Diekmanns Amtsantritt eine Kolumne, um die Schröder-Regierung »abzuwatschen«. Auch Claus Jacobi, der vorwurfsvoll anmerkt, dass fünf Bundesminister bei Amtsantritt »ohne Gott schworen« (30.11.2002), zieht in seinen Tagebuch-Predigten gegen die Reformen der Schröder-Regierung zu Felde. Vorwurf unter anderem: »Geld ist alles, worum sich das angeblich große Reformwerk dreht … Moos regiert zur Zeit nicht nur die Politik. Geld ist zum beherrschenden Element unserer Gesellschaft geworden … Geld wurde Götze« (20.12.2003). Die große Koalition unter Kanzlerin Merkel wird dagegen von *Bild* abgesegnet, weil sich führende Mitglieder der Regierung zum christlichen Glauben bekennen.

»Liegt jetzt mehr Segen auf Angela Merkels Großer Koalition?«, fragt *Bild*-Vatikan-Korrespondent Andreas Englisch nach dem Besuch der Bundeskanzlerin bei Papst Benedikt XVI. (29.8.2006). Das »Wunder von Castel Gandolfo« sieht *Bild* vor allem darin, dass Benedikts »Segen (der Bundeskanzlerin) in ihrer verantwortungsvollen Aufgabe für unser Land Ermutigung und Orientierung« sein wird. Die christliche Orientierung der Kanzlerin zeigt sich für Andreas Englisch in ihrem Einsatz dafür, »dass das Christentum in der neuen Europäischen Verfassung verankert wird« (29.8. 2006). »Von Schröder und Fischer«, so urteilt Georg Gafron in einem *Bild*-Kommentar zum Thema »Gottloses Europa«, »war nicht zu erwarten, dass sie dafür … in Brüssel eintreten.« Dabei sei Demokratie »ohne ihren christlichen Ursprung gar nicht denkbar«, so Gafron. »Nur der, der sich über seine Herkunft selbst im Klaren ist, wird am Ende von anderen akzeptiert werden« (21.6.2004). *Bild* klärt den Leser in diesem Sinne auf und will Identitäten und Mehrheiten schaffen gegenüber »den anderen«. »Bekennt euch zu Gott!«, so zitiert *Bild* Deutschlands oberste Kirchenführer Kardinal Lehmann und Bischof Wolfgang Huber (17.6.2004).

### Geistliche Bild-Helden

Das Christentum in seiner kirchlich verfassten Gestalt ist in *Bild* also durchaus mehrheitsfähig. Dem entspricht, dass *Bild* auch biographische Statuspassagen explizit in Bezug auf die christlich-kirchliche Tradition thematisiert. Taufen, Hochzeiten und Beerdigungen finden in *Bild* häufig mit kirchlichem Segen statt. Vor allem bei Beerdigungen nutzt *Bild* traditionelle christliche Rituale zur symbolischen Strukturierung von biographischen Einschnitten. Der Kirche und ihren offiziellen Vertretern wird hier zuerkannt, dass sie für die Bearbeitung von Fragen nach Lebenssinn und Tod, Schicksal und Schuld zuständig sind. *Bild* stellt dabei auch die Theodizeefrage, die Frage nach einem guten Gott angesichts von Leid, und macht in Berichten über die Beerdigung unschuldiger Opfer mit Predigtzitaten auf wie: »Immer erhebt sich die große Frage: Warum?« (29. 6. 2001). Solche Fragen verleihen den *Bild*-Berichten über schreckliche Todesfälle nicht nur Authentizität. *Bild* will den Leser bei seiner Suche nach dem Sinn von Leid und Tod begleiten und verweist ihn dabei explizit auf die Antwort des christlichen Glaubens. Dieser Glaube versichert dem Menschen, dass das Leben trotz tiefster Einbrüche weitergeht und das Leben des Einzelnen nicht aus den Händen Gottes fällt. So zitiert die *Bild*-Zeitung in ihrem Bericht über die Beerdigung der ermordeten Schülerin Adelina das Predigtwort: »Adelina ist jetzt in den liebevollen Händen Gottes. Er trocknet ihre Tränen, verbindet ihre Wunden« (31. 10. 2001).

Anlässlich der Beerdigung von Hannelore Kohl veröffentlicht *Bild* auf einer ganzen Seite Auszüge aus der Predigt beim Trauergottesdienst: »›Ich weiß, dass mein Erlöser lebt‹, spricht Job. Dies glauben zu können ist entscheidend in dieser eurer Lebenssituation. Wir sind überzeugt, für Hannelore ist dies zur Leben spendenden Wahrheit geworden. Die Fülle des Leids an Seele und Leib hat sie diesen Schritt auf den unbegreiflichen und liebenden Gott vollziehen lassen … Wir glauben und beten, dass Gott sie seine Herrlichkeit schauen lässt. Dass er ihre Tränen trocknet und ihr den Frieden und die ewige Ruhe schenkt« (12. 7. 2001). Ganz in Übereinstimmung mit der christlichen Verkündigung bietet *Bild* hier dem Leser Antworten des Glaubens auf existentielle Fragen an und weist auf das christliche Potential zur Sinndeutung und Bewältigung von Kontingenz. Wenn es um große Transzendenzen geht, wenn Leid und Tod in das Leben einbrechen und seinen Sinn in Frage stellen, dann sind nach wie vor die Symbolisierungs- und Ritualisierungsleistungen der Kirche gefragt. Der Glaube an Gott, so betont

*Bild*, bietet grundsätzliche Lebenshilfe und Antworten auf bedrängende Fragen des Lebens. Er ist mehr als nur ein Vademecum für schwache Stunden eines ansonsten starken und unabhängigen Lebens.

In dieser *Bild*-Glaubensbotschaft kommt Kirche insgesamt überraschend gut weg. Kirchenkritik wird in *Bild* vergleichsweise selten geübt. Führende Kirchenvertreter erhalten in *Bild* ein Forum für christliche Verkündigung. So führt *Bild* anlässlich des Katholikentags in Ulm ein Interview mit Kardinal Lehmann, in dem dieser auf die existentielle Bedeutung des Glaubens hinweist. »Vielleicht«, so die Diagnose des Kardinals, »ist es ... eine grundlegende Beunruhigung, die Menschen wieder stärker nach Gott fragen lässt. Das lateinische Wort ›religio‹ heißt ja ›Rückbindung‹. Ohne Rückbindung verliert man den Halt und wird orientierungslos« (16. 6. 2004). Gegen den Trend wird in *Bild* unter diesen Vorzeichen auch die Zugehörigkeit zur Kirche positiv profiliert. So präsentiert *Bild* in dem Beitrag »Jedes Jahr treten 350 000 Menschen aus der Kirche aus. Wir nicht!« junge Kirchenmitglieder, die sich ausdrücklich zu dieser Mitgliedschaft bekennen. Die Kirche, so betont etwa eine 25jährige Außenhandelskauffrau in *Bild*, steht »zu dir, wenn's dir nicht gut geht – im Gegensatz zu vielen Menschen, die sich abwenden, sobald du ein echtes Problem hast« (27. 11. 2002).

Diese Zuwendung leisten in *Bild* lebensnahe Seelenhirten »an der Basis«. Eine herausragende Rolle spielt dabei der Franziskaner-Mönch Paulus Terwitte, den Diekmann allein schon deshalb schätzt, weil er »immer erzählt, wie viel *Bild*-Zeitung auch in der Bibel steckt, dass es auch immer die gleichen Geschichten sind, Geschichten über Menschen«.[2] Und so begibt sich *Bild* auch bei der Darstellung von Geistlichen ins Menschlich-Allzumenschliche und präsentiert »Helden«, die in einer konfliktbeladenen Welt als Problemlöser agieren. Die in *Bild* dargestellten geistlichen »Helden« legen das Stigma der Lebensfremdheit und Wirklichkeitsferne ab zugunsten eines sozialethischen Engagements, das sie auch außerhalb der Kirchenmauern an vielfältigen Brennpunkten des Alltags und der Gesellschaft aktiv werden lässt. Solche geistlichen »Helden« sind weder religiöse Beamte noch Zeremonienmeister, die, gleichsam als dekoratives Element, für kirchliche Serviceleistungen engagiert werden. Sie stehen vielmehr ein für individuelle Lebenshilfe und Präsenz in allen Lebenslagen.

»Hier strahlt Gottes neuer Oberhirte« – mit dieser Schlagzeile macht *Bild* ein Portrait des beliebten Bruders Paulus auf und erklärt: »Er sprach im Radio, kommentierte *Bild* im Internet. War für jeden Spaß zu haben, Gast auf jeder Party – Bruder Paulus. Jetzt soll er in Dieburg Ordensleute ausbilden« (13. 12. 2005). Der besagte »Oberhirte« kommt nicht nur deshalb so gut an, weil er im Internet die tägliche Schlagzeile von *Bild* wohlwollend kommentierte, sondern vor allem auch weil er als »moderner Geistlicher« auftritt, der »überall präsent« ist (13. 12. 2005). So lichtet *Bild* den Ordensmann bei den unterschiedlichsten Aktivitäten ab: beim Inline-Skaten, beim Tanzen auf der Gala-Night des Wirtschaftsclubs in der Alten Oper, beim Gespräch mit einem jungen Mann mit Punk-Frisur und beim Beten für den Fußballverein Eintracht Frankfurt. An dieser Stelle zeigt sich, wie Kirchen- und Ordensvertreter heute »nachgefragt« werden. Das Religiöse an sich reicht nicht aus. Der Ordensmann stößt auf geringes Interesse, wenn er lediglich als frommer Vertreter und Zeuge des Glaubens auftritt. Er muss auch in anderen Rollen präsent sein, die nicht spezifisch religiös sind. Religion und Glaube an sich haben in *Bild* also grundsätzlich keinen großen Aufmerksamkeitswert. Sie müssen sich in anderen Kontexten und Gewändern zeigen, um aufzufallen und attraktiv zu werden. Das hat Folgen. Das spezifisch Religiöse, der eigentliche religiöse Inhalt verdunstet. So präsentiert *Bild* das Ordensleben primär als eine soziale, menschliche Lebensform. Bruder Paulus lebt ganz aus seiner Beziehung zu den Menschen, er handelt als Mensch unter Menschen, in dessen Leben sich das Private und Persönliche eines »normalen« Menschen zeigen. Heilsverkündigung wird dabei umgemünzt in soziale und caritative Dienstleistungen. Der Ordensmann tritt auf als Berater bei Lebensproblemen und welterfahrener Seelenmanager. Ein solcher geistlicher Alleskönner ist weniger ein »Mann Gottes« (1 Tim 6, 11) denn ein Mann für alle Fälle und Vehikel für die *Bild*-Botschaft des »Seid nett zueinander«.

Das Ordensleben erhält in den Aktivitäten von Bruder Paulus nicht zuletzt deshalb eine ansprechende mediale Reputation, weil sein amtlicher Vertreter sich dem Medium *Bild* anpasst. Im Unterhaltungsmedium *Bild* muss der religiöse Protagonist selbst Unterhaltsamkeit ausstrahlen. Zusätzlich zum Unterhaltungswert erwartet der Leser jedoch auch in hohem Maße Orientierung und vorbildliches Verhalten. Dies führt Bruder Paulus perfekt und ohne Berührungsängste vor – selbst im »Big Brother«-Container (24. 12. 2004). So entsteht das Bild eines sympathischen Geistlichen, der jederzeit für andere da ist, hilfsbereit und immer im Einsatz. Dem entspricht das von *Bild* vermittelte Kirchenbild. Kirche ist vor allem da »gefragt«, wo sie ein Zufluchtsort ist und sich als Beistand in menschlichen und sozialen Krisen anbietet. »Die Kirchen«, so lässt *Bild* über eine Kolumne von Oskar Lafontaine verkünden, »müssen auch dann Anwälte der Armen und Schwachen sein, wenn sie selbst sparen müssen. Barmherzigkeit nach Kassenlage gibt es nicht« (2. 6. 2003). Die Kirche, so betont eine Studentin in *Bild*, »hilft Menschen in Not, z. B. durch Essensausgaben für Arme. Das ist gerade jetzt wichtig, weil es vielen immer schlechter geht« (27. 11. 2002). Kirche wird hier nicht als Institution oder mit Autorität ausgestattete »Hüterin« des Glaubens wahrgenommen, sondern als hilfreich tätige Sozialstation.

Kirchlicherseits beklagt man des Öfteren die unausgewogene Berichterstattung der Medien und das Unverständnis für kirchliche Symbole und Strukturen, Riten und Lebensformen. In *Bild* werden kirchliche Lebensformen an geistlichen Vorzeigehelden wie Bruder Paulus festgemacht, die fast alles bearbeiten, was gegenwärtig an menschlichen und sozialen Problemen aktuell ist. Dies entspricht der Lesererwartung. Die Leser sind nicht so sehr an Inhalten oder Vorgängen in der Kirche interessiert, sondern wollen mitverfolgen, wie der geistliche Vorzeigeheld Probleme löst. Die Art und Weise, wie der religiöse Protagonist das tut, wird dann ausschlaggebend für das Urteil über Kirche als solche. Der Leser wünscht sich eine Kirche, die so ist wie der von *Bild* präsentierte Held: einsatzfreudig, engagiert, erfolgreich. Der Geistliche ist also weniger Interpret der christlichen Botschaft als vielmehr deren personaler Repräsentant.[3] Von einem solchen Repräsentanten erwartet der Leser keine Verkündigung von Glaubenssätzen und bestimmten Lehrinhalten. Er will, dass der Geistliche Mitgefühl und Hilfsbereitschaft zeigt und zugleich Kompetenz aufweist für die Auflösung konkreter Alltagssorgen und Nöte. Eine solche Rolle füllen auch Ärzte, Rechtsanwälte und Kriminalkommissare aus. Der *Bild*-Geistliche ist in dieser Hinsicht als »Held« austauschbar. Er fungiert als Identifikationsgestalt im Sinne der *Bild*-Botschaft. So wie *Bild* als Anwalt des kleinen Mannes und dessen Lebenshelfer auftritt, präsentiert sich auch der Geistliche als Held des Alltags und Anwalt der Notleidenden.

Die Darstellung von Geistlichen in *Bild* zeigt, dass es offensichtlich eine Sehnsucht nach sichtbaren Repräsentanten der Religion gibt. Gesucht werden Menschen, die einen lebenspraktisch orientierten Glauben vorführen. Entsprechend profiliert *Bild* den Geistlichen nicht als kirchlichen Würdenträger, sondern als Begleiter in Nöten des Lebens. Es interessiert nicht der Diener Gottes, sondern das Vorbild, das dem Einzelnen und der Gesellschaft Werte und Normen glaubwürdig vorlebt. Als solche Vorbilder werden die geistlichen *Bild*-Helden zu »Sittenlehrern«, die Vorgaben im Einklang mit der *Bild*-Moral machen. »Bischof entsetzt über Pornofilm im NDR!«, so die Schlagzeile eines *Bild*-Berichts vom 31. März 2004, in dem sich das Blatt, das selbst dem Leser immer wieder freizügige Sexnachrichten präsentiert, darüber empört, der NDR habe »von unseren TV-Gebühren« einen »Hardcore-Porno« gezeigt. Weihbischof Hans-Jochen Jaschke stellt im Namen von *Bild* Moral und Anstand wieder her und verurteilt den »schamlosen« *Bild*-Konkurrenten Fernsehen: »Die Schmerzgrenze ist immer da gegeben, wo ein Mensch erniedrigt wird. Gerade das öffentlich-rechtliche Fernsehen sollte solche Grenzen nicht noch erweitern.« Der Kirchenvertreter wird hier zum Sprachrohr von *Bild*. So wie *Bild* als verurteilende Instanz mit normativem Führungsanspruch auftritt, positioniert sich auch der Kirchenmann als Hüter der Moral und Sittenlehrer.

In dem Maße, wie Kirchen- und Ordensvertreter dabei selbst immer mehr als rein menschliche Charaktere in den Vordergrund rücken, können sie in *Bild* auch zu Negativfiguren werden. Wie Prominente, deren Verfehlungen *Bild* enthüllt, werden auch Geistliche an den *Bild*-Pranger gestellt, der nicht zuletzt mit dem Reiz des Verbotenen spielt und den Aufmerksamkeitswert des »Unerhörten« erhöht. So berichtet *Bild* am 14. Juli 2004 vom »Kloster der Sünde« und beschreibt ausführlich, worin diese »Sünde«, die Grenzverletzung besteht: »Sie knutschen wild, sie hatten Sex. Sie luden Kinderpornos aus dem Internet, soffen und grölten nächtelang. Ihre Vorgesetzten machten mit. Die letzten Tage aus Sodom? Nein – offenbar Alltag in einer Priesterschule in Österreich!« Ob es um den Zölibat oder Missbrauch geht – das Thema interessiert hier in erster Linie als Mittel der Sensation und konfliktträchtiges Problem, das Skandalöses zutage fördert. Gerade weil die Erwartung an den Vorbildcharakter von Geistlichen nach wie vor hoch ist, bleibt auch der für *Bild* interessante Skandalgehalt von Verfehlungen durch Geistliche hoch. Am Skandal wiederum baut sich die *Bild*-Moral und ihr »Happy End« auf. Dem Leser wird der Sieg der Gerechtigkeit, der Sieg von Moral und Anstand vorgeführt. »Papst bestraft Bischof vom Kloster der Sünde«, so die *Bild*-Schlagzeile vom 17. Juli 2004 für einen Bericht, in dem das Blatt »exklusiv den geheimen Plan (enthüllt), nach dem der Papst den in Ungnade gefallenen Bischof loswerden will«.

Das Themenfeld von Sexualität und Kirche ist für *Bild*-Sensationsstorys ideal geeignet, um Norm und Abweichung emotionalisierend durchzuspielen. Schlagzeilen wie: »Hochwürden brennt mit Chormädchen (17) durch«

(20. 9. 2003) oder »Huch, Würden! Hier küsst ein schwuler Bischof« (4. 11. 2003) locken den Leser mit Verweisen auf Grenzüberschreitungen, die *Bild* als richtende Instanz im christlich-moralischen Sinn als »schwere Sünde« verurteilt (4. 11. 2003). Die Geschichte einer »verbotenen Liebe« – »Ich heirate meinen Pfarrer« (21. 3. 2003) – zeigt jedoch, dass *Bild* solche Urteile nicht eindeutig abgibt und, wie im Fall der »verbotenen Liebe«, den Bruch des Zölibats nicht »sanktioniert«. Dem Ex-Priester wird zugestanden, dass er nun glücklicher und weiterhin »mit Gott im Herzen« leben kann. Auch in dem Artikel »Die Nonne und die Hure« wird der Vorwurf der Nonne, die Hure »(sündige) doch jeden Tag sehr schwer«, mit dem Verweis auf den Wert des »Glücks« entkräftet. »Es kann doch nicht nur schlecht sein«, so betont die Hure, »Menschen glücklich zu machen« (5. 11. 2003). In den *Bild*-Wegen zum Glück gilt eine individualisierte Moral, die es *Bild* erlaubt, einander widersprechende Positionen einzunehmen. Ist der Skandal dagegen offenkundig und liegt etwa sexueller Missbrauch durch Priester vor – siehe den *Bild*-Bericht vom 19. Juli 2003 –, ist das *Bild*-Urteil eindeutig und sichert sich Mehrheiten mittels Empörung.

Gegenbilder zu skandalumwitterten Priestern und Ordensleuten sind in *Bild* weltzugewandte Geistliche, die sich nicht mit theologisch-dogmatischen Problemen auseinandersetzen, sondern sich ohne Berührungsängste um große und kleine Menschenschicksale kümmern. Grundsätzlich überwiegt diese positive Profilierung der Geistlichen in *Bild*. Eine wichtige Bedeutung von *Bild*-Ordensleuten wie Bruder Paulus liegt dabei grundsätzlich in ihrer Orientierung vermittelnden Funktion. Wer mehr will, überschätzt den Einfluss von *Bild*. Ein *Bild*-Ordensmann wie Bruder Paulus kann einen Ungläubigen nicht bekehren und wird auch keinen Leser dazu bringen, wieder in die Kirche zu gehen. Die *Bild*-Darstellung von geistlichen »Helden« zielt auf etwas anderes. Die *Bild*-Zeitung kommt unerfüllten und übersehenen Erwartungen und Bedürfnissen in Sachen Kirche und Religion entgegen, indem sie Glaubensthemen in eine lebensnahe Sprache übersetzt und sie auf unterhaltsame Weise attraktiv und »anfassbar« werden lässt. »Anfassbar« wird der Glaube im *Bild*-Unterhaltungsgewand vor allem deshalb, weil hier konkrete Identifikationsfiguren vorgestellt werden, die für religiöse Werte einstehen.

Eine solche Identifikationsfigur ist in *Bild* Bischöfin Margot Käßmann, die bis zu ihrer Scheidung – siehe die verurteilende *Bild*-Berichterstattung vom 11. Mai 2007 – gerade deshalb als religiöses Vorbild profiliert wurde, weil sie authentisch vorlebte, wie man aus dem Glauben heraus mit einer heimtückischen Krankheit umgehen kann. »Deutschlands jüngste Bischöfin (48). Krebs. Heute Brust-OP!« – mit dieser im typischen *Bild*-Stenogrammstil getitelten Schlagzeile macht das Blatt am 30. August 2006 auf. Der Bericht »Krebs-Schock!« mit der Unterzeile »Vier Töchter beten für die Bischöfin« auf Seite 6 der *Bild*-Bundesausgabe führt dem Leser anschaulich vor Augen, wie Gott und Glaube für die »Powerfrau« der Kirche »Quellen ihrer Kraft und Zuversicht« sind. »Wenn du krank bist, bist du Gott näher«, bekennt die Bischöfin, »Und wer tapfer mit einer Krankheit umgeht, weiß mehr vom Glauben als Gesunde.« Das Leben ist von Gott wertgehalten, der Tod bedeutet nicht ein endgültiges Aus. »Nicht nur ein gesundes Leben ist ein wertvolles Leben«, betont die Bischöfin. »Es ist vielmehr ein Geschenk Gottes, über das ich nicht verfügen darf … Der Tod ist nicht das Ende, sondern ein Schritt auf dem Weg zu Gott« (30. 8. 2006). Werte werden hier an einer Vorbildfigur festgemacht, die mit ihrer ganzen Person hinter dem steht, was sie sagt und tut. Darin zeigt sich zugleich der Stellenwert von Glaube und Religion in einer medialen Öffentlichkeit. Persönliche religiöse Erfahrung sucht Öffentlichkeit und bleibt nicht länger im Privaten verborgen. Die Leser sind offen dafür und akzeptieren es, wenn »Powerfrauen« und »Powermänner« der Kirche darüber reden, wie man sich Gott vorstellt, was der Tod bedeutet und wie man mit Leid fertig wird. Aber der Leser erwartet, dass sich dies im Medium der persönlichen Erfahrung ausspricht, er sucht einen glaubwürdigen Zeugen und er will diesen vor Augen haben.

Glaube lebt von Menschen, die Zeugnis ablegen, die persönlich berichten, was Gott für sie im Leben bedeutet. Die Personalisierung von Inhalten, die eine mediale Gesetzmäßigkeit ist, verstärkt den Zusammenhang von Glaube und glaubwürdigem Zeugnis. Die Gefahr dabei: Ermöglicht der Zeuge eine Weiterentwicklung, ist er offen für ein »Mehr«, für Verheißung und Hoffnung oder wird der Leser auf eine »Powerfrau« oder einen »Powermann« fixiert? Für *Bild* wird man an vielen Stellen wohl sagen müssen, dass hier die Person des geistlichen »Helden« wichtiger wird als die von ihm vertretenen Inhalte. Ein geistlicher Tausendsassa wie Bruder Paulus überzeugt und lädt zur Identifikation ein, weil er als attraktiver Held ankommt. Diese Identifikation legt den Leser ganz auf das Image des Ordensmannes und sein Alleskönnertum fest. Für den Leser stellt es sich entsprechend so dar: Nicht Gott ist es, von dem man sich eine Wendung zum Guten verspricht, sondern der geistliche Vorzeigeheld im Dienst von *Bild*.

# Religion als Seifenoper

Der vielfältige Rückgriff auf Symbole und Rituale der christlichen Tradition in *Bild* zeigt: Die *Bild*-Zeitung bedient nicht nur die Amüsierbereitschaft des Lesers, sondern auch dessen religiöse Sehnsüchte und Gefühle. *Bild* setzt ein Interesse an religiösen Fragen beim Leser voraus. Auch der säkularisierte Mensch der Gegenwart erwartet Antworten der Religion auf den Sinn seines Lebens. Die *Bild*-Zeitung stellt entsprechend für ihre Leser immer wieder die Fragen: »Wo komm ich her, wo geh ich hin, was ist denn meines Lebens Sinn?« (19. 4. 2003).

*Bild* stellt (und beantwortet) solche Fragen nicht uneigennützig. Es geht *Bild* nicht um Religion an sich. Glaube und Religion sind in *Bild* nicht zuletzt Mittel zum Zweck. *Bild* steht unter einem erheblichen ökonomischen Druck: Die verschärfte Konkurrenz führt zunehmend dazu, dass Medien ihren Rezipienten in immer kürzeren Abständen immer schrillere, brisantere Nachrichten anbieten müssen. Die Konkurrenz um Aktualität hat überdies die Folge, dass Ereignisse oft informationell und emotional bereits »verbraucht« sind, noch bevor man von ihnen ausführlich berichtet. Ein Mittel gegen diese Entwertung von Nachrichten im globalen »News-Wettbewerb« ist ihre religiöse Aufladung. Wer im »Namen Gottes« berichtet, wird ernster genommen und für glaubwürdiger gehalten und erreicht, dass selbst bereits informationell verbrauchte Ereignisse ein neues Interesse auf sich ziehen.

Man kann sich generell mit *Bild* über Ungeheuerlichkeiten, Ungerechtigkeiten und Missstände empören. Aber wenn man sich im Gewand von Glaube und Religion empört, erhält alles ein anderes Gewicht, eine Allgemeingültigkeit, die nachhaltige Reaktionen auslöst. Die Meldung »Polizei entdeckt unheimlichen Opfertempel im afrikanischen Dschungel« schafft nur kurzfristigen Nervenkitzel (20. 8. 2004). Die entsprechende Schlagzeile dazu – »Horrorpriester (100 Jahre alt) schlachtete 50 Menschen« – mit drastischen Bildern von Gräbern und Leichen – steigert die Erregung des Lesers über das entsetzliche Ereignis. Ganz ähnlich ist die Schlagzeile »Der Horror-Mönch, der die Nonne aus Bayern kreuzigte« angelegt (24. 6. 2005). Im Bericht wird die Ungeheuerlichkeit des Ereignisses noch einmal »überhöht«: »Der Horror-Mönch ... glaubte, dass Satan von der Seele der jungen Frau Besitz ergriffen hatte. Deshalb kreuzigte er sie im Namen Gottes.« In Zeiten eines steten Kampfes um die knappe Ressource Aufmerksamkeit ist alles, was

»im Namen Gottes« geschieht, ein mehr als willkommenes medienträchtiges Ereignis.

Die Meldung »Heino verzweifelt am Selbstmord seiner Tochter« springt den Leser emotional an (2. 12. 2003). Diese emotionalisierende »Attacke« auf den Leser wird religiös erhöht durch die Titelschlagzeile »Mein Gott, was hab ich falsch gemacht?« Als die Ehefrau des bedauernswerten Volkssängers Heino einen Herzinfarkt erleidet, berichtet *Bild* im Stenogramm-Stil: »Schwerer Rückfall. 6 Stunden Notoperation am offenen Herzen. 3 Bypässe gelegt« (8. 7. 2004). Die Dramatik und Bedeutungsschwere des Ereignisses will *Bild* nochmals »toppen« und macht entsprechend mit der Schlagzeile auf: »Heino betet um das Leben seiner Hannelore.« Ähnlich verhält es sich bei der Meldung »Nach dem schweren Motorrad-Unfall verlor der Vater des Tennis-Stars (Tommy Haas) 4 Liter Blut« (11. 6. 2002). Eine solche Meldung setzt *Bild* dem Vorwurf aus, »blutrünstig« und sensationslüstern zu sein. Aber mit der entsprechenden Schlagzeile – »Tommy Haas betet um das Leben seines Vaters« – wird all das religiös »kaschiert«.

Solche religiös aufgeladenen *Bild*-Schlagzeilen zeigen: Die Thematisierung von Religion in *Bild* folgt gezielt medialen Inszenierungsgesetzen unter Konkurrenzbedingungen und ökonomischem Erfolgszwang. Mit Hilfe von Religion verleiht die *Bild*-Zeitung ihren Themen eine tiefere, existenzielle Bedeutung, die die Betroffenheit des Lesers steigert. Mit dieser kalkulierten Strategie der Bedeutungserhöhung will sich *Bild* nicht nur von kurzlebigen und aktualitätsempfindlichen Inhalten lösen, sondern sich zugleich auch auf dem übersättigten Markt des Boulevards profilieren. Wenn sich das Fernsehen zunehmend boulevardisiert und *Bild* die Themen wegnimmt, ist Religion ein geeignetes Instrument, um sich mit neuer »Ernsthaftigkeit« vom Fernsehkonkurrenten abzusetzen. Eine grundsätzliche Abkehr vom Boulevard, die viele Medienkritiker für den »Wandel« der *Bild*-Zeitung ausgemacht haben, bedeutet dies nicht. Im Gegenteil: *Bild* überträgt Boulevard-Ingredienzen auf das Themenfeld Religion und Glaube. Religion wird so zur Seifenoper, zur »Soap Religion«.[4] Mit Gott in der Schlagzeile wird Klage geführt. Mit Gott werden Wut und Trauer ausgelöst. Mit Gott wird Betroffenheit erzielt.

Grundstrategien zur Aufmerksamkeitssteigerung und Leserblatt-Bindung wie Emotionalisierung und sensationelle Dramatisierung bleiben auch in der »neuen« religiösen *Bild* erhalten. Mit anderen Worten: *Bild* stellt nicht einfach die Bedeutung der Religion für das Leben des Menschen an sich dar, sondern will mit Religion erlebnisstarke Gefühlswelten vermitteln. »Der mörderische Hindu-Priester und seine Hure«, so eine *Bild*-Schlagzeile vom 12. Juni 2003. Darunter der auf Grauen und Entsetzen abzielende Kurztext: »Sie lockte die Opfer mit Fesselsex. Er schnitt den wehrlosen Männern die Kehle durch, um seinem Hindu-Gott zu gefallen.« »Schickt China Prostituierte nach Tibet, um die frommen Menschen vom Beten abzuhalten?«, fragt *Bild* am 17. August 2002 und titelt leserlockend: »Huren-Invasion in der heiligen Stadt des Dalai Lama.« Aufsehenerregende, schockierende Ereignisse aus dem Themenfeld Sexualität und Religion erlauben es *Bild* hier, sämtliche Gefühlsregister zu ziehen und das sinnliche Verlangen des Lesers anzusprechen. Die *Bild*-Strategie, mediale Inhalte zum Spektakel und zur Sensation zu machen, berücksichtigt dabei auch die religiöse Gestimmtheit des Lesers und zielt – »im Namen Gottes« – auf den Effekt des einfühlenden Mitleidens. »Eine Bestie nahm ihnen beide Kinder«, diese Meldung über ein Verbrechen, »das ganz Deutschland erschüttert«, wird in seiner emotionalen Sprengkraft nochmals aufgewertet durch den Aufmacher: »Mein Gott, die armen Eltern!« (8. 4. 2003) Das emotional-expressiv eingesetzte Schlagwort »Gott« steigert die Betroffenheit und Anteilnahme des Lesers. Religion wird zur emotionalen Anmache. Die Grenzen zwischen religiöser Sehnsucht und Sensationsgier verschwimmen. Religiöses und Skandalöses, Erbauliches und Schockierendes gehen Hand in Hand.

## Religiöse Reality-Show

Der religiöse Gefühlsjournalismus von *Bild* zielt auf eine emotionale Adäquanz, die Wertkonflikte zwischen *Bild* und dem Leser reduzieren und eine eindeutige Urteilsbildung herbeiführen soll.[5] Solche Adäquanz wird vor allem durch die subjektorientierte Vermittlung religiöser Themen erreicht, die alles auf der Ebene des Privat-Persönlichen ansiedelt. Grenzerfahrungen, Einschnitte im alltäglichen Leben, die Fragen nach dem Sinn des menschlichen Lebens aufwerfen, werden in *Bild* konsequent aus Sicht der Betroffenen als »Human Interest«-Story thematisiert. Konkret heißt das: *Bild* schreibt nicht objektiv und analysierend über den Glauben, sondern über Menschen, die glauben. Lebenskrisen und deren religiöse Bewältigung werden nicht von außen, sondern von innen her dargestellt, am Schicksal des Einzelnen. »Haben Sie heute schon gebetet?«, fragt *Bild* am 14. Juni 2001 anlässlich des 29. Evangelischen Kirchentags in Frankfurt. Die Darstellung des religiösen Ereignisses erfolgt in Form von erlebnishaften Bekenntnissen.

Der Kirchentag und seine Botschaft sind nur Kulisse. Im Vordergrund stehen religiöse Storys, die den Glauben als persönliche Erfahrung vorstellen. Auf die *Bild*-Frage, wie wichtig ihr das Gebet sei, antwortet eine Schülerin: »Ich bete täglich – mindestens viermal: beim Aufstehen, zu den Mahlzeiten, am Abend. Ein Standard-Gebet habe ich nicht. Gott ist für mich ein Freund, mit dem ich immer sprechen kann, der mir zuhört. Er hat auch bei der Berufs- wahl geholfen, hat mir den Wunsch ins Herz gelegt, Krankenschwester zu werden« (14. 6. 2001). Der Glaube wird hier, subjektiviert und individuali- siert, zu »meinem« Glauben. In solchen Glaubensbekenntnissen sind theo- logisch-dogmatische Vorgaben sekundär, es dominiert der emotionale Be- reich religiösen Erlebens. Die theologische Relevanz religiöser Themen wird nur selten hervorgehoben. Das ist auch gar nicht im Interesse der *Bild*-Zei- tung, denn sie will Menschen vorstellen, die dem Leser »ihren« Glauben in ihrer subjektiven Betroffenheit beschreiben und bezeugen. Diese expressive Ausrichtung macht selbst komplizierteste Themen dem durchschnittlichen Leser zugänglich, eben weil sie ihn emotional »hineinzieht«.

Mit Richard Sennett kann man an dieser Stelle beobachten, dass in *Bild* auch in Bezug auf Religion die »Tyrannei der Intimität« am Werke ist.[6] Reli- giöse Institutionen und Ereignisse sind nur dann interessant, wenn alles in betroffene Personen verlegt wird. Ein Beispiel: *Bild* am 28. Mai 2003. Berich- tet wird vom ersten Ökumenischen Kirchentag in Berlin. Das Motto lautet: »Ihr sollt ein Segen sein«. *Bild* fragt Berliner, was für sie in ihrem ganz nor- malen Alltag ein »Segen« ist. Die Antworten könnten unterschiedlicher nicht ausfallen. Sommerwetter, Sicherheit im Beruf, kostbare Zeit zu zweit und strahlende Kinderaugen – all das empfinden Menschen im Alltag als Segen. Nach biblischem Zeugnis ist Gott der tragende Grund für die Wirksamkeit des Segens. Der Gläubige erkennt alles ihm widerfahrende Gute als »Segen«, als Tat des segnenden Gottes (Gen 1, 22). In den Erfahrungsberichten der *Bild*-»Zeugen« ist Segen Gutes, was dem Menschen begegnet und »die Guten« auszeichnet. Segen ist nicht mehr bezogen auf die gute Wirklichkeit, die durch das schöpferische Werk Gottes geschenkt ist. Es dominiert viel- mehr eine Art Religionsromantik, in der die Heils- und Hilfsbedürftigkeit des Menschen vor Gott ausgeklammert wird. In der Intimisierung und Emo- tionalisierung religiöser Inhalte wird alles auf die Person gebracht und kommt dabei eben oft nicht mehr über diese Person hinaus.

Als Affekt-Medium reduziert *Bild* religiöse Inhalte auf einen Diskurs der subjektiven Betroffenheit, der auf die erlebnismäßige Dimension von Religion abhebt. Dies wird besonders deutlich, wenn Stars als religiöse Sinn-vermittler auftreten. Stars sind in *Bild* als Teil einer Luxus- und Traumwelt einerseits unnahbar und unerreichbar, andererseits holt *Bild* die Stars »vom Podest« herunter, enthüllt ihre Schwächen und Geheimnisse und verklei-nert sie so zu Menschen wie du und ich. *Bild* zeigt zudem: Auch Stars blei-ben von Unglück, Leid und Tod nicht verschont. Der Leser steht so mit den Stars auf du und du. Ihre Lebensgeschichte steht gleichnishaft für alle Leser, die von Krankheit, Leid und Tod betroffen sind. Stars können so zu Glau-bensvorbildern werden. »Ich danke Gott, dass ich noch lebe«, so erzählt TV-Star Klausjürgen Wussow exklusiv in *Bild* (29. 6. 2004). Nach seinem »dramatischen Zusammenbruch« ist er überzeugt, dass er seine wunder-same Rettung Gott zu verdanken hat. Auch Ex-Fußball-Star Heiko Herrlich dankt nach einer erfolgreichen Krebsoperation Gott »für seine Hilfe« (15. 3. 2001). Nach dem tragischen Tod von Ursula Karvens Sohn Daniel, der in einem Pool ertrank, erzählt ihre Freundin Dana Schweiger in *Bild*, wie sie mit der Tragödie umgeht. »Gott«, so bittet sie, »gib uns die Kraft, den Schmerz zu ertragen und den Sinn dieses Unglücks zu verstehen« (23. 6. 2001). Christliche Deutungsmuster erhalten hier Öffentlichkeitscharakter, aber nicht in Form reiner Verkündigung und Lehre, sondern im Spiegel des Bekenntnisses, der persönlichen Erfahrung. Dabei geht es nicht hauptsäch-lich um das, was man glaubt. Im Medium des Bekenntnisses gewinnt viel-mehr das Autobiographische an Bedeutung. Man interessiert sich für die Person »hinter« dem Bekenntnis, ihre Glaubwürdigkeit und Ausstrahlungs-kraft. Die Prämisse lautet: »Ich glaube dir«, und nicht »Ich glaube an etwas«.

Als religiöse Sinnvermittler machen Stars Religion in *Bild* zu einer per-sönlichen, privaten Einstellung. In den *Bild*-Starportraits trifft man auf eine biographiebezogene Sichtweise von Religion, in der individuelle spirituelle Kompetenz zählt. Jeder Einzelne legt für sich fest, was als religiös zu gelten hat. Religion wird auf Bedürfnisse des Ichs zugeschnitten und als unbe-stimmte Erlebnisqualität verinnerlicht. Die christliche Religion ist dabei nicht mehr verbindlich. In einem *Bild*-Portrait von Franz Beckenbauer er-fährt der Leser, dass der »Kaiser« an Astrologie und Wiedergeburt glaubt. Lebensglück und die Bewältigung von Krisen führt der »Kaiser« nicht auf Gottes Beistand, sondern auf Eigenleistung zurück gemäß dem Motto: »Glück muss man sich erarbeiten« (4. 9. 2005). Star-Regisseurin Doris Dör-rie berichtet in *Bild*, dass ihr die Kirche nach dem Tod ihres Mannes »wenig zur Seite gestanden (habe)«. »Erst eine andere Religion« habe ihr »neue

Kraft« gegeben. »Mich hat dieses schwarze Loch innerhalb der Kirche zum Buddhismus gebracht«, bekennt Dörrie. Dessen »noble Weisheit«: »Leben ist Leiden, es endet mit Alter und Tod« habe sie als »wahnsinnig erleichternd« empfunden (11. 2. 2004). An dieser Stelle zeigt sich erneut: In Sachen Religion und Glaube legt sich *Bild* inhaltlich nicht eindeutig fest. Einerseits erhebt *Bild* die christliche Religion zu einem verbindlichen Maßstab von Kultur und Gesellschaft, andererseits folgt das Blatt dem allgemeinen Trend, dass Religion heute Privatsache des Einzelnen ist und christliche Deutungsmuster in einer religiös pluralisierten Welt nicht mehr allein maßgebend sind.

Mit Religion als Teil der *Bild*-Gefühlskultur erhält der Leser ein Identifikationsangebot, in dem Melodramatisches und Sensationelles »religionisiert« wird, um den Effekt der inneren Anteilnahme zu erhöhen. Themenkonstanten von Trivialmythen – von romantischer Liebe bis zu plötzlich einbrechenden Katastrophen – machen die *Bild*-Glaubensbekenntnisse zur Schicksalsreportage und religiösen Reality-Show.[7] Dort, wo Religion mit trivialmythischen Elementen durchsetzt und emotionalisiert wird, stehen nicht mehr Inhalte im Vordergrund, sondern das Ergriffensein und Betroffensein. Die emotionalen Effekte verselbstständigen sich von den Inhalten. Auch die »neue« religiös eingekleidete *Bild* erweist sich damit als »Nullmedium«.

### Bild als religiöses »Nullmedium«?

Als »Nullmedium«, so Hans Magnus Enzensbergers vernichtendes Urteil, werde die *Bild*-Zeitung gelesen, »nicht obwohl, sondern weil (sie) von nichts handelt, … weder Vergangenheit noch Zukunft kennt, alle historischen, moralischen, politischen Kategorien zertrümmert«.[8] Auf die religiös aufgeladene *Bild* scheint dieses Urteil nicht unbedingt zuzutreffen. Gerade was Religion und Glaube anbelangt, gibt sich das Blatt inhaltlich engagiert und arbeitet dezidiert in »moralischen Kategorien«. Wehe dem, der einen Angriff auf die christliche Tradition startet – eine moralische Verurteilung ist ihm in *Bild* sicher. Ein Beispiel: November 2006. Der Präsident des Trierer Landgerichts beschließt, Kruzifixe aus dem renovierten Justizgebäude zu entfernen. *Bild* gibt sich entrüstet, zeigt ein Kruzifix im Sitzungssaal des Trierer Landgerichts und fragt empört: »Was haben Sie gegen dieses Kruzifix, Herr Beck?« Darunter die Anklage: »Im Trierer Gericht wurde der gekreuzigte Christus nach der Renovierung aus den Sitzungssälen verbannt. Und der Ministerpräsident greift nicht ein« (17. 11. 2006). Dass der christliche Glaube in den öffentlichen Zeichen immer weiter verdrängt wird, will *Bild* nicht hinnehmen. Ein Verbündeter ist schnell gefunden: »Bischof kämpft für Kruzifixe im Gericht« (25. 11. 2006). Mit dem Trierer Bischof Marx als Verbündetem zieht *Bild* gegen die »bewusste Zerstörung unseres Wertefundamentes« und gegen die »gezielte Kappung unserer kulturellen Wurzeln« zu Felde (17. 11. 2006).

Doch in diesem Kampf bezieht das Blatt wiederum keine eindeutige Position. *Bild* tritt für das Festhalten an zentralen christlichen Symbolen in der Gesellschaft ein, arbeitet jedoch selbst der Entwertung christlicher Symbole und Deutungsmuster zu. *Bild* benutzt Religion als »Baustein« zur Einkleidung nicht-religiöser Inhalte, die dadurch aufgewertet werden und größere Aufmerksamkeit erhalten. In Sprachspielen und Verfremdungen bedient sich *Bild* biblisch-religiöser Sprachmuster, um profane Ereignisse und Sachverhalte religiös zu stilisieren. In diesen Stilisierungen werden religiöse Aussagen und Symbole von ihrer ursprünglichen christlichen Beheimatung herausgelöst, sie verlieren ihren eigentlichen »Sitz im Leben«. Religion zerstreut sich und mischt sich unter das Profane. So erhebt *Bild* den Sport gezielt zu einem »Religiosum«. Die Sportarena wird zum Kultort, die Sportler zu Helden und Göttern. Oliver Kahn, der »Torwart-Titan«, ist die »Faust Gottes« (25. 5. 2001), sein Konkurrent Jens Lehmann ist »unsere Hand Gottes« (1. 7. 2006). In Bremen ereignet sich das »Werder-Wunder« (8. 12. 2005). Bei den Eislöwen »geht das Wunder weiter«, es fehlt »noch ein Sieg bis zur Ewigkeit« (13. 4. 2004). Fußballpapst Christoph Daum, »Habemus Daum«, hält sich an »seine 10 Gebote« – Gebot Nr. 1: »Du musst mehr halten als versprechen« (28. 11. 2006) – und »Fußball-Idol« Jürgen Grabowski »betet« mit den Fans für »seine« Eintracht (18. 5. 2004). Hier zeigt sich erneut: Religiöses taucht längst nicht mehr an »offiziellen« Orten wie Kirchen oder Sekten auf, sondern mitten im profanen Alltag. Es kommt dabei zur »Weihe des Profanen«, zu Inszenierungen und Präsentationen mit religiösen Mustern, die auf vielfältige, aber auch oft unbestimmte Weise trotz aller Traditionsabbrüche fortwirken.[9]

So zitiert *Bild* spielerisch und mit ironischer Brechung religiöse Bilder und Formeln. Hierher gehören Inline skatende Ordensleute (siehe *Bild*-Ordensbruder Paulus), aber auch verfremdende *Bild*-Weihnachtsangebote wie: »O du Haarige! Die heißesten Party-Frisuren zum Fest« (10. 12. 2004) oder »Oh, du fröhliche Ferien! Last-Minute-Geschenke aus dem Reisebüro« (20. 12. 2004). Durch den verfremdenden Tabubruch, der das »Heilige« mit dem Profanen vermischt, entsteht ein Aufmerksamkeit erzeugender Witz, der das *Bild*-Angebot zugleich aufwertet. An anderen Stellen zeichnet sich die religiöse Inszenierung durch eine kultische Präsentation aus, die den Schein des Heiligen beschwört. »ER ist unser Retter«, so die Werbung für ein Fantasy-Spektakel (16. 9. 2004). Religion wird hier für die Steigerung des Produkts instrumentalisiert und umgibt dieses mit der Aura des Erhabenen und Besonderen. Zu einer solchen Überhöhung kommt es auch in religiösen Inszenierungen, die ein Produkt mit einer bestimmten Produktphilosophie versehen. Die *Bild*-Werbung, die die Marke *Bild* mit einem Wahrheitsanspruch umgibt – »Jede Wahrheit braucht einen Mutigen, der sie ausspricht. *Bild* Dir Deine Meinung« –, verheißt nicht nur Lesevergnügen, sondern vermittelt auch eine tiefere »Wahrheitsphilosophie«. Was einst Predigern auf der Kanzel vorbehalten war – die Verkündigung von Sinnbotschaften und Verheißungen –, koppelt sich nun an die Marke *Bild*.

Die Verwendung religiöser Motive in ursprünglich säkularen Zusammenhängen ist eine Signatur der Postsäkularisierung. Die »sakrale Säkularität« (Michael Nüchtern) ist Teil einer überwiegend trivialen Wiederverzauberung, die der Entzauberung nachfolgt. Sie verwandelt Fußballstars in Heroen, Kitsch in Kult und freizügige Schauspielerinnen in Sex-Göttinnen. Sie dient *Bild* dazu, sich als Marke einen Anteil vom Heiligenschein des Religiösen zu sichern und sich so zu »erhöhen«. Religion als Werbe- und Medienstrategie unterliegt dabei einem tief greifenden Gestaltwandel. Genuin Religiöses verdunstet oder wird zerlegt und neu zusammengestellt, oft ganz ohne Bezug zur ursprünglichen religiösen Deutungstradition. In entkonfessionalisierten »Updates« (Hans-Joachim Höhn) religiöser Motive und Traditionen wird ihre Verwurzelung im Evangelium und in der geschichtlich überlieferten Verkündigung des Glaubens nicht nur zurückgedrängt. Man muss vielmehr davon ausgehen, dass die einstmals kirchlich-institutionell gebundenen Formen und Inhalte religiöser Praxis, die medial neu abgespeichert und adaptiert werden, in ihrem ursprünglichen Sinn oft gar nicht mehr bekannt sind. *Bild* entsorgt religiöses Wissen und gibt den christlichen Traditionsschatz zum unterhaltsamen, erlebnismäßigen Abschuss frei. »Herr, lass es Witze regnen«, »betet« Harald Schmidt in *Bild* (16. 7. 2004). Religion als Reservoir für einen »Gag-Schleuderer« (16. 7. 2004). Macht nichts, keiner nimmt Anstoß, solange es unterhält. Das Thema Religion scheint inhaltlich abgefertigt. Alle geschichtlichen Wurzeln sind gekappt und ersetzt durch die religiös aufgeladene Geschichte der Trivialkultur, aufgezeichnet und archiviert von *Bild*: Eine »Busen-Diva« »beichtet«

ihre Verfehlungen (8. 12. 2003), Tigerbändiger Roy erhebt sich »wundersam« aus seinem Rollstuhl (15. 9. 2004), Hape Kerkeling feiert seine »Wiedergeburt« (31. 5. 2006) und Michael Schumacher wird auf einem »Schicksalskurs« »unsterblich« (7. 10. 2003).

In der »Weihe des Profanen« folgt das Religiöse säkularen Gesetzen. Das hat Konsequenzen. Eine Folge ist, »dass nicht nur die profane Welt ursprünglich religiöse, aber oft funktional verwandelte Motive aufnimmt, sondern dass der Bereich des Religiösen weltloser wird und zu schrumpfen droht«.[10] Eine weitere Folge ist die »Immunisierung« gegenüber religiösen Bildern und Motiven. Es kommt zu einer »Aneignung in Verbraucherorientierung«, die Religion selbst wiederum zu einem Angebot macht, das nur noch als unterhaltsame Verpackung dient – bis zur völligen Umkehrung des eigentlichen religiösen Gehalts.[11] Wenn auch in der »Weihe des Profanen« die Devise heißt, Aufmerksamkeit erzeugen um jeden Preis, und man Aufmerksamkeit mit Unterhaltsamen, dem Sensationellen und dem Schockierenden, dem Schrillen und dem Bizarren leichter als durch Sachinformation selbst erzeugt, wird Religion entkernt.

Die entkernende Instrumentalisierung von Religion zu Zwecken der Aufmerksamkeitssteigerung zeigt sich in *Bild* vor allem in der Verwendung theologischer Grundbegriffe wie Sünde und Schuld. Heute ist das Bewusstsein für vieles, was einst im religiösen Sinn als Schuld galt, geschwunden. Es fehlt immer häufiger jenes religiöse Wissen und Betroffensein, das Schuld Sünde werden lässt. Sünde als religiöse Wirklichkeit, die die Situation eines Menschen in seiner Beziehung zu Gott und dem Nächsten betrifft, spielt in *Bild* kaum eine Rolle. Wenn in *Bild* von Sünde die Rede ist, dann oft mit ironisch-distanziertem Einschlag und in einem rein moralischen Verständnis. Sünde bedeutet von hier aus kein Schuldigwerden vor Gott, sondern steht vor allem für eine sexuelle Verfehlung. »Hemmungslos. Sündige Film-Diva beichtet alles«, so *Bild* über einen Berlinale-Star, der »gesteht«, Pornos gedreht zu haben (23. 2. 2004). Der Sündenbegriff soll hier primär die Skandalträchtigkeit und damit den Aufmerksamkeitswert des Ereignisses steigern. Das Skandalöse enthüllt *Bild* höchstpersönlich selbst: »*Bild* fand sündigen Pfarrer und sein schwangeres Chormädchen« (26. 9. 2003).

Wenn *Bild* eine barbusige Frau ablichtet – angeblich »Deutschlands schönste Mama« – und dann fragt: »Wie sündig darf eine 3fache Mutter sein?« (8. 9. 2004), dient der Sündenbegriff vor allem dazu, mit dem Reiz des Anstößigen zu kokettieren. So kann auch Sex-Star Brigitte Bardot (»BB«) zur

»schönsten Sünde aller Zeiten« werden (18. 9. 2004). Dieses Kokettieren mit der »schönen«, verführerischen Sünde zeigt sich insbesondere in Werbekontexten, in denen das Wort Sünde mit saloppem Unterton verwendet wird. »Liebe Sünde«, »heiße Sünde«, »sündhaft witzig« – überall sind hier die mit dem Begriff Sünde verbundenen Assoziationen moralischer Art, zugleich aber ist das moralische Reden von Sünde Gegenstand von Witz und Satire. Sünde suggeriert: Es ist alles nicht so schlimm, das Pardon ist garantiert. Der Hauch des Verbotenen, der einem »sündigen« Produkt anhaftet, kann dadurch mit reizsteigernden Elementen versehen werden, die das Verbotene neutralisieren. In der Werbung für den Film »Saved« wird Sünde zum Zauberwort, das besonderen Genuss verspricht. Wenn ein Film »sündhaft witzig« ist (16. 9. 2004), kann man wieder richtig »sündigen«. Sünde wird so zu einer lustvollen und zugleich verzeihlichen Bagatelle mit verführerischen Eigenschaften.

Aber das darf *Bild* als Hüter der Moral nicht offiziell gutheißen. Es bleibt beim provokanten Spiel mit der Moral, das zur *Bild*-Unterhaltung gehört, aber letztlich einen moralischen Konsens voraussetzt. Nur von hier aus kann sich *Bild* als höhere Instanz inszenieren, die die »Absolution« erteilt oder aber Taten als »Todsünden« verurteilt. Der Leser wird nicht auf einen richtenden Gott verwiesen, der den Sünder straft und den Guten belohnt. Auch muss er nicht das Monopol der Kirche auf Sündenvergebung anerkennen. *Bild* urteilt, richtet und vergibt. Wenn Winnetou-Star Ralf Wolter durch fahrlässiges Verhalten ein »Todes-Drama auf der Autobahn« verursacht, das als »Todsünde« bezeichnet wird (24. 5. 2002), ist es an *Bild* zu bewerten, ob diese Sünde vergeben werden kann. Kann sie in diesem Fall nicht. »Warum darf so einer mit 78 (!) wieder ans Steuer?«, empört sich *Bild* (10. 2. 2005).

### Die Bild-Beichte

Dass *Bild* religiöse Aussagen und Symbole gezielt benutzt, um die Sensationskraft eines Ereignisses zu erhöhen und »abzusegnen«, zeigt auch die bekannte *Bild*-Beichte. Die traditionelle Beichte steckt seit Jahrzehnten in der Krise und ist in der seelsorgerischen Praxis der Katholischen Kirche ein Problemfall geworden. Die Krise, die mit der Beichte zusammenhängt, gilt vielfach als symptomatisch für eine Welt, die »weder die Sprache besitzt, Sünde auszusprechen, noch Orte der Vollmacht, von Sünde loszusprechen, und die darüber hinaus beides nicht zu vermissen scheint«.[12] Die *Bild*-Zeitung widerlegt dieses Urteil offenbar. Während die Beichte im christlichen

Gemeindeleben kaum noch eine Rolle spielt, sind in *Bild* Schuldbekennt-nisse, Geständnisse und Beichten regelmäßig zu finden. Der Ex-Profi-Boxer Dariusz Michalczewski »beichtet« auf Seite 1 in *Bild*: »Ich betrog meine Frau in der Hochzeits-Nacht« (4. 5. 2004). Ebenfalls auf Seite 1 »outet« sich am 22. Dezember 2004 Cora Schumacher: »Ja, ich habe ihn vergrößern lassen.« Darunter die *Bild*-Schlagzeile: »Schumis Cora beichtet Busen-OP!« TV-Star Caroline Beil ringt sich ähnlich offen und bereitwillig zu einem »bitteren Geständnis in *Bild*« durch: »Ja, unsere Ehe ist kaputt« (16. 4. 2004).

Das Themenspektrum solcher Beichten steht und fällt mit der intimen Sicht der betroffenen Akteure, deren problembeladenes Privatleben *Bild* per-sonalisierend öffentlich macht, ohne nach strukturellen Ursachen zu fragen. Dabei werden Dinge offenbart, die man eigentlich durch Tabus und Diskre-tion geschützt und verborgen glaubte und die der Leser nun in einer Mischung aus selbstvergewissernder Abgrenzung und Faszination lustvoll verfolgen kann. Die *Bild*-Leser erfahren in Franziska von Almsicks spektaku-lärer »Hunger-Beichte«, dass der Schwimm-Star Essstörungen hatte (30. 9. 2004). TV-Star Ramona Leiß wiederum enthüllt: »Ich verstümmelte mich aus Selbsthass« (11. 9. 2004), während Mega-Star Elton John mit einer »Selbstmord-Beichte« »schockt« und verrät: »Mein Kopf steckte schon im Gasherd« (11. 10. 2004). *Bild* verkleinert hier die Perspektive konsequent auf Schlüsselloch-Größe, enthüllt Intimes, macht Privates öffentlich und erhebt Banales zur Sensation – das alles religiös eingekleidet in Beichtform. Religion muss dabei als Tarnkappe für etwas herhalten, das im Kern areligiös ist: das Ausbeuten privater Schicksale, die Befriedigung voyeuristischer Sensations-lust.

Im Gegensatz zur christlichen Beichtpraxis ist die *Bild*-Beichte nicht geheim und wird vor der *Bild*-Öffentlichkeit vollzogen. Die Beichte fällt da-mit aus ihrem religiösen Zusammenhang heraus. Gebeichtet wird nicht vor Gott, sondern vor einer weitgehend anonymen Öffentlichkeit. Die Frage, wie der Mensch zu Gott steht, kommt nicht zur Sprache, wohl aber die Frage, wie sich der Einzelne zu einer von *Bild* beschworenen allgemein-verbindlichen Moral verhält. Der Beichtende ist nach biblischem Zeugnis jemand, der Gott an sich handeln lässt. Gott »legt einen neuen Geist« in den Menschen und »befreit ihn von allem«, womit er sich »unrein« gemacht hat (Ez 36, 26–29). Die *Bild*-Beichte zielt dagegen auf eine Inszenierung, in der *Bild* selbst letzt-gültige verurteilende Instanz ist. Mit autoritärem Führungsanspruch gibt *Bild* vor, welche Normabweichungen akzeptiert und welche abgelehnt werden müssen. Versagen und Scheitern stehen nicht mehr in der Verfügung Gottes, sondern in der Hand des Richters *Bild*.

Im christlichen Bekenntnis der Sünde ist der Mensch auf Gottes Erbarmen angewiesen. Gott vergibt dem Menschen und nimmt ihn an. In der *Bild*-Beichte dagegen geht es primär um das Akzeptiertwerden von und in der *Bild*-Öffentlichkeit. Nicht die Versöhnung mit Gott steht im Mittelpunkt, sondern die Abgleichung von Geständnissen und Bekenntnissen mit den vorherrschenden Normen und Erwartungen der *Bild*-»Gemeinde«. Dabei legt *Bild* immer wieder neu »die verbindlichen Grenzen dessen fest, was (diese Gemeinde) als mit ihren moralischen Standards konformgehend akzeptieren kann«. Wie die TV-Talkshows bietet die *Bild*-Beichte »somit eine populäre Form der Einpassung individueller Verhaltensweisen in den moralischen Konsens einer pluralistischen Massengesellschaft, die keine definitiven Verhaltensmuster mehr vorschreibt«.[13]

In dieser Einpassung in einen moralischen Konsens verlieren traditionelle Bußrituale ihre Bedeutung. Während die christliche Beichte ein Neuanfang ist und die Buße einen ersten Schritt hierzu darstellt, ist die *Bild*-Beichte prinzipiell bußfrei. Aber sie hat Folgen. Sie kostet den Beicht-Akteur die Preisgabe der Privatsphäre und die unangenehme Erfahrung, an den *Bild*-Pranger gestellt zu werden. An diesem Pranger werden intime Geständnisse religiös eingemäntelt und verbrämt, um etwas als Transzendenzbezug auszuweisen, was letztlich ganz auf das Medium *Bild* und seine Richterrolle fixiert ist. Das Prädikat Religion wird benutzt, um etwas zu überhöhen, was mit Religion nichts zu tun hat. Die *Bild*-Beichte pervertiert die christliche Heilsbotschaft und bedient eine Entlarvungsmentalität mit *Bild* als Enthüllungsbeauftragtem. Es zeigt sich erneut: Die *Bild*-Zeitung verkauft sich als Verteidigerin und »Hüterin« der christlichen Botschaft, entleert sie aber letztlich durch religionsförmige Stilisierungen und Updates. Nicht religiöse Inhalte erleben ein Comeback in *Bild*, sondern primär Religion als Dekor. Es geht nicht um Religion an sich, sondern um religiöse Aura und jenen »Kick«, der Unterhaltsames religiös anreichert. *Bild* veredelt Seelenmüll, Trash wird gleichsam »getauft«. Religion als Dekor mutiert zu einer anderen Gestalt: Sie wird entkernt, aus Heils- und Transzendenzzusammenhängen herausgelöst und Unterhaltungszwecken untergeordnet. Neil Postman hat Recht: Mit *Bild* amüsieren wir uns tatsächlich auch in Sachen Religion zu Tode und unterstellen alles dem Unterhaltungsprimat.

## Der *Bild*-Kampf der Kulturen

*Bild* schürt Empörung. Damit hat das Blatt schon immer versucht, sich Mehrheiten zu sichern und sich als »Stimme des Volkes« zu positionieren. Die Diekmannsche *Bild* zeigt, dass dies auch im Themenfeld Religion und Glauben funktioniert. Das Blatt geht in Stellung, wenn der christliche Glaube herabgesetzt oder bedroht wird. Dabei sind religiöse *Bild*-Bekenntnisse nützliche Instrumente, um gemeinschaftliche Identitäten zu schaffen. Vor diesem Hintergrund bringt vor allem das überwiegend negative, extremistische Bild des Islam eine willkommene, gemeinschaftliche christliche Reaktion hervor. *Bild* macht es sich zu Nutze, dass immer mehr Deutsche heute den Islam als große, fremde Religion empfinden. Angesichts diffuser Ängste und Feindseligkeiten gegenüber dem Islam »bekennen« sich viele wieder zur Religion, um sich kulturell und national abzugrenzen –, auch dann, wenn sie im Grunde gar nicht religiös sind und keinen Glauben praktizieren. *Bild* bedient diese Abgrenzungsversuche ebenso wie die antiislamische Stimmung vieler Leser – siehe etwa die *Bild*-Leserbriefe zum geplanten EU-Beitritt der Türkei (25. 2. 2004). Mit der Negativzeichnung des Islam vergewissert sich die *Bild*-Leser-»Gemeinde« ihrer eigenen Identität im Sinne einer dem Islam »überlegenen« kulturellen Gemeinschaft. Am Feindbild Islam kann sich die neue religiös eingekleidete *Bild* aufbauen und sich geschickt als Apologetin einer auf christlichen Werten begründeten westlichen Kultur inszenieren.

Die Vorurteile und Ängste gegenüber dem Islam, die *Bild* bedient und beschwört, bündeln sich in dem zentralen Vorwurf, dass der Islam eine Religion der Unterdrückung, Unfreiheit und Gewalt sei. Nicht nur Fälle von erzwungenen Hochzeiten und Ehrenmorden ziehen die Aufmerksamkeit einer empörten *Bild* auf sich, sondern vor allem die Tatsache, dass im Islam Frauen ihre Sexualität nicht nach eigenen Vorstellungen ausleben können. »Die ewige Angst vor dem Sex. Eine Muslima klagt an«, mit dieser Schlagzeile wirft *Bild* einen kritischen Blick auf die »Sexualmoral im Islam« (3. 6. 2005). Provokativer ist die Schlagzeile »Mein wilder Sex unterm Schleier« (24. 2. 2005). Vorgestellt wird in dem nachfolgenden Artikel der Roman einer Muslima, der »an ein Tabu (rührt)«, weil er sich für »Offenheit« gegenüber Sexualität ausspricht, »wie sie der Westen kennt«. »Eine Frau lüftet den Schleier«, so *Bild*-Autor Attila Albert in seiner Buch-Besprechung. Der Schleier »verdeckt nicht nur ihr Gesicht, sondern die Sinnlichkeit einer ganzen Kultur«. Dass »religiöse Eiferer« die Autorin als »Hure« verdammen, bestätigt das »Bild« einer frauenfeindlichen Religion, die »erotische Selbstfindung« nicht zulässt. Das entsprechende Zitat aus dem Koran liefert *Bild* gleich mit: »Sprich zu den gläubigen Frauen, dass sie ihre Blicke zu Boden schlagen, ihre Keuschheit wahren sollen und ihre Reize nicht zur Schau tragen« (Sure 24:31).

Der Islam als frauenfeindliche Männer-Religion der Unterdrückung und Unfreiheit kommt in *Bild* im November 2004 markant ins Spiel, als die Grünen-Politiker Jürgen Trittin und Christian Ströbele einen eigenen gesetzlichen Feiertag für die Muslime in Deutschland vorschlagen. Die Reaktion von *Bild* konnte empörter nicht ausfallen: »Grünen-Minister völlig durchgeknallt. Moslem-Feiertag statt Ostermontag?« (17. 11. 2004). Auch die »Post von Wagner« an die »Herren Trittin und Ströbele« hält mit ausfallender Kritik nicht zurück: »Trittin und Ströbele. Sie sind für mich die größten Kamele zurzeit. Wer soll denn integriert werden? Wir 80 Millionen Deutsche in den Islam oder die rund 3,5 Millionen Muslime in Deutschland?« Im Negativverfahren der Abgrenzung wird dann das eigene christlich-abendländische Selbstverständnis profiliert: Das Opferfest der Muslime, so Wagner, »ist ein schönes Fest. Aber es ist nicht unser Fest. Wir sind Tannenbaumaufsteller und Ostereiersucher. Leider haben wir Kamele in der Regierung« (17. 11. 2004).

Der »Wir«-Diskurs bietet dem *Bild*-Leser hier nicht nur die Möglichkeit, sich gegen »die da oben« gemeinschaftlich zu empören, die – so Peter Boenischs *Bild*-Kommentar – »Lichtjahre vom Volk entfernt« sind (17. 11. 2004). Er erfüllt auch die sozialpsychologische Funktion, sich der eigenen religiösen Identität medial zu vergewissern. Hierzu setzt *Bild* auf ausgrenzende Kritik und Häme – siehe das »Bild« von dem als Moslem »verkleideten« Grünen-Minister (»Herr Trittin, wollen Sie etwa Moslem werden?« [18. 11. 2004]) – und vor allem auf Bedrohungsszenarien. »Angstwort Parallel-Gesellschaft« heißt ein solches Szenario, das in *Bild* sowohl »wissenschaftlich« als auch aus Sicht der Betroffenen beschworen wird. »Das neue Angstwort von der ›Parallelgesellschaft‹ geht um«, so konstatiert *Bild* und benennt die Bedrohung konkret: »Bildet sich da bei uns, ohne dass wir es merken, ein islamischer Staat im Staate?« Der von *Bild* herbeizitierte Islamwissenschaftler Hans-Peter Raddatz bestätigt, dass ein solcher Staat im Staate längst existiert. So seien etwa in Berlin »ganze Straßenzüge … zu einer türkisch-islamischen Kleinstadt geworden«. In dieser »geschlossenen Gesellschaft« würden deutsche Gesetze ihre Geltung verlieren, Frauen per »Kaufvertrag« geehelicht und Mädchen als »Besitz« des Vaters angesehen (18. 11. 2004). Dass »schon Wirklichkeit (ist), wovor viele in Deutschland zurzeit Angst haben: eine islamische Gesellschaft mit eigenen Regeln, Gesetzen«, bestätigt der *Bild*-Erfahrungsbericht »Meine muslimische Welt mitten in Berlin«. Unter der Schlagzeile »Angstwort Parallel-Gesellschaft« beschreibt *Bild* die »Parallel-Heimat« der sechzehnjährigen Fatima, eine »Heimat«, die das Blatt konsequent mit stereotypen Vorurteilsbildern zur Bedrohung hochstilisiert. In der Parallel-Gesellschaft, so *Bild*, »blüht das Verbrechen«, ganze Stadtteile werden von »Großfamilien in Mafia-Manier« bedroht, die Polizei kann die Sicherheit der Bevölkerung »nicht mehr … garantieren« (19. 11. 2004).

Dem plakativen Arbeiten mit Vorurteils-Konstrukten entspricht die »Ausländer-Debatte«, die *Bild* im April 2006 auch im Zusammenhang mit der »Gewaltbereitschaft« des Islam ins Rollen bringt. »Multi-Kulti ist gescheitert«, das ist das Fazit von »Deutschlands klügstem Kopf«, dem Historiker und Publizisten Arnulf Baring, der in *Bild* «Klartext redet«. Baring beklagt in einem *Bild*-Interview die »Abschließungstendenz« und »Selbstghettoisierung« der Ausländer, fordert deren »Anpassung« an die deutsche Kultur – auch unter Anwendung von Sanktionen – und beklagt insbesondere die Gewalttendenzen im »politisch aufgeladenen Islamismus«, die sich nicht zuletzt in der »unerträglichen, nicht hinnehmbaren Unterdrückung der Frauen« zeigen (5. 4. 2006). Dazu fügen sich die Zahlen und Fakten, die *Bild* direkt unter das Interview mit Baring platziert. Sie »belegen« den geringen Bildungsstandard der Ausländer, den hohen Anteil an ausländischen Sozialhilfe-Empfängern und Kriminellen, wobei laut *Bild* wiederum die Muslime herausragen: »Von den 400 mehrfach überführten Straßenräubern und Schlägern in der Hauptstadt sind 70 Prozent Muslime.«

Die Zahlen bedienen Vorurteilsbilder in der Leserschaft, aber das darf die der »Wahrheit« verpflichtete *Bild* nicht zu erkennen geben, und so fordert denn auch *Bild*-Kommentator Paul C. Martin, dass die »Ausländer-Debatte« »offen« geführt werden müsse, »ohne Vorurteile, ohne Klischees« (5. 4. 2006). Das wirkt scheinheilig und widersprüchlich, ist aber wiederum eine bewährte Medienstrategie, denn die Verbreitung eines Mediums »steigt nicht nur im Verhältnis der Majorisierbarkeit seiner Urteile, sondern auch in dem Maß, als die Urteile des Mediums im Medium selber relativiert werden«.[14] Dies kann geschehen im »Ja-aber«-Stil, der auf die Negativzeichnung des Islam in *Bild* bezogen konkret bedeutet: Ja, wir müssen ohne Vorurteile debattieren, aber letztlich bestätigen nur allzu viele »Fakten« genau diese Vorurteile.

Eine Relativierung von Urteilen des Mediums *Bild* im Medium selbst ergibt sich auch dann, wenn *Bild* Urteile Dritter anführt und sich selbst mit eigenen Stellungnahmen zurückhält. Das erhöht den Eindruck der Authentizität und Objektivität, erweist sich aber nur allzu oft als weiteres Instrument der *Bild*-Meinungsmache. »EU-Gipfel in Brüssel. Weg frei für Türkei-Beitritt«, meldet das Blatt am 17. Dezember 2004 und verweist auf die entsprechenden positiven Stellungnahmen von Seiten der SPD. Die eigentliche *Bild*-Mehrheitsmeinung »versteckt« das Blatt im O-Ton der CDU-Chefin Angela Merkel zum EU-Beitritt der Türkei. »Das überfordert Europa«, zitiert *Bild* die CDU-Chefin und führt auf derselben Seite einen weiteren Mitstreiter Merkels an, den EKD-Vorsitzenden Wolfgang Huber (17. 12. 2004). Das *Bild*-Interview mit Wolfgang Huber trägt den bezeichnenden Titel: »Müssen wir Angst vor 66 Millionen Moslems haben, Herr Bischof?« Dass »wir« tatsächlich Angst haben müssen, legt sowohl die *Bild*-Frage als auch die Antwort des Bischofs nahe. »Verträgt Europa den Beitritt von 66 Millionen Moslems?«, fragt *Bild* im Namen der Leser, die von offizieller kirchlicher Seite erfahren, es sei eine »erhebliche Belastung«, wenn der türkische Ministerpräsident die EU als einen »christlichen Club« abtue. Der weitere Verlauf des Interviews bestätigt die Überlegenheit dieses »Clubs« und die Notwendigkeit, dass Europa sich seiner christlich-jüdischen Traditionen und Werte »bewusst« werden müsse, um »nicht einfach umgepustet (zu werden) durch die Türkei«, deren Religion »noch nicht in der Aufklärung und in der Moderne angekommen (sei)«. Bedrohungsängste erhalten hier neue Nahrung und arbeiten der *Bild*-Strategie in die Hände, sich selbst als identitätstiftende Instanz zu positionieren, die für die Überlegenheit des eigenen kulturellen Selbstverständnisses einsteht.

Um diese Überlegenheit zu begründen, wendet sich *Bild* der Religion zu. *Bild* vertritt eine abgrenzende und ausgrenzende Position gegenüber dem Islam, die religiös eingekleidet ist, um eben dadurch (religiöse) Massenzustimmung zu gewinnen. Die »Wiederkehr« der Religion in *Bild* geschieht vor diesem Hintergrund im Rückgriff auf einen Deutungsansatz, der seit den Anschlägen auf das World Trade Center in der veröffentlichten Meinung präsent ist: Samuel P. Huntingtons These vom »Kampf der Kulturen«. »In Holland wurden Moscheen angesteckt«, schreibt Claus Jacobi am

13. November 2004 in seinem *Bild*-Tagebuch, »an der Elfenbeinküste Weiße gejagt, im Irak neue Bush-Feuer gelegt. Der ›Clash of Civilizations‹ – auch wenn es nicht der Kampf, sondern nur der Zusammenprall der Zivilisationen ist – fordert unvermeidlich seinen Zoll. Multi-Kulti-Anstrengungen können da nur bedingt helfen.« Der Zusammenstoß der Kulturen, den Huntington in seinem Weltbestseller *The Clash of Civilizations* (dt. *Kampf der Kulturen* [1996]) heraufbeschwört, ist in *Bild* Realität. Die Welt steht bereits in einem Krieg zwischen Fundamentalismus und Vernunft, einem Krieg, in dem die Schlüsselfrage nicht mehr lautet: »Auf welcher Seite stehst du?«, sondern »Wer bist du?«

Nach Huntington beantworten die meisten Menschen die Frage »Wer bist du?« mit einem Hinweis auf die eigene Religion. Die unterschiedlichen religiösen Traditionen werden in Huntingtons Antagonismus der Weltreligionen zum Kern von politisch-kulturellen Differenzierungen. Die Aufteilung in eine Erste, Zweite und Dritte Welt ist, so Huntington, zu ersetzen durch die Weltzivilisationen, zu denen insbesondere die westliche, japanische, islamische und konfuzianische gehören. Dabei geht Huntington davon aus, dass durch den wachsenden Kontakt der Kulturen keineswegs ein »globales Dorf« entsteht, sondern vielmehr Abgrenzungstendenzen zunehmen, in denen Religion zur wichtigsten Quelle kollektiver Identitätsbildung wird. An den Grenzen zwischen den Kulturkreisen entstehen Bruchlinienkriege, in denen nach Huntington die Auseinandersetzungen zwischen Muslimen und Nichtmuslimen vorherrschend sind. Die Geschichte des Islam sei geprägt von gewaltbesetzten Konflikten mit anderen Kulturkreisen. Vor allem die Beziehung zwischen dem Islam und dem Westen sei insgesamt von einem Kulturkampf bestimmt. Von hier aus formuliert Huntington sein Hauptanliegen: die Bewahrung und Verteidigung der »westlichen Kultur«, die nur gelingen könne, wenn alle Einflüsse abgewendet würden, die eben diese Kultur gefährden. Konkret bedeutet dies eine dezidierte »Absage an die konfliktstiftenden Sirenenklänge des Multikulturalismus«.[15]

Der hier beschworene Kampf um die »Reinheit« der Kultur hat bei europäischen Wissenschaftlern zu einer strikten Zurückweisung von Huntingtons »Kampf der Kulturen« geführt. Die *Bild*-Zeitung greift dagegen offen auf Huntingtons Kulturdiagnose zurück. Die Eindeutigkeit und Übersichtlichkeit, mit der Huntington eine komplexe globale politische Konstellation auf religionskulturelle Unterscheidungskriterien reduziert, kommt der plakativen, auf Majorisierbarkeit zielenden *Bild*-Urteilsbildung entgegen. Bei

Huntington wie auch in *Bild* steht *der* Islam gegen *das* Christentum, religiöse und kulturelle Differenzen werden zum Auslöser politischer Konflikte und Gegensätze. So lässt sich in der *Bild*-Reaktion auf die Anschläge vom 11. September ein bezeichnender Wandel in der Berichterstattung feststellen, der Huntingtons Krisenszenario entspricht. Während *Bild* unmittelbar nach den Anschlägen eine Kriegsgefahr beschwört – »Die Welt in Angst. Gibt es Krieg?« –, in der vom Kampf des »Guten« gegen das »Böse« die Rede ist (12. 9. 2001), erweitert sich diese »Kriegserklärung« bald und schließt islamische Länder und Kräfte in das »Netz des Bösen« ein (20. 9. 2001).

### Fundamentalismus als Medienstrategie

In dem von *Bild* inszenierten Feindbild – mit der Verknüpfung islamistischer Terror, Taliban und Osama Bin Laden – verkörpert der Feind das Böse schlechthin, während die USA Hüter des Guten sind. Den weltweiten Kampf des Guten gegen das Böse deutet *Bild* pseudotheologisch mit Religion als Abgrenzungskriterium. Der manichäische Gut-Böse-Gegensatz wird durch einen neuen ersetzt, in dem – ganz im Sinne Huntingtons – die Verschiedenheit der Religionen ausschlaggebend ist. Religion wird zum entscheidenden Grund für den Massenmord in New York. Am 29. September 2001 druckt *Bild* den »Terror-Befehl im Wortlaut«: »Wenn du im Flugzeug bist, bete … Gott hilf mir, dies zu tun, und lass uns über die ungläubigen Nationen siegen … Wenn du deine Tat beginnst, schlage hart wie ein Held zu.« Die islamistischen Terroristen berufen sich für ihre schrecklichen Taten auf »Gott«. Er ist gewissermaßen der Auftraggeber der Attentate von New York. In seinem Namen wird ein Kulturkampf geführt, der sich gegen die »ungläubige« Unkultur des Westens richtet. Der christliche »Gott« der westlichen Welt, den *Bild* am 12. 9. 2001 in einem Stoßgebet anruft – »Großer Gott, steh uns bei!« –, kann nicht der »Gott« sein, in dessen Namen die islamistischen Terroristen ihre Anschläge verüben.

Der »Gott«, der zur Rechtfertigung von Gewalt gegen Menschen missbraucht wird, ist nicht der »Gott«, an den »wir« im Sinne von *Bild* glauben sollen: »Wir sollten … auch an das Gute glauben«, so der *Bild*-Aufruf zum dritten Jahrestag der Anschläge vom 11. September. Wir sollten »an die Menschen und die Hoffnung (glauben), das Geschenk des Lebens. Und an Gott« (11. 9. 2004). Für den Glauben an *diesen* Gott und für die »Werte unseres Lebens« (6. 11. 2002) tritt *Bild* bedingungslos ein – mit einem Schwarzweiß-Fundamentalismus, der Gott für den Kampf um das »Gute« ebenso instrumentalisiert, wie die fundamentalistische Religiosität islamistischer Terroristen »Gott« als Waffe gegen andere Menschen einsetzt. Fundamentalismus, verstanden als ein Phänomen der Moderne, das den Krisenerfahrungen und Unsicherheiten moderner Lebenskultur »das Angebot verbindlicher Orientierung und Lebensführung« entgegensetzt, ist sich »der Fundamente *seiner* Wahrheit sicher«.[16] Sich seiner Fundamente zu versichern und sie gegen vermeintliche »Feinde« und »Bedrohungen« in Stellung zu bringen ist eine entscheidende *Bild*-Strategie im »Kampf der Kulturen«.

»Droht im 21. Jahrhundert ein neuer Religionskrieg?«, fragt *Bild* am 21. September 2001 den Kölner Erzbischof Joachim Kardinal Meisner in einem Interview. Dieser wiegelt zunächst ab und betont, dass man »aus dem Ansinnen einiger weniger Terroristen« keinen »Krieg der Kulturen« ableiten könne. Man müsse aber den »Unterschied« zwischen den Religionen »ernst nehmen«. »Das Christentum«, so der Kardinal, »unterscheidet sich vom Islam durch ein anderes Gottes- und Menschenbild«. Anfang 2006, anlässlich der Auseinandersetzung um die Mohammed-Karikaturen, die in einer dänischen Regionalzeitung erschienen waren, kommt dieser Unterschied gewaltsam zum Vorschein. Der Kampf der Kulturen ist in *Bild* in vollem Gang: »Islamisten gegen den Westen. Ist das der Krieg der Kulturen?«, fragt *Bild* am 6. Februar 2006. Alle Anzeichen sprechen für einen solchen Krieg: »Brennende Botschaften in Nahost, die Fahnen europäischer Staaten in Flammen, wütender Mob, der Kirchen demoliert.« Es folgt der explizite Hinweis auf Huntingtons Bestseller *The Clash of Civilizations*, der »vorausgesagt« habe: »Es wird zu einem Zusammenstoß von Islam und westlicher Welt kommen.« Diesen Zusammenstoß führt *Bild* dem Leser auf drastische Weise vor und spielt dabei geschickt mit Bedrohungsängsten. »Die Lage ist sehr ernst« (2. 2. 2006), »Und wieder brennt eine Botschaft!« (6. 2. 2006), »Karikaturen-Streit weitet sich aus. Auch deutsche Fahnen brennen« (7. 2. 2006). *Bild* spricht schließlich explizit aus, was diese Schlagzeilen suggerieren: »Müssen wir uns vor dem Islam fürchten?« (7. 2. 2006).

Der Islamwissenschaftler Professor Hartmut Bobzin, von *Bild* befragt, ob der Islam eine »aggressive Religion« sei, scheint alle Ängste und Vorbehalte zu beschwichtigen. Man müsse sich »nicht vor dem Islam – aber vor radikalen Islamisten« fürchten (7. 2. 2006). *Bild*-Kommentator Rafael Seligmann warnt ebenfalls davor, den Islam mit den radikalen Islamisten gleichzusetzen, und appelliert an die *Bild*-»Wir«-Gemeinde: »Wir Demokraten müssen die Polit-Extremisten und Kriegshetzer mit Festigkeit zur Raison bringen und weiterhin den islamischen Glauben achten« (7. 2. 2006). Zwei Tage später geht dieser Appell in einem beispiellosen *Bild*-Empörungsszenario unter: »Karikaturen-Streit immer schlimmer!« Darunter der Aufmacher: »Iran hetzt. Merkel ist wie Hitler!« Dazu fügt sich die Top-Meldung auf Seite 2 der *Bild*-Bundesausgabe vom 9. Februar 2006: »Lacht uns der Terror-Helfer alle aus? Er (Mounir al-Motassadeq) unterstützte die Mörder des 11. September und ist auf freiem Fuß!«

Auf derselben Seite, auf der im Übrigen auch wieder gegen Asylbewerber Stimmung gemacht wird – »die dreistesten Fälle« –, verkünden dann überraschender Weise Kai Diekmann und Ertuğrul Özkök, Chefredakteur der türkischen Zeitung *Hürriyet*, in einem gemeinsamen deutsch-türkischen Kommentar: »Wir sind Freunde!« Die Welt, so Diekmann und Özkök, sei »in diesen Tagen ratloser Zeuge von religiös motivierter Wut und Unversöhnlichkeit«. Das »Schreckbild des ›Kampfs der Kulturen‹« scheine Wirklichkeit zu werden. »Aber wo stehen wir mit unseren beiden Kulturen wirklich?« Die Antwort fällt versöhnlich, gemeinschaftlich, freundlich aus: »Die islamische und christliche Welt tragen gemeinsame Werte, für die beide Religionen stehen … Aus bloßem Nebeneinander ist längst gegenseitige Achtung geworden. Vor allem: Es sind auch Freundschaften entstanden!« Diese Freundschaftsbekundung bringt *Bild* höchstes Lob ein: »Bundestag lobt *Bild*«, so die Schlagzeile am 11. Februar 2006. Die gemeinsame Aktion von *Bild* und *Hurriyet*, so wird der CDU-Abgeordnete Reinhard Grindel zitiert, sei »ein Beispiel für verantwortlichen Journalismus, weil das Gemeinsame und nicht das Trennende zwischen Deutschen und Türken betont (werde)«. Dieses Bundestagslob für *Bild* übersieht geflissentlich, dass *Bild* schon in den nächsten Ausgaben den »Kampf der Kulturen« fortschreibt – »Mohammed-Streit. Jetzt brennen die Kirchen!« (20. 2. 2006), »Er soll sterben, weil er Christ ist« (21. 3. 2006) – und dramatisierend und polarisierend *das* Christentum gegen *den* Islam in Stellung bringt.

Wie es wirklich um den »verantwortlichen Journalismus« von *Bild* und die Freundschaftsbekundungen mit dem Islam bestellt ist, zeigt die *Bild*-Berichterstattung über die Absetzung der Mozart-Oper »Idomeneo« vom Spielplan der Deutschen Oper in Berlin. Dass man diese Oper, die die symbolische Köpfung des Propheten Mohammed zeigt, vom Spielplan streicht, gilt in *Bild* als »feiger Kniefall vor den Moslems« (27. 11. 2006). *Bild* »belegt« an Hand zahlreicher weiterer Beispiele, dass »wir vor dem Islam kuschen« (29. 11. 2006). Seine aggressiven Anhänger bedrohen deutsche Kultur und

Werte. Turnhallen werden abgedunkelt, Kunstwerke verboten, Weihnachtspartys abgesagt und – der Gipfel – ein Thriller über kriminelle Türken ins Nachtprogramm verbannt. Die *Bild*-Empörung ist grenzenlos: »Ein Türke als brutaler Schläger – ein harmloses deutsches Opfer: Darf man so was im deutschen Fernsehen nicht mehr zeigen?« (27. 11. 2006). »Der Islam ist auf dem Vormarsch« (21. 11. 2006) – und »wir knicken ein« (29. 11. 2006). Da bleibt nur das Fazit des von *Bild* herbeizitierten Guido Westerwelle: »Multikulti als Beliebigkeit ist gescheitert« (29. 11. 2006) und der Aufruf von Franz Josef Wagner, für die christliche Religion »auf die Barrikaden« zu gehen (27. 11. 2006).

## *Bild* Dir Deine Religion

Bild bedient und schürt eine antiislamische Stimmung in Deutschland und nutzt das Feindbild Islam, um die Überlegenheit der westlichen Kultur und der christlichen Tradition herauszustellen. So eindeutig die *Bild*-Polemik gegen den Islam für die Überlegenheit und »Richtigkeit« der christlichen Religion spricht, so wenig eindeutig hält *Bild* an eben diesem Christentum fest. Der christliche Glaube ist in *Bild* eine Option neben vielen anderen.

Weihnachten 2006. *Bild* gibt sich – zumindest auf Seite 14 der Bundesausgabe – christlich-fromm. *Bild*-»Hausautor« Kardinal Lehmann verkündet den *Bild*-Lesern die Botschaft vom menschgewordenen Gott, der sich in Jesus Christus der Welt geoffenbart hat als ein Gott, »der immer nahe bei uns« ist (23. 12. 2006). Unmittelbar nach Weihnachten wird das Leben in *Bild* nicht mehr vom vorsehenden Handeln eines personalen Gottes bestimmt, sondern vom Mond. »Exklusiv! Das *Bild*-Mond-Horoskop«, so titelt das Blatt am 29. Dezember 2006 und instruiert den Leser: »Nur wer die Warnungen des Mondes richtig liest, hat Erfolg!« Horoskope sind Instrumente der Lebensdeutung, mit denen der Einzelne Einblicke in sein »Schicksal« gewinnen will. Vor allem zum Jahreswechsel werden Liebe, Beruf und Gesundheit von *Bild* astrologisch gedeutet. Es »steht in den Sternen« (28. 11. 2004) und liegt nicht in der Hand Gottes, was dem Menschen widerfährt. Mehr noch: *Bild* weist »wissenschaftlich« nach, dass ein »Zusammenhang zwischen Sternzeichen und menschlichem Verhalten« besteht (13. 11. 2002).

Okkulte Praktiken wie Pendeln, Astrologie, Wahrsagen, Handlesen oder

Kartenlegen sind in *Bild* mit einem Schicksalsbegriff verbunden, der für das Unerklärliche im Leben steht, für etwas, das sich menschlicher Verfügung entzieht. Naturkatastrophen und schreckliche Unfälle sind in dieser Deutung unabänderliche, zwingende Ereignisse, die nichts mit der Geschichte Gottes mit den Menschen zu tun haben. Der »Seher« Nostradamus ist Wegweiser in einer undurchschaubaren, vom Schicksal bestimmten Welt. »Doch sicher ist«, so *Bild*: »Immer wenn auf der Welt ein großes Unglück geschieht, findet sich im gewaltigen Nostradamus-Werk ein mysteriöser Spruch, der passt« (12. 12. 2003). Es gibt Menschen mit übersinnlichen Fähigkeiten, bestätigt *Bild* und verweist auf eine Wahrsagerin, die betont: »Ich kann das Schicksal nur sehen, nicht ändern« (22. 10. 2002). Schicksalsgläubigkeit ist eine Religion nach dem Abschied Gottes – der Glaube von Menschen, die die Abkehr vom personalen, allmächtigen Gott zur selbstbestimmten Vernunft gutheißen, aber die entstandene Autonomie mit einem diffusen Gegenpol ausfüllen, der den Lebenslauf mit dem Kosmos verknüpft.

Tragik verbunden mit Schicksal erhält etwas Unausweichliches. Sie bestätigt erneut: Es gibt geheimnisvolle, dem Menschen entzogene Kräfte, die das Leben bestimmen. Die Zeichen übermächtiger Gewalten sind vielfältig – von außerirdischen Eindringlingen bis zu bedrohlichen Meteoriten. Der Offenbarungsglaube des Christentums, der Glaube an das Wirken eines geschichtsmächtigen personalen Gottes hat hier nichts zu bestellen. Die *Bild*-Zeitung ist nicht an einem solchen Glauben interessiert, wenn es darum geht, sich selbst als Hüterin eines esoterischen Geheimwissens zu präsentieren, das nur »wohl dosiert« offengelegt wird. So sind auch Wunder in *Bild* zumeist Anwandlungen des Schicksalhaften, die im Mysteriösen belassen werden. Das Unerklärliche wird von *Bild* bewusst nicht erklärt, sondern in seinem mysteriösen Charakter verstärkt. Das Leben scheint eingetaucht in eine Aura des Geheimnisvollen. Ob Engel, Wunder oder himmlische Zeichen – sie dienen nicht der Aufklärung menschlichen Geschicks, sondern betonen das Unfassbare. *Bild* bringt so Religion als Widersacher der aufgeklärten Moderne ins Spiel. Das Blatt dockt dabei gezielt an das heute vorherrschende Misstrauen gegenüber rationalistischen Weltdeutungen an und will eine entzauberte Lebenswelt wieder »beseelen«. *Bild* bietet hierzu all das an, was Staunen und Wundern hervorruft, und inszeniert damit die Gegenwart des Geheimnisvollen und Rätselhaften. Mit *Bild* entzieht sich der Leser der Entzauberung – sozusagen als Protest gegen die Gefühlskälte einer verwissenschaftlichten und rationalen Welt. Die von *Bild* bewerkstelligte Wiederverzauberung bedient die Sehnsucht des Lesers nach einem »Mehr« des Lebens, ohne sie jedoch zu stillen.

Mit *Bild* begegnet der Leser außerirdischem Leben und macht Erfahrungen mit PSI-Fähigkeiten wie Telepathie und Psychokinese. Das »Mystery«-Element von *Bild* zeichnet sich dadurch aus, dass okkultem und esoterischem Gedankengut durch »Absicherung« aus den so genannten »Soft-Sciences« Soziologie, Psychologie und Anthropologie ein wissenschaftlicher Anstrich gegeben wird. »PSI – Die andere Wirklichkeit« (21. 1. 2004), »Wahrträume« (22. 1. 2004) – so lauten Artikel von *Bild*-Serien, in denen sich Wissenschaftliches und Pseudowissenschaftliches zu einem thematischen Fetzensalat kombiniert, der unterschiedlichste Überlieferungen in sich aufgenommen hat: religiöses und welterklärendes Denken von Magie über Spiritualismus, Parapsychologie und Reinkarnation bis zur theoretischen Physik.

Ob es um Seelenwanderung, multiple Persönlichkeiten oder außerirdische Kontakte geht – alle Beiträge haben denselben Kern: die Sehnsucht nach einer »anderen« Wirklichkeit. »Millionen Deutsche«, so *Bild*, »fasziniert das Übersinnliche. Dinge, die nicht einfach so erklärbar sind« (21. 1. 2004). *Bild* bedient diese Sehnsucht nach dem Unerklärbaren mit einer neoromantischen Restitution des Wunderbaren und Geheimnisvollen. *Bild* enthüllt am Normalen das Außergewöhnliche und verleiht dem Phantastischen und Übersinnlichen durch die Visualisierung, das Ab-»bild«-en, den Charakter des Wirklichen. Selbst wenn sich am Ende der Zusammenstoß mit Aliens als Chemieunfall erweist oder ein Ufo als Wolkenverdichtung entzaubert wird, so bleibt die Erfahrung: Das Unmögliche, das Übersinnliche ist »da«, es ist in der Alltagsrealität gegenwärtig. Das Vertraute ist eigentlich ganz anders. Diese unheimliche Anderswelt, in der Aliens erscheinen und es sogar möglich ist, dass »Außerirdische … den toten Papst geholt (haben)« (4. 5. 2005), scheint der Märchenwelt nahe. Hier wie dort geschieht Wundersames und zeigt sich das Numinose in der Alltagswelt. Und doch bietet *Bild* kein Märchen der Neuzeit. Seelenwanderungen und Botschaften aus dem Jenseits sind im Märchen bruchlos in die reale Welt eingebunden. In *Bild* dagegen dienen solche Motive als Gegenbilder zur Alltagsrealität, die bedrohlich und zugleich faszinierend wirken sollen. Die Gegenwart ungewöhnlicher »wundersamer« Mächte wird medial als Bruch mit der vorhandenen Wirklichkeit inszeniert, als unterhaltsame Mischung aus Angst, Aufregung und Faszination, die den Alltag vergessen macht. »Wer von … übermächtigen (Ereignissen und) Wesen heimgesucht wird, dessen diesseitige Probleme sind nicht mehr der Rede wert.«[17]

In der Inszenierung der Wirklichkeit als unheimliche Anderswelt kommen religiöse Angebote christlicher und nichtchristlicher Provenienz unmittelbar nebeneinander zu stehen oder werden vermischt. So kann es geschehen, dass in *Bild* der buddhistische Gedanke der Wiedergeburt mit der christlichen Botschaft von der Auferstehung kombiniert wird und »Erscheinungen« von Außerirdischen christlich »abgesegnet« werden. »Der christliche Glaube«, so erfährt der Leser in *Bild*, »steckt voll mit Himmelserscheinungen, die von den heutigen UFO-Forschern als ›Beweise‹ gehandelt werden.« Zu diesen »Beweisen« fügt sich, dass die Bibel selbst laut *Bild* von Außerirdischen erzählt. Ein NASA-Ingenieur wird herbeizitiert, um zu belegen, dass der Prophet Ezechiel (Kap. 10, 1–22) »Baupläne für UFOs« beschreibt (19. 7. 2001). Dem entspricht, dass der »Astronom des Papstes« erklärt: »Gott erschuf auch Außerirdische« (8. 1. 2002) und der »Vatikan ... nach Aliens suchen (lässt)« (1. 7. 2005).

In diesen synkretistischen Formen von religiösen Vorstellungen löst sich die christliche Heils- und Erlösungsbotschaft auf. Wenn Reinkarnation im Diesseits möglich wird, wenn Tote ins Leben »zurückkehren«, haben Verheißungen des Jenseitigen und die Vorstellung eines zukünftigen Gerichts keinen Platz mehr. Es gibt längst eine Vielzahl von Möglichkeiten, das Jenseits ins Diesseits zu zwingen. So überwindet in *Bild* die »unheimliche« Macht der Liebe alle Grenzen und ermöglicht »Kontakte ins Jenseits« (1. 8. 2005). Die Liebe tritt hier die Nachfolge der Religion an. Sie macht »Erfüllung« im Hier und Jetzt möglich und entspricht einer Sinnsuche, in der das Ich aufgewertet, ja »sakralisiert« wird. In der »irdischen Religion der Liebe« (Ulrich Beck) wird Leben »verzaubert« und überhöht. Tote sprechen aus dem Jenseits zu den Lebenden oder hinterlassen Botschaften. Mehr noch: *Bild* enthüllt, wie das Leben von geliebten Menschen im Jenseits aussieht. So erfährt der Leser über das Dasein von Prinzessin Diana im Jenseits: »Nach dem Unfall wurde Diana von einer in weiß und blau gekleideten Nonne empfangen – es war Mutter Teresa. Die beiden verstehen sich auch heute noch prächtig. Im Himmel kümmern sie sich um die Kinder der Welt« (11. 3. 2003). Mit solchen »Jenseits-Protokollen« (11. 3. 2003) springt *Bild* erneut auf jenen neoromantischen Erneuerungszug, der die Wiederverzauberung der Welt ansteuert und hierzu die gewohnte Welt mystifiziert und entrationalisiert.

## Bild-Buddhismus »light«

Neben der Wiederverzauberung kommt Religion in *Bild* eine Lebenshilfe-funktion zu. Auch hier gilt: Die christliche Religion ist dabei nur eine von vielen Möglichkeiten. Dies zeigt sich vor allem in der *Bild*-Thematisierung des Buddhismus. In beispiellosen Plakatkampagnen wirbt *Bild* immer wie-der für die »Ratschläge des Herzens« des Dalai Lama, der mittlerweile zum *Bild*-Hausautor avanciert ist und als *Bild*-Werbeträger Credo und Konsum auf einen Nenner bringt. Die »Ratschläge des Herzens« entpuppen sich als einfache Wege zum Glück. Aussteigen aus dem Alltagsstress, sich meditativ nach innen wenden, das wahre Selbst finden − all das sind Rezepte für das Erreichen von Glück. In diesen Wegen zum Glück funktioniert der Buddhis-mus als Wertgeber, der sich für den Einzelnen in jeder Hinsicht »auszahlt«. Wer sich an die »Glücksregeln« des Dalai Lama hält, »überwindet (seine) Sorgen« (11. 6. 2002), findet zu »innerer Harmonie« (10. 6. 2002) und ist »glücklich am Arbeitsplatz« (19. 3. 2004).

Hierfür »braucht« man Gott nicht. Der Buddhismus ist eine Religion ohne Gott. Der Mensch sagt sich vom seichten Materialismus los, aber er tut dies nicht mehr im Angesicht eines allgütigen Vatergottes. Der Einzelne muss keine Einschränkungen seiner Autonomie hinnehmen. Wo Gott als Richter ausfällt, übernimmt der Mensch selbst die Verantwortung für sich und sein Tun. Aber diese Autonomie wird religiös abgesichert und erweist sich als ein Weg, die Theodizeefrage zu umgehen. Alles, was dem Einzel-nen in der Welt widerfährt, wird nicht Gott angelastet, sondern ist Ausgleich für Versagen und Schuld in früheren Leben. Obwohl der Einzelne also den Beschränkungen seines Schicksals unterliegt, garantiert die Idee von Reinkarnation und Karma ihm unbedingte Freiheit und Selbstständigkeit. Daher, so der Dalai Lama in *Bild*, führt »die Beschäftigung mit der Existenz des Leids nie zu Pessimismus oder Verzweiflung. Sie lässt uns die eigent-lichen Gründe für unser Unglücklichsein erkennen … und durch dieses Erkennen können wir uns davon befreien« (18. 6. 2003).

In Zeiten, in denen viele das Christentum mit einer Religion des »häss-lichen Kreuzes« und des Sündenfalls identifizieren und TV-Theologen wie Jürgen Fliege die christliche Erlösungslehre als »schwarze Pädagogik« abtun, wird der Buddhismus als Religion der Spiritualität und menschlichen Selbst-bestimmtheit attraktiv. Die Lehre vom guten und bösen Karma macht ethi-sches Handeln für den Einzelnen berechenbar nach einem Ursache-Wir-kung-Mechanismus, für den man auf einen Richter-Gott »extra nos« nicht angewiesen ist. »Jede Tat, ob gut oder schlecht, hat Auswirkungen auf das nächste Leben« (11. 6. 2002). Der Buddhismus mit seiner Zuversicht der Wiedergeburt stößt in jene Lücke, die entsteht, wenn man an eine Überwindung des Todes durch Gott nicht mehr glaubt oder glauben kann. Im christlichen Glauben schenkt Gott neues Leben über den Tod hinaus. Die Befreiung vom Verhängnis des ewigen Todes geschieht durch die Hinwendung Gottes in Christus. Die Überwindung des Todes liegt nicht in der Wesensnatur des Menschen, sie ist allein Gottes Tat. Im Buddhismus, wie ihn *Bild* präsentiert, übernimmt der Mensch eine aktive Rolle. Er hat in einem weiteren Leben selbst die Möglichkeit, das zu verändern und zu verbessern, was im jetzigen Leben nicht glückte. In dieser »säkularisierten« Variante des Buddhismus, für den der Dalai Lama in *Bild* steht, tritt der eigentliche Karma-Gedanke zurück. Die Reinkarnationslehre ist nicht an die karmische Notwendigkeit gebunden, wiedergeboren zu werden, weil schlechtes Karma nicht »abgebaut« wurde. Reinkarnation erscheint vielmehr als Möglichkeit, das zu Ende zu führen, was im jetzigen Leben unvollendet blieb.

Der Buddhismus des Dalai Lama wird in *Bild* als eine Religion der Gewaltfreiheit und des Friedens präsentiert. Dieser Grundhaltung steht die Tatsache gegenüber, dass die Bewältigung von Leid zu einer Leistung des Einzelnen wird: »Die Schwester des Glücks«, so predigt der Dalai Lama in *Bild*, »ist das Leid. Wer es verleugnet, verdrängt oder betäubt, der betäubt auch sein Glück. Nur wer lernt, Leid zu besiegen, macht sich wirklich frei von negativen Gefühlen – findet dauerhaft zu innerer Zufriedenheit« (18. 6. 2003). Auf dem Weg zum Glück ist der Mensch also letztlich auf sich selbst zurückgeworfen, er muss selbst »Sieger« über das Leid werden. Der christliche Glaube dagegen führt Lebenserfüllung nicht auf die Eigenleistung des Menschen zurück, sondern sieht darin ein Geschenk, das dem Menschen als Gnade gewährt wird. In den »Ratschlägen des Herzens« ist Leid Teil des »Samsara, des Kreislaufs der bedingten Existenzen«. Es steht dem »Glück« nicht entgegen, jenem Glück, das »möglich (ist), wenn wir stärker sind als das Leid« (18. 6. 2003). Diese »Stärke« muss man sich erarbeiten. »Begierde, Hass und Nichtwissen« müssen erkannt und überwunden werden (18. 6. 2003). Doch die *Bild*-Zeitung setzt ihre Leser erst gar nicht solchen Zumutungen aus. Stars wie Hardy Krüger jr., der als bekennender Buddhist in *Bild* jubelt: »Ich bin der glücklichste Mensch der Welt« (6. 1. 2007), propagieren einen Buddhismus »light« voller Sinnengenuss, Spaß am Leben, unterlegt mit einer Portion Spiritualität und Selbstfindung.

Diese »Unterlage« ist eine Konstante auf den vielen *Bild*-Wegen zu einem Glück, das man buddhistisch, christlich oder esoterisch erreichen kann. Ob es nun die »Weisheiten des Heiligen Benedikt« (17. 12. 2001) sind, die zum Glück führen, oder die Herzensratschläge des Dalai Lama, ob man sich zum christlichen Erlösungsglauben bekennt oder (auf derselben Seite) an Selbstheilung glaubt (8. 4. 2004) – alles hat in *Bild* seinen Platz. *Bild* passt sich an die Pluralisierung der Religion in der Gesellschaft an und liefert Bauteile für eine Patchwork-Religion. Auf der *Bild*-Speisekarte findet sich ein überreiches Angebot, aus dem der Leser sich nach seinem individuellen religiösen Gustus bedienen kann. Religion wird zur Bedarfsreligion, die unbestimmte Hoffnungen auf eine bessere Welt und privates Glück transportiert und hierzu von Esoterik über Wiedergeburt bis zur selbstvergessenen Meditation alles anbietet. Aus dem Angebot von Versatzstücken unterschiedlicher Religionen und Sinnangebote kann sich der Leser seine religiöse Identität zusammenbasteln nach dem Motto: Ich mach' mir meine Religion selbst.

### Zwischen »harter« und »weicher« Religion

Bild überlässt den Leser nicht der religiösen Unübersichtlichkeit. Wer sich von der Fülle religiöser Sinnangebote überfordert fühlt, wird von *Bild* autoritär an die Hand genommen und instruiert. *Bild* liegt damit genau im Trend: Die heutige Sehnsucht nach Spiritualität ist vor allem auch eine Sehnsucht nach Festigkeit und Führung, Ordnung und Halt. Was diese Sehnsucht angeht, will *Bild* eindeutig sein und versendet eine moralisch profilierte Alltagsethik: Das Unmoralische darf sich nicht durchsetzen und muss nach den Maßstäben einer »Law and Order Mentality« geortet und verbannt werden. Nur das »Gute« ist im Rahmen der simplen *Bild*-Moralität siegreich und »mehrheitsfähig«. Alle, die angesichts der generellen Verunsicherung, des sozialen Wandels und vieler Umbrüche nach Orientierungen fragen, werden so von *Bild* mit einer verlässlichen Botschaft bedient, die letztlich Moral an die Stelle von Religion setzt. Reflexionsanforderungen und -zumutungen in Bezug auf Religion und Moral braucht sich der Einzelne dabei nicht zu unterziehen. Es gilt die einfache *Bild*-Formel: Religion tut gut, sie kreist nicht um theologische Wahrheitsfragen, sondern ist an praktischen Fragen orientiert. Die *Bild*-Anfrage an Religion und Glaube lautet stets: »Wie bekämpft man Sorgen und Angst?« (24. 3. 2003) Wie hilft mir Religion im Alltag? Wie führt sie mich zum »wahren Glück?« (4. 4. 2003) Als Problemlöser und »Glücksspender« führt diese funktionalisierte Religion zu sozialmoralistischen Geboten mit den von *Bild* vorgestellten Orientierungsnormen wie identitätsstiftende Mitmenschlichkeit, Nationalbewusstsein und Ethos.

Diese autoritäre, »harte« *Bild*-Religion wird gegen düstere Zeitzeichen und inszenierte moralische Untergangsvisionen profiliert. »Der liebe Gott hat bei uns nicht Saison«, so diagnostiziert Claus Jacobi. »Karriere, Kohle und Korruption, Ego, Wellness und Fitness machen ihm Konkurrenz« (6. 8. 2005). Mit namhaften Fürsprechern wie Helmut Schmidt ruft *Bild* zum Kampf gegen diese »Unsitten« der »Spaßgesellschaft« auf und beklagt, dass »Liebe und Treue, ... Anstand und Moral ... in unserer entfesselten Medien-Gesellschaft« »verraten« werden (22. 5. 2002). Mit dem Papst als herausragendstem Vorbild will *Bild* die Sinnsuche und Rückbesinnung auf traditionelle Werte in einer glaubensarmen Spaßgesellschaft unterstützen. »Müssen wir erst ein Tal der Tränen durchqueren?«, fragt Claus Jacobi in seinem Prediger-Tagebuch und verweist auf den Papst, der es für »denkbar« halte, »Gott habe sich zurückgezogen, angeekelt von den Aktionen der Menschheit«. Jacobi liefert dazu die entsprechende Verfallsdiagnose: »Selbstsucht (ist) weithin Ersatzreligion, das eigene Wohlergehen der höchste Wert. Moral leidet heute an Immunschwäche, Nächstenliebe an Alzheimer, Gemeinsinn an Magersucht« (14. 12. 2002).

In dieser Situation positioniert sich *Bild* als mutig gegen Unmoral, Hedonismus und Glaubensverfall kämpfende Instanz, die die Welt wieder ins Lot bringen will. *Bild* will dabei nicht nur Lehrer des Glaubens sein, sondern auch dessen Hüter. Anlässlich der Einführung des Fachs »Lebensgestaltung, Ethik, Religionskunde« an Berliner Schulen »mahnt« *Bild* »alle Politiker«: »Der Glaube ist eine tragende Säule unserer Gesellschaft, der Religionsunterricht ein unersetzlicher Bestandteil unseres Bildungssystems« (12. 4. 2005). Es folgen zehn »*Bild*-Gebote«, die Politiker beachten sollten. Sie fordern unter anderem: »Du sollst das Gottvertrauen, das Kinder haben, nicht aus ihren Seelen vertreiben.« Und vor allem: »Du sollst die Schulen nicht als Tempel missbrauchen, in denen der Götze der Unverbindlichkeit verehrt wird.« Dass die *Bild*-Zeitung selbst solche »Unverbindlichkeit« fördert, indem sie Religion zu einer Art Steinbruch macht, aus dem sich jeder etwas für stetig wechselnde Bedürfnisse herausholt, steht auf einem anderen Blatt. Im biblisch-religiösen Gewand gibt sich *Bild* hier moralisch-kämpferisch und erlegt Politikern Gebote und Verbote auf – ganz im Geiste jener Verfügungen, die einst vom Bundes-Gott an das Bundes-Volk ergangen sind. Dem entspricht: In *Bild* ist Religion Moralgarant. Der *Bild*-Katechismus gibt

Anregungen für ein gutes Leben in moralischem Sinn. Entscheidend ist dabei: *Bild* weiß, was gut und böse, richtig und falsch ist. Nicht Gott, sondern *Bild* ist Garant der bestehenden Ordnung.

In Zeiten allgemeiner Unsicherheit und Unübersichtlichkeit macht *Bild* dem Leser autoritäre Vorgaben. Dabei ist die *Bild*-Zeitung nicht nur ein Nachrichtenwegweiser, der die bestätigende Reaktion: »So ist es!« auslöst. *Bild* vermittelt darüber hinaus auch die Perspektive: »So soll es sein!« Mit diesem Anspruch zielt *Bild* nicht auf verändernde politische oder gesellschaftliche Praxis, sondern auf individuelles Verhalten. Alles läuft auf den einzelnen Menschen zu und hängt von ihm ab. Doch *Bild* lässt den Einzelnen nicht allein. *Bild* verknüpft individuelle traditionelle Tugenden wie Nächstenliebe und Hilfsbereitschaft mit einer Gemeinschaftsideologie, die ein »Wir-Gefühl« schafft. *Bild* baut eine Leser-»Gemeinde« auf, die sich um *Bild* als Anwalt des Guten und Garant von »Anstand und Moral« versammelt (22. 5. 2005). Dieser Gemeinde verkündet *Bild* eine »frohe Botschaft«, die irdisches Glück verheißt – hier und jetzt – erreichbar für jeden, der sich durch »gute« Eigenschaften im Sinne einer allgemein akzeptierten Moral auszeichnet.

»Seid gut und seid immer auf der Seite des Guten« – das ist eine »frohe Botschaft«, insofern sie dem Leser versichert, dass sich das Gute mit *Bild* am Ende immer durchsetzt und durchsetzen wird. An Hand der von *Bild* präsentierten Vorbildfiguren wie »Helden des Alltags« erfährt der Leser, wie man auch scheinbar ausweglose Situationen überwindet und wie man die Zuversicht nicht verliert, auch wenn man Anfechtungen und Bedrohungen ausgesetzt ist. Die »Helden des Alltags«, von denen *Bild* erzählt, »stützen Gebrechliche, … trocknen Tränen, … retten Leben (und) verleihen einsamen Seelen Flügel« (25. 9. 2002). All das sind Mutmachergeschichten im Gewand von Unterhaltung, Rührseligkeit und Emotionalität. Wenn sie dem Leser wirklich Trost spenden und Hoffnung wecken, wäre das schon sehr viel und in jedem Fall etwas, das zum christlichen Leben gehört. Aber Letzteres beinhaltet mehr als die Moral des Guten und die Hoffnung auf ein »Happy End«.

Die von *Bild* inszenierten »Happy Ends« haben den faden Beigeschmack einer PR-Kampagne. Wenn *Bild* sich für Gerechtigkeit und Anstand einsetzt, stellt das Blatt eine moralische Grundhaltung zur Schau, deren Motto heißt: Die *Bild*-Zeitung ist so »gut«, dass sie sich selbst der Armen und Verzweifelten annimmt. Im übersättigten Markt der Boulevardblätter kann ein solches

»moralisches Image« zum Unterscheidungsmerkmal und damit zum Kaufanreiz werden. Es fühlt sich einfach gut an, eine »gute« Zeitung zu lesen. Wenn das »Gute« dann auch noch religiös »abgesichert« ist und man zudem erfährt, wie gut das Gute tut, wie eindeutig und überlegen es ist, tut das Gute doppelt gut. Doch so eindeutig ist *Bild* nicht. Der »harten«, autoritären *Bild*-Religion steht im Blatt eine »weiche« Wohlfühlreligion gegenüber mit einem Kuschelgott, der religiöser Wellness dienen soll. Dieser Gott wird zur »Happy-Formel«, ein Rezept zum Glücklichwerden. Religion ist in *Bild* dann ein nützliches Rezept zum Glücklichwerden und Wohlfühlen, wenn man ihr jene Transzendenz ausgetrieben hat, die die Welt der Erfahrung als solche überschreitet. Die *Bild*-Religion bietet nur eine nivellierte Transzendenz, sie verbleibt in der Welt des alltäglichen Erlebens, die mit dem Glauben dem »Glück« zugeführt werden kann – siehe die *Bild*-Plakat-Aktion »Mit dem Glauben kam das Glück«.

Religion wird in *Bild* damit letztlich zu einem Mittel der Selbsttherapie, sie dient dem Nutzen des Einzelnen und wird zur »Haben-Religion« (Paul M. Zulehner). Sie muss den Nachweis erbringen, dass sie für das Ich etwas »abwirft«. Es bleibt eine Welt nach Menschenmaß, in der Erlösung als innerweltliche Perfektionierung vorgestellt wird. In *Bild* taucht Religion nicht als Religion auf, die einen grundsätzlichen Geltungsanspruch für eine transzendenzbezogene Lebenspraxis erhebt. *Bild* vermittelt keine religiöse Erfahrung, die sich auf eine höhere Welt bezieht. Der einzig gültige »höhere« Bezugspunkt ist *Bild* selbst.

## Wenn ein Boulevardblatt zur Religion wird

Soziologen beschreiben die gegenwärtige Gesellschaftsstruktur häufig als einen Prozess der Pluralisierung, Individualisierung, Enttraditionalisierung und »Freisetzung« (Ulrich Beck), in dem sich das Deutungsmonopol der Religion und anderer sinngebender Instanzen auflöst und traditionelle Netzwerke wegfallen. Orientierungsmangel, Ortlosigkeit und neue Unübersichtlichkeit sind heute Stichworte zur Beschreibung des steigenden Komplexitätsgrades der gesellschaftlichen Systeme und Subsysteme. Sie sind an weitgehende Einschränkungen einer »verhartzten« Gesellschaft gekoppelt, die ihren Mitgliedern soziale Einschnitte und allgemeine Unsicherheiten zumutet. In solchen Zeiten wachsender gesellschaftlicher Widersprüche und sozialer Disparitäten kann das menschliche Bedürfnis nach Harmonisierung, Orientierung und Entlastung religiös, aber auch massenmedial befriedigt werden. Der medienwissenschaftliche Befund, dass Entlastungsleistungen von Massenmedien umso bedeutender werden, je mehr sich lebenspraktische Orientierungen in pluralisierte Lebensformen auflösen, ist mit zu berücksichtigen, wenn es gilt, eine grundlegende Verlagerung richtig einzuschätzen, die Medienbeobachter und Theologen nahezu einhellig diagnostizieren: Die massenmediale Sinnvermittlung und Umweltorientierung wird zunehmend zu einer Ersatzreligion, die gerade die Institution ablöst, der man einst die Aufgabe der Sinnvermittlung »exklusiv« zusprach: die Kirche.

Dass auch das Massenmedium *Bild* mit seinen Angeboten vieles von dem anbietet und übernimmt, was einstmals primär der Kirche vorbehalten war, nämlich Lebenshilfe und Lebensorientierung, darauf hat Axel Springer selbst explizit hingewiesen.[18] Die Diekmannsche *Bild* verstärkt die allgemeinen Lebenshilfe-Funktionen. Dabei bedient *Bild* sich nicht nur religiöser Elemente, sondern übernimmt quasi selbst religiöse Funktionen. *Bild* positioniert sich als seelsorgerische Instanz. Wer das Produkt *Bild* kauft, gehört zur *Bild*-»Gemeinde« und ist Teil einer Gemeinschaft, die sich selbst und anderen hilft. Wer *Bild* liest, erfährt die »Wahrheit«, ist »im Bilde« und erhält Rat und Anleitung, wie das Leben gelingen kann. Wird *Bild* also selbst *zur* Religion?

Medienwissenschaftler, Theologen und Religionswissenschaftler sehen die Massenmedien längst als eine Form der Religion. Das Phänomen der so genannten »Medienreligion« wird heute vor allem am Massenmedium Fernsehen festgemacht. Ausgangspunkt ist die Annahme, dass Fernsehunterhaltung an sich bereits etwas mit Religion zu tun hat. Aus der Sicht des Rezipienten, so das tautologische Fazit der Sozialpsychologin Ursula Dehm in ihrer Studie *Fernseh-Unterhaltung* (1984), ist Unterhaltung, was unterhält, was den Zuschauer entspannt und ihn von den Alltagsanforderungen ablenkt. Aber Unterhaltung kann noch mehr. Dehms Zuschauerbefragungen bestätigen Unterhaltung auch als Lebens- und Orientierungshilfe. Indem Unterhaltung ihren Konsumenten zu Entspannung und zugleich zu Umweltorientierung verhilft, wird sie zu einem ethischen Ordnungsfaktor und einem unverzichtbaren Regulativ im Leben der Zuschauer. Unterhaltung erreicht also durchaus auch die Dimensionen des Ethischen und Religiösen.[19] Nicht die religiöse Dimension der Unterhaltung ist jedoch heute auffällig, sondern die verbreitete Tendenz, Unterhaltung zu religionisieren und insbesondere dem Fernsehen eine religiöse Dignität zuzuschreiben.

Das Fernsehen, so die Annahme, wirkt grundlegend als existentieller Sinngeber schon auf Grund seiner permanenten Verfügbarkeit. Das Fernsehen zieht Zeitfurchen in den Alltag und strukturiert ihn. Sendetermine bestimmen den Tag, einzelne Programme setzen Fixpunkte. Die Zeitstrukturierung durch das Fernsehen suggeriert Verlässlichkeit und Geborgenheit, während die Regelmäßigkeit des Fernsehablaufs Orientierungshilfen bietet und geplante Sicherheit im Alltag schafft. Als Alltagsbegleitung wird das Fernsehen so in die Lebenswelt des Menschen integriert und erfüllt die Funktion der Orientierungstafel Religion. Diese quasi-religiöse Bedeutung des Fernsehens ergibt sich im Ganzen aus Funktionen, die herkömmlicherweise vom Ritual erfüllt werden. Der Theologe Günter Thomas bestimmt das Fernsehen entsprechend als eine dem Ritual analoge Kommunikationsform. Das Fernsehen, so Thomas in seiner Studie *Medien – Ritual – Religion* (1998), ist das zentrale Ritual einer zunehmend säkularisierten Gesellschaft. Das programmförmig organisierte Medium erweist sich dabei als komplexe liturgische Ordnung. Die einzelnen Sendungen werden nach Thomas durch den liturgischen Strom zu Ritualen verkettet. Der gesamte Programmfluss begleitet als unendliche Liturgie den Alltag des Zuschauers. Diese stillt mit ihrer Verlässlichkeit das Bedürfnis nach Kontinuität, lebensweltlicher Vertrautheit, aber auch Vergemeinschaftung. Als endlose rituell-liturgische Ordnung übernimmt das Fernsehen so das Pensum der Religion.[20]

### Bild und die »Medienreligion«

Günter Thomas' ritual- und mythostheoretischer Ansatz schreibt dem Fernsehen die religiöse Funktion zu, einen Deutungshorizont zu vermitteln, der Ordnung und Sinn in eine unübersichtliche Lebenswelt bringt. Diese religiöse Orientierungsfunktion scheint auch *Bild* perfekt einzulösen. Vom Horoskop als stetem Tagesbegleiter über Ratgeberspalten bis zu Schlagzeilen, die Katastrophenmeldungen sortieren, wird das Tagesgeschehen geordnet und der Eindruck vermittelt, dass alles mit *Bild* seinen Gang geht. Quasi-Seelsorger Claus Jacobi besänftigt die Schrecken der großen und kleinen Welt mit Lebensweisheiten und Geschichten, die für den Leser zur Hilfe im alltäglichen Leben werden können.

Als ordnende Autorität sichtet, bewertet und kommentiert *Bild* die Welt-

und Alltagsereignisse und vermittelt die Gewissheit, dass man in dieser Welt doch irgendwie geborgen ist und sie »in den Griff« bekommen kann. So schicksalhaft, so unberechenbar die Welt den Einzelnen auch anfällt, *Bild* bringt alles auf den Punkt und sagt, »wo es lang geht«. Die scheinbar so willkürlich und gleich-gültig zusammengestellten *Bild*-Berichte bilden eine unfassbare, unübersichtliche Realität ab, die *Bild* per Schlagzeile gewichtet und ordnet.[21] Ob es um Psychodramen des Alltags oder um weltpolitische Krisen geht – alles wird erfasst und »angemessen« »platziert«.

*Bild* erreicht diese Überschaubarkeit durch extreme Simplifizierungen. Ereignisse und Probleme werden auf monokausale, in der Regel privatisierte und als »unvermeidlich« deklarierte Ursachen reduziert. Das »Inferno vom Bodensee«, der Zusammenstoß zweier Flugzeuge bei Überlingen, ist die Folge eines übermächtigen Schicksals, das uns »das Grauen« ganz »nah« vor Augen führt (3.7.2002). Der »Steuerwahnsinn« – »Ökosteuer! Benzinpreis! Jetzt auch noch Pkw-Maut?« – ist dagegen das Werk von Politikern ohne den »gesunden Menschenverstand« der »kleinen Leute«, deren Befindlichkeit *Bild* auf den Punkt bringt: »Wir haben die Schnauze voll!« (17.5.2004). Begründungen, Zusammenhänge, Hintergründe werden hier ausgespart. Der zu erklärende Sachverhalt wird auf eindimensionale Faktizität reduziert.

Diese Strategie der »Zersplitterung« geht mit der emotionalisierenden Strategie der Personalisierung einher, die abstrakte und komplexe Sachverhalte auf den einzelnen Menschen und sein Schicksal zurückführt.[22] Gerade diese Strategie, die viele Kritiker der *Bild*-Zeitung als individual-psychische Reduktion verurteilen, bestimmt jedoch die lebensweltliche Orientierungsleistung des Blattes, die man durchaus als große Stärke von Boulevardzeitungen ansehen kann. Dem Leser wird vermittelt: Hier geht es nicht um Zahlen und Fakten, sondern um Menschen und ihre Schicksale, und diese Menschen sind mit ihren Emotionen und Problemen Menschen wie du und ich. Der Leser gewinnt so den Eindruck: Es geht bei allem immer auch um ihn selbst.[23] Wenn *Bild* das Schicksal der TV-Mutter der Nation enthüllt – »Inge Meysel vereinsamt – mit 92. Sie, die immer die starke Frau gespielt hat – ganz allein« (18.2.2003) –, ist auch der Leser betroffen. Er leidet, er fühlt mit, und wenn *Bild* von der versöhnlichen Trauerfeier berichtet – »Inge Meysel, jetzt bist du der Engel der Nation« (12.7.2004) –, ist auch der Leser versöhnt und getröstet. Zumal *Bild* dem Leser suggeriert: Die Welt mag in Chaos und Terror untergehen, aber mit *Bild* als Welt-Wegweiser und Themensetter ist jetzt nur *dieses* Ereignis wichtig und steht stellvertretend für die Gefühle und Befindlichkeiten einer ganzen Nation, der *Bild* als Lebenshelfer den Rat mit auf den Weg gibt:»Glück und Katastrophe, Freudentränen und unendliches Leid sind manchmal nur einen Wimpernschlag voneinander entfernt. Das muss uns bescheiden machen – und dankbar für jeden schönen Tag« (3. 7. 2002).

Doch die vermeintlich religiöse Lebenshilfe-Funktion von *Bild* ist letztlich eine inszenierte Hilfe, eine weitere Strategie zur Stärkung der Leserblatt-Bindung, die mit Religion im genuinen Sinn nichts zu tun hat. Die Lebenshilfe-Funktion von *Bild* entpuppt sich als kalkuliertes Spiel mit der Angst und der Unsicherheit des Lesers. *Bild* beschwört gezielt Bedrohungsszenarien herauf, um ein Hilfsbedürfnis zu wecken, das das Blatt dann prompt befriedigen kann. »US-Forscher machen unheimliche Entdeckung«, meldet *Bild* am 10. Mai 2004. »Schwarzes Loch frisst Menschen auf. Wie ein Staubsauger ›frisst‹ es Sterne: ein schwarzes Loch im All. US-Forscher befürchten jetzt: Schwarze Löcher verschlucken auch Menschen auf der Erde.« Solche Meldungen wollen den Leser nicht wirklich aufklären, sondern ihn betroffen machen und vor allem auch verunsichern. *Bild* konfrontiert den Leser also nicht nur mit Gefährdungen von Krankheiten bis zu Katastrophen in Natur und Umwelt, sondern steigert Bedrohlichkeiten auch mit allen Mitteln und arbeitet einer Hysterisierung der Öffentlichkeit zu, die *Bild* selbst wiederum durch »Entwarnungen« »beruhigen« kann.

Dem entspricht die Strategie der *Bild*-Zeitung, auf Begründungen für Zusammenhänge zu verzichten und gesellschaftliche Motivierungen von Ereignissen auszusparen. Damit wird die Verunsicherung des Lesers weiter geschürt, weil ihr Auslöser kaum auszumachen scheint. Diese Ängste und Verunsicherungen des Lesers setzen erneut *Bild* als »angstlösende« Instanz und ordnende Autorität in Szene, die konkrete Hilfeleistungen und alltagsbegleitende Lebensratschläge anbietet. *Bild* vermittelt die Gewissheit: »Wenn Sie sich nicht mehr zu helfen wissen – *Bild* kämpft für Sie!« (24. 11. 2006) In einem Beitrag über den »*Bild*-Leser« bestimmt Heribert Adam diese Leistung von *Bild* als Funktionsäquivalent von Religion: »Je mehr die (Leser) ihr Lebenssystem als unübersichtlich, bedrohlich und fremdbestimmt erfahren, umso mehr verlangen sie nach übersichtlichen, ordnenden und richtenden Instanzen. Jene realen Ängste fängt das Blatt auf, indem es dem Leser die Gewissheit gibt, ›dass man dieser Welt doch begegnen und sie fassen könne‹ – damit … der Funktion der Religion durchaus verwandt.«[24] Das entspricht dem *Bild*-Selbstbild. *Bild* will sich als »ein guter Kamerad« erweisen, »der immer hilft, wo Not am Mann ist«.[25] Wenn die *Bild*-Zeitung ihre »Kameradschaft« besonders dann erweisen kann, wenn »Not am Mann ist«, liegt es nahe, dass ihr alles darauf ankommt, diese Not auch heraufzubeschwören. Genauso geht *Bild* vor. Die »religiöse« Lebenshilfe-Leistung von *Bild* ist damit nur eine Pseudo-Hilfe, die *Bild* als »Retter in der Not« profilieren soll. In der qualitativen Analyse des Springer-Verlages liest sich diese Strategie wie folgt: »Zwangsläufig wird durch die Berichterstattung über aktuelle Ereignisse Angst vor der undurchschaubaren gesellschaftlichen Situation provoziert. Aber gleichzeitig werden auch die Entlastungsmechanismen geliefert, die das Ausmaß der auftretenden Spannungen reduzieren.«[26]

Die von *Bild* angebotenen »Entlastungsmechanismen« scheinen auf den ersten Blick mit der religiösen Funktion der Kontingenzbewältigung vergleichbar zu sein und entsprechen dem *Bild*-Selbstbild als »Seelentröster der Nation« und seelsorgerische Autorität. In dieser Rolle ist die *Bild*-Zeitung nicht nur deshalb so erfolgreich, weil sie den steigenden Orientierungs- und Ratgeberbedarf des Lesers bedient, sondern vor allem weil sie etwas anbietet, das gesellschaftliche Hilfseinrichtungen nicht offerieren können: ein Happy End. Wer sein krankes Kind in die Hände von *Bild* gibt, erfährt: Das Kind erhält mit Unterstützung der *Bild*-»Gemeinde« beste medizinische Betreuung, »Wunder« sind möglich (6. 11. 2002). Wer sich als »Unterschichten«-Mitglied outet – »Wir sind Unterschicht« (18. 10. 2006) –, erhält finanzielle Unterstützung. Wer Probleme mit dem Vermieter hat, dem schickt *Bild* den Mieterschutz ins Haus. Wer als Langzeitarbeitsloser mit seinem Schicksal hadert, bekommt auf einmal mehrere Jobangebote. Selbst wenn ein Scheck verloren geht – »*Bild* hilft Familie in der Not« (2. 2. 2004).

Der Leser, der diese Happy Ends verfolgt, nimmt dabei nicht nur die positive Botschaft mit, dass es in jedem Fall ein gutes Ende geben wird; er macht zugleich die Erfahrung: Ich bin mit meinen Problemen nicht allein. Anderen geht es genauso. Aber der Leser erkennt auch: Bei anderen sieht es noch viel schlimmer aus. Wenn *Bild* desillusionierte Langzeitarbeitslose oder verwahrloste Wohnungen präsentiert, wird dem Leser die tröstliche Lektion vermittelt, dass er selbst bei alledem noch vergleichsweise gut dran ist. Dies erklärt die Lebensnähe der *Bild*-Hilfsleistungen, in denen sich versöhnliche Vergewisserung mit einer gehörigen Portion Voyeurismus paart. Die *Bild*-»Entlastungsleistungen« erweisen sich so als Instrument der individuellen Hygiene, einer »Selbstmedikation« (Hans Magnus Enzensberger), der es letztlich nicht um den Trost der Religion geht, sondern um Vertröstung und Ablenkung.

Als vermeintliche Lebenshilfe-Instanz wirkt *Bild* wie ein »virtuelles Lagerfeuer« (Christoph Drösser), dessen Bilder und Geschichten ein wenig soziale Wärme und Geborgenheit schenken. Diese soziale Funktion der *Bild*-Zeitung zeitigt auch eine soziale Leistung ihrer Leser, deren Motto heißen könnte: Auch wenn an unserem Schicksal keiner mehr teilnimmt, auch wenn uns die Gesellschaft mit unserer Arbeitslosigkeit und unseren allgemeinen Lebensproblemen allein lässt, können wir zumindest in *Bild* an der Lebensgeschichte anderer Menschen teilnehmen. Dieses Motto wirkt versöhnlich und beruhigend, eben weil es zugleich sozial integrierend wirkt. Wer von fremder Not erfüllt ist, kann die eigene besser ertragen, und wer fremdes Leben in *Bild* erlebt, der hat wenigstens das unbestimmte Gefühl des imaginären Erlebens und Teilnehmens. Ein »Aufstand« des Lesers ist deshalb nicht zu befürchten. Im Gegenteil: Die empfundene Empathie führt vielmehr zur (beschwichtigenden) Bestätigung, zur Affirmation des »Es ist, wie es ist.« Die *Bild*-Lebenshilfe beinhaltet damit letztlich nur Schein- und Instantlösungen, die nicht tragen und den Leser auch nicht dazu bewegen, in der konkreten Welt selbst etwas zu tun. Unbestritten ist, dass Leser es in jedem Fall schätzen, wenn sie das Gefühl haben, mit ihren Problemen nicht allein gelassen zu werden und durch *Bild* eine stabilisierende Lebens- und Orientierungshilfe zu erhalten, die ein gewisses Maß an Sicherheit schenkt. Aber in dem »*Bild* ist für Sie da«-Glauben ist kein Platz mehr für eine Hoffnung, die über das hinausgeht, was vor Augen ist.

Das Themenspektrum von *Bild* orientiert sich an anthropologischen Grundmotiven: Krankheit, Liebe, Tod. Indem *Bild* alles auf den einzelnen Menschen und sein Schicksal zurückführt, erhält der Leser Projektionsangebote, an denen er eigene Sorgen und Alltagsnöte ableiten und abreagieren kann. Die *Bild*-Zeitung entspricht so einem zentralen Unterhaltungsbedürfnis ihrer Rezipienten, dem Eskapismus, dem Streben nach Ablenkung und Flucht aus dem Alltag. Medienbeobachter sehen heute gerade in der eskapistischen Funktion der Massenmedien eine Form der Sinnstiftung, die es erlaubt, insbesondere das Fernsehen mit dem Prädikat »Religion« zu versehen. Die vom Fernsehen bereitgestellten Fluchtmöglichkeiten helfen dem Zuschauer, so die Annahme, die Probleme des Alltags hinter sich zu lassen. So bedrohlich die Welt auch sein mag, im Fernsehen ist am Ende »alles wieder gut« und in Ordnung. Dass alles am Ende gut ausgeht, ist eine religiöse

Hoffnung, die biblisch bezeugt ist: »Ihr habt Böses gegen mich im Sinn gehabt«, heißt es in der Josefserzählung, »aber Gott hatte dabei Gutes im Sinn« (Gen 50, 20). Für *Bild* gilt: *Bild* erhebt diesen Anspruch selbst. Mit *Bild* wird »alles gut«. *Bild* bietet Hilfe bei Unrecht und Leid und liefert Deutungsmuster, auf die der Leser zugreifen kann, wenn er Schicksalsschlägen ausgeliefert ist.

Was zur Kontingenzbewältigungsleistung von Religion gehört, der Umgang mit der Angst vor Leid und Tod, wird dabei in *Bild* vielfach über »Safe Thrills« abgearbeitet.[27] Die Angst, der man sich aussetzt oder ausgesetzt wird, kann in solchen »Thrills« lustvoll genossen werden, weil man mit *Bild* gewiss sein darf, dass man Sicherheit und Geborgenheit wieder erreicht. Der Leser kann damit das Gefühl der Angst erleben, ohne die Gefahr an sich oder die angsterweckende Situation selbst konfrontieren zu müssen. Er bleibt und geht letztlich immer auf Distanz. So kann das ausgelebt werden, was in der Realität Prinzipien wie Leistung und Selbstbeherrschung oft nicht zulassen. Mit anderen Worten: »Wenn in der Realität nichts mehr ›los ist‹, machen wenigsten die Medien ›etwas los‹.«[28] Die von *Bild* inszenierten Bedrohungs- und Angstszenarien ermöglichen Angstbewältigung in der Form, dass der Leser medialen Doubles und Schatten-Ichs die Erfahrungslast der befürchteten Katastrophe aufbürdet und sie an diesen quasi durchspielt.[29] *Bild* fängt alltagsweltliche Kontingenzen auf diese Weise mit der emotionalen Aktivität des gefahrlosen Spiels auf. Handlungsaktivität ist nicht gefordert. So gesehen werden wohl auch die Leser ihren »*Bild*-Konsum« kaum als religiöse Praxis bezeichnen wollen.

Noch in einer anderen Hinsicht versieht man heute die Massenmedien mit der lebensbestimmenden Macht der Religion. Die Massenmedien, so konstatieren Medienbeobachter wie Wolf-Rüdiger Schmidt, bieten Gemeinschaft und Beheimatung, sie schützen vor dem Einbruch unmittelbarer Erfahrung und kanalisieren sie.[30] In *Bild* zielt diese Beheimatung in erster Linie auf Gefühle der Teilhabe und des Dabeiseins. Die *Bild*-Zeitung integriert alle, auch den Arbeitslosen, den Kranken und das Unterschichten-Mitglied in ihre Angebote. Vor *Bild* sind »wir« alle gleich. Wenn etwas von *Bild* berichtet wird, sind »wir« betroffen. Jeder wird alltäglich mit dem Immergleichen bedient. Jeder ist mit *Bild* dabei. *Bild* vermittelt das Gefühl, dass nirgendwo etwas geschieht, ohne dass »wir« daran teilnehmen. Als Medium der gesellschaftlichen Teilhabe und Selbstverständigung scheint *Bild* damit erneut in die Funktionsstelle von Religion einzurücken.

Doch wenn »wir« alle von Klimaerwärmung, Vogelgrippe und weltweitem Terror bedroht sind, mag das Gemeinschaftsgefühle wecken, aber das *Bild*-Gemeinschaftserlebnis entspricht nicht dem Religiösen als Communio. *Bild* bietet nur Ersatz für Gemeinschaft und Teilhabe – eine fiktive Betroffenheits-Gemeinschaft vereint nach dem Motto: Wir sitzen alle in einem Boot, auch »die da oben«. *Bild* ist eine Themenmaschine, die täglich Klatsch als öffentlichen und gemeinsamen Gesprächsstoff generiert. Im *Bild*-Klatsch kann jeder mitreden, jeder ist kompetent. Die *Bild*-Zeitung schafft eine Klatschgemeinschaft; sie produziert Gesprächsthemen, die eine Gemeinschaft herstellen, die alle sozialen Disparitäten einzuebnen scheint. Jeder, ob prominent oder alltäglich, ist menschlich, allzumenschlich. Auch »die da oben« haben Probleme von und wie jedermann. Die gemeinschaftstiftende Leistung von *Bild* erweist sich damit letztlich nur als Auswuchs trivialisierender Mittelmäßigkeit.

Solche Mediokrität hat nicht zuletzt etwas angenehm Entlastendes. Es besteht, so Jan-Uwe Rogge, im Genießenwollen, im Sich-fallen-Lassen, im Konterkarieren von Prinzipien wie Rationalität und Funktionalität.[31] Wenn *Bild* von hier aus als seelsorgerische »Autorität« ins Spiel kommt, dann als Instanz, die Zumutungen des Glaubens herabsetzt und stattdessen einen emotional-religiös unterlegten Appell an Humanität zum Allheilmittel der Gesellschaft macht. Axel Springers »Seid nett zueinander« dient als Zauberformel zur Heraufführung einer Gesellschaft, die jenseits aller Strukturprobleme und sozialen Unzulänglichkeiten als Gemeinschaft der Guten daherkommt.

## Kapitel 4

# Die *Bild*-Zeitung und der »liebe Gott«

»Ich bin Gott« – mit dieser Schlagzeile überschreibt *Bild* die Meldung »Beleidigter Notarzt brach Behandlung ab« (22. 4. 2003). Das Wort »Gott« ist hier Blickfänger, ein Baustein im Kontext maximaler Reize, in dem es darum geht, die Sensationskraft des Berichts zu erhöhen. »Gott« garantiert die ultimative Aufmerksamkeitssteigerung. Das gilt auch für die Schlagzeile »Oh, Gott ist ein Holländer!«, mit der in *Bild* für eine Love-Story-Komödie geworben wird (19. 4. 2001). Mit Gott in der Schlagzeile wird das Produkt aufgewertet und mit der Aura des Besonderen und Erhabenen umgeben. Profanes wird sakralisiert und mit einem »Heiligenschein« versehen. *Bild* spielt dabei bewusst mit dem Tabubruch. Das Heilige wird in einem Kontext verwendet, der nicht heilig ist und wird – ironisch gebrochen – Anlass für Neugier, aber auch Belustigung und Unterhaltung.

»Hat der liebe Gott einen Hund?« (13. 4. 2002), »Darf man einen Gott einsperren?« (3. 5. 2001), »Zu sexy für Gott?« (8. 9. 2005) – diese religiös aufgeladenen Schlagzeilen, die zum Teil bewusst auf Provokation setzen, steigern das Interesse des Lesers. Dabei wird in dem inflationären Gebrauch des Wortes »Gott« das »Wort Gottes«, Christus, die Mitteilung Gottes an die Welt verdrängt. »Das Wort ist Fleisch geworden und hat unter uns gewohnt« (Joh 1, 14). Die »Übersetzung« dieser Aussage steht im Zeichen der Paulinischen Weisung: »Wir tragen den Schatz in irdenen Gefäßen!« (2 Kor 4, 7). Das menschliche Wort, das »Gefäß«, kann das ewige Wort nie eigentlich »bezeichnen« und zum Gegenstand der Sprache machen, denn dieses »Wort« bezieht sich auf eine Wahrheit, die in ihrem Kern unfassbar und unsagbar ist. So ergibt sich jene »Namenlosigkeit«, die Rainer Maria Rilke in einem Brief an Ilse Jahr auf »eine unbeschreibliche Diskretion« zurückführt, in der »das Fassliche entgeht, (sich) verwandelt … Die Eigenschaften werden Gott, dem nicht mehr Sagbaren, abgenommen, fallen zurück an die Schöpfung, an Liebe und Tod«.[1]

*Bild* ersetzt diese »Namenlosigkeit« und »Diskretion« durch ein ganz anderes Sprechen von Gott. Hier wird Sprache ein Werkzeug, das nichts mehr birgt und das Mysterium Gottes zugreifender *Bild*-Anschauung unterwirft. In Wort und »Bild« wird Gott »erfasst« und auf das *Bild*-Format verkleinert. »Menschheit gelingt erster Blick in die Unendlichkeit« – damit wird der Leser eingestimmt und die »Beweiskraft« des *Bild*-Fotos von einem »Riesenplaneten« erhöht, der Anlass ist für die Schlagzeile: »Ist hier irgendwo Gott?« (24. 3. 2005) Das Unsichtbare, die »Unendlichkeit« wird sensationell sichtbar – mit dem »supermodernen« Weltraumteleskop der NASA und natürlich mit der *Bild*-Zeitung, die mit ihren »wissenschaftlichen« Paparazzi-Fotos die »Unendlichkeit« »einfängt« und weitere Spekulationen nährt: »Aus der ewigen Dunkelheit glimmt uns magisch ein Licht entgegen. Was werden wir dort bloß alles finden? Eine zweite Erde? Oder dringen wir gar in das Reich Gottes vor?« (24. 3. 2005)

In der Weihnachtszeit 2005 scheint der direkte Weg in dieses »Reich« möglich. »Lebensmaterie im All gefunden!«, meldet *Bild* mit dem entsprechenden Foto-Beweis und fragt: »Ist das die Baustelle Gottes?« (22. 12. 2005) Dass man Gott direkt »ansteuern« und »sehen« kann, suggeriert die Schlagzeile: »Fliegt diese Sonde zu Gott? Ihr letztes Reiseziel ist die Unendlichkeit« (26. 5. 2005). Den ultimativen »Gottesbeweis« liefert *Bild* aus der Sicht von Betroffenen: »Wir haben Gott gesehen«, berichten vier Deutsche exklusiv in *Bild*, die »einen Moment lang tot (waren)« (25. 5. 2005). Wenn dann auch noch der Vatikan »für *Bild* die päpstliche Sternwarte (öffnet)« und *Bild* mutmaßt, ob der »Sternengucker des Heiligen Vaters … da draußen den lieben Gott (sieht)« (28. 4. 2004), kann auch der ungläubigste *Bild*-Leser an dem »ersten wissenschaftlichen Beweis« nicht mehr zweifeln: »Den lieben Gott gibt's wirklich« (6. 4. 2004).

In diesem *Bild*-Joint-Venture von Glaube und Wissenschaft kommt Gott in Namen zur Sprache, die ihn verfügbar und berechenbar machen – leeres Reden von Gott, für das Martin Bubers Satz gilt: »›Gott‹ … ist das beladenste aller Menschenworte. Keines ist so besudelt, so zerfetzt worden.«[2] Während Martin Bubers Satz über das »beladenste aller Menschenworte« aus der Einsicht erwächst, dass die Fülle Gottes nicht ausgesagt werden kann, verlagert sich dieses Sprachproblem heute mehr und mehr in ein Darstellungsproblem, in dem die Offenbarung des verborgenen Gottes in Jesus Christus merkwürdig bildhaft konkret wird und doch gleichzeitig die Weltlosigkeit Gottes, sein Exodus aus der Welt angezeigt ist. So verniedlichen und banalisieren die *Bild*-Abbilder vom »lieben Gott« den Schöpfergott zu einem alten Mann mit schlohweißem Haar, der »Sonne, Mond und Sterne … erschafft«

(28. 4. 2004, siehe auch 6. 4. 2004). Dort aber, wo man sich solche Bilder von Gott macht, wird letztlich die Unerfahrbarkeit Gottes festgeschrieben, seine Auflösung und sein Verschwinden aus dem Bereich menschlicher Erfahrung. Die Krise des Wortes ist eins mit der Krise des Bildes. Hier wie dort ist der Bezug zur Wirklichkeit des göttlichen Lebens in der Welt verloren gegangen. Wort und Bild reden nicht aus Gott und zu Gott, sondern über Gott.

### Gott in der Unterhaltung

In seinem »Versuch zur geistigen Situation der Zeit« spricht der Theologe Johann Baptist Metz von der »Gotteskrise«, die unsere Zeit erfasst habe. Die Rede vom biblischen Gott sei nicht mehr »modernitätsverträglich« und habe ihre verbindliche, aber auch anstößige Kraft verloren.[3] Nicht wenige Zeitbeobachter sind an dieser Stelle optimistischer und argumentieren, dass wir »nur« Zeugen einer Erosion des Glaubens an die Kirche, nicht aber des Glaubens an Gott sind. Umfragen legen jedoch einen anderen Befund nahe. Bereits im Juni 1992 ermittelte der *Spiegel*, dass nur noch eine knappe Mehrheit der Deutschen den Satz bejaht: »Es gibt Gott.« Dieses Umfrageergebnis sagt inhaltlich nichts über die Gottesbeziehung aus. Wenn man aber keine Beziehung zu Gott hat, dann spielt es letztlich keine Rolle, ob man glaubt oder nicht glaubt, dass es einen Gott gibt. Im Christentum, in der Verkündigung Jesu geht es gerade um die Beziehung zu Gott, um die Frage, ob Menschen ihr Leben mit Gott und vor dem Angesicht Gottes leben. Die meisten würden wohl heute Nietzsches Satz »Gott ist tot« nicht unterschreiben. Der streitbare Atheismus im Gefolge Nietzsches ist ersetzt durch eine religiös indifferente Haltung, in der Gott so behandelt wird, als wäre er tot. Viele Menschen sind beziehungslos zu Gott, er verändert und gestaltet ihr Leben nicht. Gott wird zu einem bloßen gedanklichen Konstrukt. Die *Bild*-Zeitung macht dagegen eine andere Aussage über das Verhältnis des Menschen zu Gott. *Bild* bringt die Vorstellung eines persönlichen Gottes ins Spiel. *Bild* redet von Gott als ansprechbarem Gegenüber, von Gott als dem großen Du. Dieser Gott ist ein naher Gott trotz seiner geheimnisvollen Transzendenz, er ist keine abstrakte Idee, sondern »jemand«, der sich als lebendiger Gott zeigt.

»Gott in der Unterhaltung«, so eine Beobachtung von Hermann J. Huber, »ist eine lohnende Vorstellung, auch wenn sie viele erschreckt.«[4] Lohnend ist diese Vorstellung vor allem deshalb, weil Unterhaltung anschaulich zeigen kann, dass man zu Gott eine persönliche Beziehung haben kann, ja dass eine

Beziehung des Vertrauens zwischen Mensch und Gott möglich ist. An dieser Stelle ist die *Bild*-Zeitung erneut besser als ihr Ruf. In Zeiten, in denen eine gesteigerte Religionsfreudigkeit einhergeht mit einer zunehmenden Gottesmüdigkeit, stellt *Bild* einen Gott vor, der sich um den einzelnen Menschen kümmert. *Bild* präsentiert immer wieder Menschen, die in ihrem Leben auf einen persönlichen Gott vertrauen. Der persönliche Gott, der uns in Jesus Christus sein menschliches Antlitz gezeigt hat, wird als Partner des Menschen dargestellt, den man ansprechen und um Beistand bitten kann. »Gott, gib, dass wir uns im Jenseits wiedersehen«, bitten Vertriebene, deren Schicksal *Bild* für die Leserschaft wieder auflegt (27. 9. 2003). »Gott« in der Schlagzeile dient hier wiederum gezielt der Aufmerksamkeitssteigerung, zugleich wird dem Leser aber auch ein personales Gottesbild vermittelt. *Bild* berichtet von Menschen, die die Erfüllung ihrer Sehnsüchte und Hoffnungen von einem personhaft vorgestellten Gott erwarten. Dieser Gott ist kein ferner, autoritärer Gott, sondern ein vertrauter Gott. Das Ringen mit Gott, das Sich-Ergeben in Gott erfolgt aus einer Nähe zu Gott als personalem Gegenüber. Und so ist in *Bild* auch für religiöse Aussagen Platz, die heute in einer nachchristlichen Gesellschaft fast wie ein Fremdkörper wirken. »Gott hat einen Engel gebraucht«, so ist ein Vater in *Bild* überzeugt, der seine Tochter verloren hat. »Jetzt hat er sich meinen geholt« (14. 6. 2005).

Die religionsförmige Gotteskrise, die Johann Baptist Metz für unsere Zeit diagnostiziert hat, ist gepaart mit einem Absterben der Gebetskultur. In der *Bild*-Zeitung fällt dagegen auf, dass hier immer wieder zum gemeinschaftlichen Gebet aufgerufen wird. »Betet für diesen Mann, der seine Familie verlor«, so lautet die *Bild*-Titelschlagzeile am 6. Januar 2005 anlässlich des Schicksals eines Tsunami-Opfers. Dieser Gebetsaufruf dient der Leserblatt-Bindung und soll zugleich den Betroffenheitswert des Berichts steigern. *Bild* setzt aber auch darauf, dass es in Krisenzeiten, in Krankheit und Not nach wie vor zumeist der christliche Gott ist, der um Hilfe angerufen wird. Im Gebet erfahren Menschen Halt und Trost durch Gott. So berichtet *Bild* von der entführten Stephanie aus Dresden, dass das Mädchen »in der Geisel-Hölle« zu Gott gebetet habe und nach der Befreiung – trotz »unvorstellbarer Qualen«, die es durchlebte – Gott dankt: »Vielleicht hat Gott mir doch beigestanden« (2. 11. 2006). Was *Bild* hier vorführt, ist der Glaube und das Vertrauen darauf, dass Gott dem Menschen und der Welt auch in größter Not zugewandt bleibt. So rührselig, so dramatisch und so sensationalistisch die *Bild*-Geschichten von Gott auch sein mögen, sie setzen das Religiöse nicht zwangsläufig außer Kraft. Im Gewand der *Bild*-Unterhaltung wird dem Leser anschaulich und emotionsbetont vorgeführt, dass menschliche Geschichte nicht aus den Händen Gottes fällt. Es werden Menschen als Vorbilder profiliert, die glauben, dass Gott da ist und dass man mit ihm im Leben rechnen kann. Damit ergibt sich in *Bild* noch einmal ein anderer »Gottesbeweis«, ein Beweis, der im Leben geführt wird.

In Bertolt Brechts *Geschichten vom Herrn Keuner* fragt jemand Herrn K., »ob es einen Gott gäbe. Herr K. sagte: ›Ich rate dir, nachzudenken, ob dein Verhalten je nach der Antwort auf diese Frage sich ändern würde. Würde es sich nicht ändern, dann können wir die Frage fallen lassen.‹«[5] Die *Bild*-Zeitung stellt einen Gottesbeweis in diesem Sinn vor. Sie präsentiert Glaubenszeugen, Menschen, die auf Gott setzen und zugleich auch wissen, dass Gott ihr Leben verändern kann. Dieser Gott muss sich jedoch den Gesetzen des Boulevards beugen und dies hat Folgen. Der Gott der *Bild*-Zeitung ist vielfach nur ein Happy-End-Gott, der menschlichen Wünschen und den Absichten von *Bild* entspricht. »Bitte, lieber Gott, nimm mir nicht das Kostbarste«, so »betet« laut *Bild* Volkssänger Heino »für seine geliebte Hannelore, die sechs Stunden am offenen Herzen operiert wurde« (8. 7. 2004). Das Gebet wird erhört, Heinos Ehefrau überlebt die schwere Operation – ein »Wunder«, das sich auch im Fall eines todkranken Mädchens ereignet, über dessen *Bild*-Geschichte Millionen Leser »reden«, »staunen« oder »weinen« (6. 11. 2002). »Was hat der liebe Gott mit diesem Kind vor?«, fragt *Bild* am 5. November 2002. »Das Gehirn der Kleinen Iza wächst aus dem Kopf heraus. Die Ärzte schickten sie zum Sterben nach Hause, aber es gibt ein Wunder.« Schon am nächsten Tag wird das »Wunder« Wirklichkeit. »Die kleine Iza wird leben«, verkündet *Bild*, denn: »Der beste Gehirnchirurg der Welt will das Mädchen kostenlos operieren.« »Wunder« sind möglich. Die *Bild*-Welt wird für einen Moment wieder »heil«. Dieses »Heil« garantiert nicht nur Gott, der Wunder im Sinne des Menschen wirkt, sondern *Bild* selbst. Nach der »Ende gut, alles gut«-Devise kann der Leser in rührseligen Geschichten verfolgen, wie *Bild* im Namen Gottes ein Happy End heraufführt.

Der »liebe Gott«, der in *Bild* immer wieder beschworen wird, ist eine Projektion menschlicher Träume und Erwartungen, ein Gott, der gezwungen ist, seine Allmacht unter Beweis zu stellen, um Gott zu sein. Der *Bild*-Gott ist in dem Sinne allmächtig, dass er als allgegenwärtige Ursache einsehbar in das menschliche Geschick und die Welt eingreift. In der anthropomorphen Rede vom »lieben Gott« ähnelt Gott denen, die an ihn glauben. Er bedient einen

Wunschglauben, der Gottes Allmacht mit Allwirksamkeit gleichsetzt und ihn zu einer konkret handelnden Person auf der Bühne des Weltgeschehens macht. So erhält der Leser das »Bild« eines »deus ex machina«, der immer »einsatzbereit« ist, wenn man es wünscht. Dieser domestizierte »*Bild*-Gott« ist kein Richter, von dem der Einzelne sein Leben verantworten muss. Er ist ein »softer«, »kuscheliger« Gott, der sich widerstandslos in die *Bild*-Unterhaltungswelt einfügt. Er erscheint in vielen Gestalten und Gewändern. Als »Wettergott«, der Schumi zum Sieg verhelfen soll (7. 7. 2003), als »Show-Gott«, der Stars »nicht alleine lässt« (12. 11. 2002), oder als »Fußballgott«, der uns »retten« soll (8. 6. 2004). »Rudi, jetzt hilft nur noch beten!«, so der *Bild*-Aufmacher nach der 0:2-Niederlage der deutschen Nationalmannschaft gegen Ungarn bei der Fußball-Europameisterschaft 2004 (8. 6. 2004). Es folgt das »*Bild*-Stoßgebet«: »Lieber Fußballgott, mach dass bei der EM alle anderen Mannschaften noch schlechter sind als wir. Lass Oliver Kahn zwei zusätzliche Hände wachsen, damit er alle Bälle hält. Mach das Tor unserer Gegner ganz groß – und das unsrige ganz klein. Mach den Holländern Knoten in die Beine ... Bitte lieber Fußballgott, tu was!«

Dieser Gott, der mal als Fußballgott oder mal als Wettergott »erscheint«, folgt den Spielregeln von *Bild* und soll es allen recht machen. Der Gott der Bibel gehorcht nicht den Bedingungen einer vom Menschen herbeigesehnten Happy-End-Welt. Er »erschafft« beides: »Licht und Finsternis, Heil und Unheil« (Jes 45, 7). Gott ist der offenbare, menschenfreundliche Gott, aber er ist auch der verborgene, zornige Gott (Ps 90, 7), der »deus absconditus«, dessen Geheimnis unverfügbar ist und der größer ist als alle menschlichen Vorstellungen und Erfahrungen. *Bild* dagegen macht Gott zu einem metaphysischen Kuscheltier, zu einem »lieben Gott«, der sich ganz menschlichen Sehnsüchten und Träumen anpasst. Diese »Verlieblichung« Gottes führt zu einem allzeit nachsichtigen Menschengott, der jenen Ideologien dient, die mit schwärmerischen Beglückungsangeboten auftreten. Es werden Sehnsüchte bedient, ohne Scheitern vorzusehen, Problemlösungen versprochen, ohne dass Verwundungen und Zerstörungen zur Sprache kommen, die im irdischen Leben eben nicht bewältigt werden können. Der »liebe Gott« soll *jetzt* trösten und ein gutes Ende garantieren. Harmonie und »Heil« werden eins.

Die *Bild*-Zeitung vermittelt dem Leser ein personal bestimmtes Gottesbild – was durchaus positiv zu sehen ist. Diese Darstellung wird jedoch dann fragwürdig, wenn sie Gott eine Allmacht zuschreibt, die ihn zu einem »Alleskönner« macht, der seine Macht über jeden auszuüben vermag und der deshalb vom Menschen »genutzt« werden kann. Genau darauf sind die »Lieber-Gott«-Geschichten in *Bild* angelegt. Sie klagen mit dem Pathos der Betroffenheit einen Gott ein, der allmächtig im Sinne des Menschen sein soll. Er soll dem Menschen und seinem Wohlergehen dienen. Er soll sicherstellen, dass Leben gelingt. Ist das nicht der Fall, dann wird Gott »eingefordert« als Lückenbüßer und Wunscherfüller. Das, was ein solcher Gott einem schenkt, nimmt man gerne an und nutzt es für sich, für den Geber des Geschenks hat man schon weniger Verwendung. Es geht also letztlich gar nicht darum, dass man Gott selbst sucht, sondern man sucht nur das, was Gott für einen tun kann.

## Wo warst Du, Gott?

Als Harold Kushner, Rabbiner der Ortsgemeinde in einem Vorort von Boston, mit seinem kleinwüchsigen Sohn Aaron einen Kinderarzt aufsucht, wird er mit einer niederschmetternden Diagnose konfrontiert. Aaron, so eröffnet ihm der Kinderarzt, leide an Progerie. Die Folge: Er werde nicht größer als einen Meter werden, stattdessen zu altern beginnen und als Kind wie ein Greis aussehen. Die Lebenserwartung bei dieser Krankheit betrage nicht mehr als zehn bis zwölf Jahre. Was geht in einem Vater vor, der bis dahin an Gottes Gerechtigkeit geglaubt und sein Leben nach Gottes Geboten gelebt hat, wenn er eine solche erschütternde Nachricht erfährt? »Was ich an jenem Tag am heftigsten verspürte«, schreibt Harold Kushner nach dem Tod Aarons in seinen Erinnerungen, »war ein tiefes, schmerzhaftes Gefühl der Ungerechtigkeit. Es war alles so sinnlos; ich war doch kein schlechter Mensch gewesen! ... Ich glaubte, Gottes Wegen zu folgen und Sein Werk zu tun. Wie konnte gerade meiner Familie dies widerfahren? Wenn es Gott wirklich gab und Er nur im geringsten Gerechtigkeit übte – von Liebe und Vergebung ganz zu schweigen – wie konnte Er mir das antun? Und selbst wenn ich mich zu der Überzeugung hätte durchringen können, dass ich Strafe verdiente für irgendeine Sünde oder Nachlässigkeit, deren ich mir nicht bewusst war – aus welchem Grunde sollte Aaron so leiden müssen? Er war ein unschuldiges Kind, unbeschwert und gerade drei Jahre alt. Warum war es ihm bestimmt, physisch und psychisch solche Qualen zu erdulden, jeden Tag, den Gott werden ließ?«[6]

Diese Warum-Frage gibt den Titel für Kushners Buch vor: *Wenn guten Menschen Böses widerfährt*. Das Buch, 1981 in den USA erschienen, wird ein internationaler Bestseller, in 13 Sprachen übersetzt und 3 Millionen Mal verkauft. Auch die *Bild*-Zeitung weiß, dass sich die Frage »Warum widerfährt guten Menschen Böses?« gut verkaufen lässt. Diese Frage muss von *Bild* nicht erst explizit gestellt werden. Sie springt in *Bild* förmlich ins Auge, sie drängt sich dem Leser auf. Mit *Bild* taucht der Leser in eine Flut schlechter Nachrichten ein. Grausamkeiten, Ungerechtigkeiten, unvorstellbares Leid und schreckliche Katastrophen gehören zur alltäglichen *Bild*-»Lesedosis«. Aus Sicht der Betroffenen, der bevorzugten Perspektive der *Bild*-Zeitung, erscheinen Unglück und Leid in ihrer ganzen Unfassbarkeit und Sinnlosigkeit.

Ob beliebte Prominente oder der kleine Mann von nebenan – immer wieder schildert *Bild*, wie unschuldige Menschen völlig willkürlich, ja geradezu gnadenlos von Leid heimgesucht werden. »O mein Sohn!« – mit dieser anrührenden Schlagzeile beschreibt *Bild* das Schicksal eines Vaters, dessen Sohn bei einer Gasexplosion erstickte (19. 9. 2003). Die Ehefrau erleidet lebensgefährliche Brandverletzungen. Nicht genug damit: Anfang des Jahres starb ihr Kind Johann (12 Jahre) an Mukoviszidose. *Bild* zeigt ein Foto des erstickten Kindes im offenen Sarg, mit gefalteten betenden Händen unter einem Kruzifix. Daneben der weinende Vater, der seinem toten Jungen die Wange streichelt. Warum lässt Gott so etwas zu? Das ist die Frage, die so manchem auf der Zunge liegt, wenn er einen solchen *Bild*-Bericht liest und sieht. In *Bild* stellt der betroffene Vater diese Frage: »Gott, warum nimmst du mir all die Menschen, die ich lieb habe?«

Selbst hartgesottene Leser werden auf diese Warum-Frage gestoßen, wenn *Bild* das unfassbarste und ungeheuerlichste Leid präsentiert, die Vergewaltigung und Ermordung unschuldiger Kinder. Die Drastik, mit der *Bild* solche Verbrechen schildert, ist schonungslos und an emotionaler Betroffenheit kaum zu überbieten. »Die kleine Matin (6 Jahre). Nach der Schule entführt. Ermordet!«, so betitelt *Bild* eine »Schock-Tat«, die »uns alle hilflos und so unendlich wütend macht« (24. 1. 2003). Die sinnlose Grausamkeit dieses Verbrechens, das unvorstellbare Leid, das Opfer und Angehörige trifft, löst bohrende Fragen aus und gibt Rätsel auf. Gott als Urheber guter Taten, Gott als Teil einer heilen Welt, Gott als Garant der Gerechtigkeit – das entspricht den Erwartungen, die die *Bild*-Zeitung mit dem »lieben Gott« verbindet. Aber in der Grausamkeit eines Kindesmordes, in der Unmenschlichkeit von

Gewalt, im Chaos von Katastrophen – da scheint der »liebe Gott« keinen Platz zu haben. Warum, so lautet die quälende Frage, lässt der »liebe Gott« zu, dass Unschuldige leiden, Seuchen und Kriege ganze Völker auslöschen und grausame Taten straflos bleiben? Warum stoppt Gott das sich ausbreitende Böse nicht?

Die Bild-Zeitung stellt für ihre Leser, gleichsam als Sprachrohr, die Frage nach dem Warum des Leids, die Frage nach der Anwesenheit Gottes im Leid. Wenn Gott, wie ihn die Bild-Zeitung vorstellt, ein »lieber Gott« ist, warum müssen unschuldige Menschen grausam sterben? »Mein Gott, warum lebe ich, und er ist tot?«, fragt sich eine Mutter, die einen kleinen Jungen mit dem Auto totgefahren hat (23.3.2004). »Warum hat Gott mir meinen Vater genommen?«, fragt die Tochter des toten »Kursk«-Vizekommandanten klagend in Bild (13.8.2001). Wenn Gott Schöpfer des Himmels und der Erde ist und nicht nur lieb, sondern auch allmächtig ist, weshalb gibt es Hungersnöte, Flutkatastrophen und »Killerwellen«, die unzählige unschuldige Menschen dahinraffen? (27.12.2004) »Wo war Gott?«, fragt Bild am 8. Januar 2005, nachdem das ganze Ausmaß der todbringenden Zerstörung durch den Tsunami in Asien bekannt wurde.

Bild thematisiert mit solchen Fragen eine religiöse Urerfahrung, die Erfahrung, dass Gott schweigt, dass er dem Menschen fern ist und ihm in größter Not Hilfe versagt. Diese religiöse Erfahrung ist eine biblisch bezeugte Erfahrung. Die Menschen der Bibel leiden am abwesenden Gott. Für den Beter in Psalm 10 ist der verborgene Gott unbegreifbar: »Warum, Herr, bleibst du so fern, verbirgst dich in Zeiten der Not?« (Ps 10, 1) Jeremia erfährt den abwesenden Gott wie eine unheilbare Wunde: »Warum dauert mein Leiden ewig und ist meine Wunde so bösartig, dass sie nicht heilen will? Wie ein versiegender Bach bist du mir geworden, ein unzuverlässiges Wasser« (Jer 15, 18). Der Beter in Psalm 89 fragt den fernen Gott ungeduldig: »Wie lange noch, Herr? Verbirgst du dich ewig? Soll dein Zorn wie Feuer brennen?« (Ps 89, 47), »Mein Gott, mein Gott, warum hast du mich verlassen?«, lautet die eindrückliche Klage in Psalm 22. »Warum bist du fern meinem Schreien, den Worten meiner Klage? Mein Gott, ich rufe bei Tag, doch du gibst keine Antwort, ich rufe bei Nacht und finde doch keine Ruhe … Sei mir nicht fern, denn die Not ist nahe, und niemand ist da, der hilft« (Ps 22, 2–3, 12).

Im Gewand der biblischen Warum-Frage und Klage über einen fernen Gott spielt Bild eine ganze Klaviatur an Gefühlen durch – von Trauer über

Hilflosigkeit bis zur Verzweiflung. Bohrende, zersetzende Fragen werden gestellt: »Gott, warum hast Du zugelassen, dass ich sowas tue?«, so das Schlusswort eines Mörders vor Gericht (5. 7. 2005). Wenn ein Mörder mit Gott hadert, mag man das noch als eine Art »himmlischer Gerechtigkeit« werten. Aber so wie es aus *Bild*-Sicht aussieht, stirbt da die »süße Tochter« einer Mutter durch die »Todesfahrt (eines) Geisterfahrer-Opas (89)« (7. 6. 2004), ein »junges Liebespaar rast absichtlich in den Tod« und es bleibt nur die Frage: »Warum?« (2. 12. 2005) »Schöne Jennifer – sie wollte Umweltschützerin werden«. »Warum«, fragt *Bild*, »musste sie so jung sterben?« (6. 6. 2002) Es zeigt sich an dieser Stelle erneut: Gerade im Glauben an einen »lieben Gott«, wie ihn *Bild* präsentiert, entsteht große Ratlosigkeit, die *Bild* förmlich hinausschreit: Wo ist Gott? Wo bleibt Gott, der doch gut, gerecht und allmächtig ist? Der »liebe Gott« kommt so auf die *Bild*-Anklagebank.

Mit *Bild* rechtfertigt sich nicht der Mensch vor Gott, sondern er fordert Gott heraus, ja er »verlangt« von Gott, sich selbst zu rechtfertigen. *Bild* stellt für den Leser die Theodizeefrage. Sie ist eine urmenschliche Frage, die der Philosoph, Mathematiker und Naturwissenschaftler Gottfried Wilhelm Leibniz in seiner *Theodizee* aus dem Jahre 1710 auf den Begriff bringt. »Theodizee« handelt – folgt man dem Titel der Leibnizschen Schrift – »über die Güte Gottes, die Freiheit des Menschen und den Ursprung des Übels«. Sie ist ein Verfahren, das Gott von der Urheberschaft des Übels freisprechen soll. Dieses Verfahren ist in eine rationalistische Metaphysik eingebettet. Danach ist »Theodizee« – in den Worten Kants – »die Verteidigung der höchsten Weisheit des Welturhebers gegen die Anklage, welche die Vernunft aus dem Zweckwidrigen in der Welt gegen jene erhebt«, ein »Rechtshandel vor dem Gerichtshofe der Vernunft«.[7] Theodizee ist also eine von der Vernunft durchzuführende Rechtfertigung Gottes. Zu verteidigen ist Gott als Schöpfer der Welt. Seine Allmacht und Güte erscheinen angesichts der von der Vernunft aufgedeckten »Zweckwidrigkeit« in der Welt, angesichts des Leids und des Übels als unglaubwürdig.

*Bild* geht es nicht um die Rechtfertigung Gottes vor dem Anspruch der Vernunft. Der besagte »Gerichtshof« ist nicht die Vernunft – sie hat sich längst von theologischen Bestimmungen gelöst –, sondern das Gefühl, religiöse Erwartungen und Bedürfnisse, die *Bild* aus Sicht der Betroffenen gleichsam »kanalisiert«. Das Problem der Theodizee ist damit in *Bild* kein theoretisches, in dem die gedankliche Vereinbarkeit eines »lieben Gottes« mit einer leidvollen Wirklichkeit erwiesen werden soll, sondern ein emotional existenzielles, das bezogen ist auf die Frage nach dem Sinn. *Bild* kennt auch die dunkle, dem Menschen entzogene Seite Gottes und stellt die Theodizeefrage als Sinnfrage: Müssen wir angesichts des unvorstellbaren Leids in der Welt jede Hoffnung auf Sinn aufgeben? *Bild* spart dabei die Negativität des Leids, seine Absurdität nicht aus und thematisiert eindringlich die Angst vor Sinnlosigkeit, das Leiden an der Abwesenheit Gottes.

Diese Erfahrung wird in *Bild* zur emotionalisierten Betroffenheitsklage, die tragische und mitleidige Erregung auslösen soll. Ein Beispiel: Der Fall der entführten und ermordeten Schülerin Ulrike aus Elberswalde wird von *Bild* über Wochen hinweg verfolgt – vom ersten Tag des Verschwindens des Mädchens über Spekulationen, was mit ihr passiert sein könnte, über das Hoffen und Bangen der Eltern bis zur furchtbaren Gewissheit, dass Ulrike grausam ermordet wurde. Der Trauergottesdienst für das Mädchen ist dann am 12. März 2001 Anlass für den *Bild*-Aufmacher »Wo warst Du, Gott?«, den das Blatt der Predigt von Bischof Wolfgang Huber entnimmt. Dazu im Stenogramm-Stil die Schlagzeile: »Abschied von Ulrike – Deutschland weint und betet.« Die durch das dargestellte tragische Geschehen im Leser ausgelösten Emotionen beziehen sich nicht nur auf die Betroffene selbst, das Opfer. Das konkrete Leid erschüttert vielmehr in dem Maße, wie alle es teilen. »Deutschland war bewegt. Deutschland hat geweint« (12. 3. 2001). »Wir« sind ergriffen und betroffen – in doppeltem Sinn. Die *Bild*-Leser-Gemeinschaft bedauert und bemitleidet nicht nur das Opfer, sondern wir alle leiden selbst. *Bild* schafft eine Gemeinschaft von Leidenden und Trauernden.

Noch ein anderer Effekt stellt sich ein. In der *Bild*-Tragödie wird der Leser ein Teil des Geschehens. Aber der Leser bleibt mit der Tragik des Ereignisses nicht sich selbst überlassen. Weil er seine eigene Not im Schicksal anderer wiedererkennt, wird ihm bewusst, dass er nicht allein in einer leidvollen Welt leben muss. Aber der Leser erfährt – angesichts der Drastik des dargestellten Leids – auch den Trost, dass er selbst noch relativ gut dran ist. Mit anderen Worten: Das dargestellte Leid löst im Leser nicht nur Leid aus, sondern auch Angstlust und Erleichterung darüber, selbst vergleichsweise gut davongekommen zu sein. Der »Konsum« des in *Bild* dargestellten Leids hat so auch die Funktion einer »Kontrolle«. Der Leser vergewissert sich damit, ob seine eigene Welt noch »heil« ist, und er ist zugleich gewarnt: Es könnte alles auch ganz anders sein. Diese Angst machende Warnung verspricht zugleich einen eigentümlichen Lohn der Angst. Sie geht in *Bild* einher mit dem unterschwellig beschworenen und zugleich lustvoll-gefahrlosen Spiel mit gerade dem, wovor gewarnt wird.

*Bild* spielt die Theodizeefrage aus Sicht der Betroffenen durch und präsentiert sich dabei zugleich als das Medium, in dem Leidende sich und ihr Leid aussprechen und vor Gott klagen können – ein bemerkenswertes Phänomen, denn in der kirchlichen Praxis, so die Diagnose des Theologen Klaus Scholtissek, hat eine »naive, ja harmoniesüchtige Gottesverkündigung zu einem verbreiteten Verlust der Leid- und Schmerzempfindlichkeit der biblischen Gottesrede ... geführt«. Charakteristisch für dieses Defizit ist nach Scholtissek der »Verlust der Klage gegenüber Gott«, ein folgenschwerer Verlust, der die Gottesbeziehung verharmlost und »entdramatisiert«.[8] *Bild* unternimmt genau das Gegenteil. *Bild* dramatisiert und emotionalisiert die Gottesbeziehung und Gottesrede. *Bild* wägt nicht rational ab, was für oder gegen Gottes Weisheit und Güte spricht, sondern *Bild* klagt den abwesenden Gott selbst an und fordert ihn heraus. »Lieber Gott, wo warst Du?« – so überschreibt *Bild* am 31. Dezember 2004 den Aufmacher »Deutscher weint um seine ganze Familie.« Der Meldung »Killer-Welle – schon über 120 000 Tote« folgt dann der emotional anrührende Bericht: »Seine Familie war sein Leben, sein ganzes Glück. Jetzt weint der deutsche Familienvater Wolfgang S. (45) um seine beiden süßen Töchter und seine geliebte Frau. Die Killer-Welle hat sie in Thailand vom Strand geschwemmt. Niemand weiß, was aus ihnen geworden ist.« Auf Seite 2 der *Bild*-Bundesausgabe zum Tsunami werden weitere erschütternde Opferschicksale – mit einem entsprechend schockierenden Todes-Foto – drastisch geschildert. Darunter die sich geradezu aufdrängende Frage an Bischof Wolfgang Huber: »Wo war Gott, Herr Bischof?« und die erneute *Bild*-Frage: »Warum ließ Gott dies geschehen?«

### Der »Fels des Atheismus«

Wenn *Bild* den grausamen Tod von Tsunami-Opfern beschreibt oder den qualvollen Krebstod einer Achtzehnjährigen, stehen klagende Warum-Fragen ohne Antworten im Mittelpunkt. Die Eltern der verstorbenen Achtzehnjährigen weinen: »Es war Krebs. Aber wieso unsere Franziska, wieso so jung?« Und *Bild* titelt entsprechend dazu: »Warum holte sie der Tod so schnell?« (14. 10. 2003). *Bild* ist Anwalt und Fürsprecher der Betroffenen und gleichsam ein öffentliches Forum ihrer Klage. Diese Klage trifft den Glauben an den »lieben Gott« ins Mark: »Warum hat der liebe Gott mir diese Krankheit geschickt?« (30. 11. 2001), »Wieso musste mein Freund jetzt sterben?«, »WARUM? Und warum ER?« (22. 2. 2001) Die lange Geschichte dieser Fragen reicht in der biblischen Überlieferung zurück bis in die Weisheitsliteratur des Alten Testaments. Der leidende Hiob stellt in einer einzigartigen Eindringlichkeit und Schärfe die Frage nach der Güte und Gerechtigkeit Gottes angesichts seines unschuldigen Leidens. Mit dem Widerspruch zwischen seinem Tun und Ergehen findet sich Hiob nicht ab. Sein Lebensglück zerbricht unvermittelt und »unverdient«. Er verliert alles, was ihm, dem Frommen, als Beweis für die besondere Zuwendung Gottes und als Lohn für eigenes gutes Tun gilt – Gesundheit, Besitz und Kinder. Doch an den schlimmen Erfahrungen, den unverdienten, scheinbar völlig willkürlichen Widerfahrnissen muss der Glaube an Gottes Gerechtigkeit und Hilfe nicht zerbrechen: »Ich fürchte kein Unheil, denn du bist bei mir, dein Stock und dein Stab geben mir Zuversicht« (Ps 23, 4). Die Gottesrede an Hiob versichert dem Menschen, dass niemand und nichts aus den Händen Gottes fällt. Der leidende Hiob weiß sich in seiner Existenz- und Glaubensnot letztlich von Gott umfangen. Er zerbricht an seinem Leiden nicht; er ruft Gott auch in den dunkelsten Stunden seines Lebens an. Hiobs Klage ist eine Anklage, in der er Gott herausfordert und anspricht und sich gerade dadurch von ihm getragen und angenommen weiß.

Die *Bild*-Zeitung stellt sich in die Tradition der Klage Hiobs. Sie präsentiert Menschen, die wie der leidende Hiob mit Gott hadern und ihn anklagen. Die *Bild*-Zeitung »empfiehlt« ihren Lesern kein frommes, demütiges Duldertum, sie setzt vielmehr auf den Anspruch und das Recht des Menschen zur Klage, das Hinausschreien seines Leids, das die Verheißungen des »lieben Gottes« einklagt. So wie Hiob sich bitterlich über die Abwesenheit und das Schweigen Gottes beklagt, klagt auch *Bild* in der Sprache der Betroffenen. Wo ist Gott, wenn wir leiden? Und wo ist Gott, wenn »Bestien«, wenn das unverhüllt Böse zuschlägt? (10. 12. 2004).

Dort, wo Gott als Ursache in den Weltzusammenhang eingeführt wird, wird die Erfahrung des Leids und des Bösen oft Anlass zur Leugnung Gottes. Wie kann es einen »lieben Gott« geben, der als Schöpfer der Welt zugleich auch als Verursacher des Bösen und des Leids gesehen werden muss? In dieser Situation, so Albert Camus, ist es wohl »besser für Gott, wenn man nicht an ihn glaubt«.[9] Vielleicht, so schreibt Georg Büchner in seinem Drama *Dantons Tod* ähnlich, besteht die einzige Rechtfertigung und »Entschuldigung« Gottes darin, dass er nicht existiert. »Man kann das Böse leugnen, aber nicht den Schmerz; nur der Verstand kann Gott beweisen, das Gefühl empört sich dagegen. Merke dir es, Anaxagoras, warum leide ich? Das ist der Fels des Atheismus.«[10]

Auch in *Bild* können der Skandal des Bösen und die Fülle an Leid zum »Fels des Atheismus« werden. Aus Sicht der Betroffenen, mit der »Empörung des Gefühls« lässt *Bild* Menschen zu Wort kommen, für die schreckliches Leid zum Fels ihres Unglaubens wird. »Bei soviel Leid verliert man den Glauben an Gott«, so die Reaktion des Schauspielers und TV-Pfarrers Ottfried Fischer auf die tödliche Erkrankung seines kleinen Neffen (20. 6. 2005). »Ich (bin) mir nicht mehr sicher, ob es Gott gibt«, so Jessica Stockmann-Stich nach dem AIDS-Tod ihres Freundes Michael Westphal. »Bis zu dem Zeitpunkt, als ich erfahren habe, dass mein Freund HIV-positiv war, habe ich noch an den lieben Gott geglaubt« (22. 2. 2001). Angesichts des Leids wird die Behauptung eines solchen »lieben Gottes« fragwürdig.

Doch für eine Welt ohne den »lieben Gott« will *Bild* letztlich nicht einstehen. *Bild* lehnt jenen Atheismus ab, der die Existenz Gottes leugnet und die Welt absolut setzt. Denn ohne den »lieben Gott« verlöre das Leid seinen empörenden Charakter und wäre der von *Bild* inszenierten Anklage der Boden entzogen. Ohne den »lieben Gott« ist der Mensch noch unbarmherziger Leid und Tod ausgeliefert und damit der Möglichkeit, dass sein Leben sinnlos und hoffnungslos ist. Wer angesichts des Leidens Unschuldiger die Hoffnung auf Gott, auf endgültigen Sinn aufgibt, gibt das unschuldige Opfer absoluter Sinnlosigkeit preis. *Bild* verweist an dieser Stelle auf ein Wort des Papstes: »Gott (lässt) den Menschen auch bei den schwersten und schmerzlichsten Heimsuchungen nicht allein« (3. 1. 2005). Damit zeigt sich erneut die widersprüchlich wirkende Rollenvielfalt von *Bild*. Das Blatt übernimmt sowohl die Rolle des Anklägers als auch die Rolle des Anwalts Gottes. *Bild* beschwört und setzt letztlich auf eine Gemeinschaft der Gläubigen, die die Existenz des »lieben Gottes« auch angesichts des Leids und des Bösen in der Welt nicht anzweifelt. Das Leid wird nicht zum Fels des Atheismus, sondern zum Auslöser einer Klage, die das religiöse Welt- und Selbstverständnis von *Bild* nicht in Frage stellt. In der anklagenden und klagenden *Bild*-Frage »Wo warst Du, Gott?« ist eine Gott-Geborgenheit ausgedrückt, die Gott nicht zur Diskussion stellt. Büchners Frage »Warum leide ich?« kennt keinen Adressaten mehr, von dem eine Antwort zu erwarten wäre. *Bild* thematisiert diese Glaubenszweifel und lässt wie im Fall des AIDS-Todes von Michael Westphal auch die subjektive Frage der Betroffenen zu: Warum musste er so leiden? Aber die »objektive«, von *Bild* vertretene Position wendet diese Zweifel in eine klagende Frage, die einen Adressaten hat, das »Du« Gottes: Lieber Gott, wo warst Du? Warum lässt Du mich leiden?

*Bild* hält die klagende Rückfrage an Gott angesichts menschlichen Leids wach, aber die fraglichen Punkte sind dabei für *Bild* in erster Linie Gottes Liebe und Allmacht, nicht jedoch der Glaube an seine Existenz. Die *Bild*-Klage und Anklage Gottes entspricht der biblischen Klage Hiobs. Sie ist kein selbstgefälliges Wehklagen oder eine masochistische Leidensverherrlichung, sie bleibt auf Gott als »Du« bezogen. Klage in diesem Sinn wird zum »Ringen um die Gerechtigkeit Gottes« und als solche findet die Klage »nicht außerhalb der Gottesbeziehung, auf neutralem Boden sozusagen, statt, sondern in der dramatischen Auseinandersetzung mit Gott«.[11] Diese dramatische Auseinandersetzung mit Gott wird in *Bild* als gefühlsträchtiger »Mehrwert« genutzt, der Berichte über schreckliches Leid religionisiert und so den Aufmerksamkeitswert der *Bild*-Schreckensmeldungen in die Höhe treibt.

## Die *Bild*-Theodizee

Die *Bild*-Zeitung leistet sich auch einen theologischen Exkurs zur Theodizeefrage. Am 8. Januar 2005 schreibt Claus Jacobi anlässlich des verheerenden Tsunamis in Asien einen Beitrag zum Thema »Wo war Gott?«, der in popularwissenschaftlicher Form einen Parforceritt durch die Geschichte des Theodizeeproblems von Epikur bis zur Neuzeit unternimmt. Jacobis Zitatensammlung zur Theodizee setzt ein mit der berühmten Anklage, die der griechische Philosoph Epikur angesichts der Übel in der Welt gegen einen guten, gerechten und allmächtigen Gott erhebt, eine Anklage, die der französische Philosoph Pierre Bayle wieder aufgreift: »Entweder will Gott die Übel beseitigen und kann es nicht. Oder er kann es und will es nicht. Oder er kann es nicht und will es nicht. Oder er kann und will es.« Die Tatsache von Übel und Leid spricht in dieser atheistischen Position gegen die Existenz Gottes. Sie ist geradezu ein Gegenbeweis gegen den Glauben an Gott. Denn wenn Gott allmächtig ist und gut, darf er kein Leid zulassen. Wenn er gut ist, aber nicht allmächtig, ist er nicht Gott.

Aus der Unvereinbarkeit zwischen dem »Glauben an die Güte eines allmächtigen Gottes« und dem »Vorhandensein des Bösen auf Erden« folgt die Unlösbarkeit der Frage »Unde malum?« Es »bleibt dunkel«, so Jacobi, »woher die Übel denn dann rühren«. Für Leibniz ist die Schöpfung gerechtfertigt als die beste aller möglichen Welten, in der die Übel von Gott nicht selbst gewollt, jedoch als unausweichliche Faktoren zugelassen sind. Mit dem Erdbeben in Lissabon aus dem Jahr 1755, das Jacobi mit dem aktuellen Tsunami vergleicht, zerbricht dieser Theodizee-Optimismus. Kant, so Jacobi, diagnostiziert kategorisch »das Misslingen aller philosophischen Versuche in der Theodizee«. Auschwitz steht schließlich für das grundsätzliche Misslingen aller Prozesse, die den »lieben Gott« von der Verantwortung für den Einbruch von Leid und Übel in der Welt entlasten wollen. Nach Auschwitz, so zitiert Jacobi die evangelische Theologin Dorothee Sölle, ist es nicht mehr möglich, Gott als allmächtigen und allgütigen Schöpfer der Welt zu loben, der »alles so herrlich regieret«.

Jacobi bleibt nicht stehen bei Sölles Anklage des »lieben Gottes«. Jacobi findet zu einer Antwort: »Der Kern des Dilemmas«, so Jacobi, ist »nicht Gott, sondern die Anmaßung der Menschen, ihn mit ihren Maßstäben zu messen. Die Menschen haben Gott in ihre Vorstellungen getaucht und mit ihren Eigenschaften bekleidet. Bei uns ist Gott ›lieb‹ oder ›herrlich‹, ›gütig‹ oder ›allmächtig‹.« Die Antwort der *Bild*-Zeitung auf die Theodizeefrage besteht also hier in der Zurückweisung aller menschlichen Erwartungen an Gott, es bleibt am Ende nur die Annahme der Unbegreiflichkeit Gottes. Dies ist erneut eine bemerkenswerte Position angesichts des unbedingten Enthüllungsjournalismus der *Bild*-Zeitung, die selbst das »Geheimnis Gottes« offen legen will und dem Leser »Blicke in die Unendlichkeit« gewährt (24. 3. 2005) oder ihn das »Auge Gottes« »sehen« lässt (11. 1. 2006). Jacobi verabschiedet alle zupackenden, vereinnahmenden Zugriffe auf Gott. Das Geheimnis Gottes ist nicht verfügbar und entzieht sich menschlicher Weisheit: »Unsere Phantasie, unser Verstand und unsere Vokabeln«, so Jacobi, »vermögen Gott nicht einzufangen.« Die Theodizeefrage muss offen bleiben. »Wo war Gott, als die Flutwelle kam?«, fragt Jacobi abschließend noch einmal und kommt zu dem Schluss: »Ein Mensch kann diese Frage nicht beantworten.« Wir Menschen wissen es nicht. Eine vollständige und sinngebende Antwort muss ausbleiben. Was Gott mit der Welt vorhat, warum er ihr das Böse zumutet, weiß Gott allein. Gott ist groß, wir sind klein, winzig: Gottes »Dimensionen«, so Jacobi, »entziehen sich … zwangsläufig den Kategorien des Denkens und der Sprache von winzigen Wesen, die auf einem von Milliarden Himmelskörpern hausen«.

Die *Bild*-Zeitung kann für diese Position sowohl biblische Vorbilder als auch theologische Ansätze für sich reklamieren. Hiob beansprucht in seiner verzweifelten Klage gegenüber Gott keine Einsicht in Gottes Plan und Handeln. »So habe ich denn im Unverstand geredet über Dinge, die zu wunderbar für mich und unbegreiflich sind« (Hiob 42, 3). Bei Jesaja 55, 8–9 heißt es: »Meine Gedanken sind nicht eure Gedanken, und eure Wege sind nicht meine Wege – Spruch des Herrn. So hoch der Himmel über der Erde ist, so hoch erhaben sind meine Wege über eure Wege und meine Gedanken über eure Gedanken.« Renommierte theologische Vertreter dieses Ansatzes sind Karl Rahner und Romano Guardini, die ihn so begründen: Es gibt und es darf keine Antwort auf die Theodizeefrage geben, denn Gott ist das Geheimnis schlechthin. Gott ist aus seiner Verborgenheit heraus zu glauben.[12] Jacobi verweist auf einen literarischen Fürsprecher dieser Position, Christian Morgenstern, für den Gott etwas »gar Erbärmliches« wäre, »wenn er sich in einem Menschenkopf begreifen ließe«. Es bleibt also beim unerforschlichen Ratschluss Gottes, dessen Gedanken und Wege so hoch über unseren sind »wie der Himmel über der Erde«. Damit weist Jacobi erneut die Vorstellung von einem »lieben Gott« zurück, der menschlichen Maßstäben entspricht. Hinter der Frage: Wo warst du, »lieber Gott«? steckt letztlich die enttäuschte menschliche Erwartung, dass Gott nicht der ist, den man sich vorgestellt hat, und damit der fragende Vorwurf: Warum bist du nicht der, für den ich dich gehalten habe, warum bist du nicht der »liebe« Gott?

Und doch ist es gerade diese Frage nach dem »lieben Gott«, die die *Bild*-Zeitung immer wieder durchspielt. *Bild* ist und bleibt widersprüchlich. Das *Bild*-Gottesbild ist weder eindeutig noch einheitlich. Es ist der »liebe Gott«, mit dem die Betroffenen in *Bild* hadern, es ist der »liebe Gott«, der den Leser anrühren soll, es ist der »liebe Gott«, dessen Abwesenheit beklagt wird. Jacobi dagegen entzieht dieser Klage die Grundlage. Gerade dieser »liebe Gott«, der sich im Sinn des Menschen verhalten soll, erscheint unglaubwürdig, wenn Not und Leid über den Einzelnen hereinbrechen. Dann fühlt man sich von diesem Gott alleingelassen und beklagt sich, dass er nicht »lieb« ist. Ein Beispiel für eine solche Klage, die den »lieben Gott« zur Verantwortung zieht, findet sich in dem von Jacobi zitierten Borchert-Drama *Draußen vor der Tür*. Ein Kriegsheimkehrer stellt Fragen an den »lieben Gott«, die auch Fragen der *Bild*-Zeitung sind: »Wann warst du denn eigentlich lieb, Gott, wann? Warst du in Stalingrad lieb, lieber Gott, warst du da lieb?« Hinter diesen Fragen verbirgt sich nach Jacobi ein Gott, der auf Menschenmaß verkleinert ist. Man kann, so Jacobi, Gott und das Leid nicht miteinander verrechnen. Das Böse und das Leid der Welt bleiben ein dunkles Rätsel. Jacobi geht noch weiter: Es steht dem Menschen nicht zu, Gott zur Verantwortung zu ziehen und »Urteile« über ihn zu fällen. Der Mensch, der sich Urteile über Gott »zutraue«, sei »eingebildet«, er maße sich an, über Gott zu verfügen. »Je verheerender die Unglücke, je … eingebildeter die Menschen wurden«, konstatiert Jacobi, »um so mehr Zweibeiner trauten sich Urteile zu.«

Das Urteil, das sich Jacobi selbst »zutraut«, lautet: Der Mensch kann mit den Mitteln der Vernunft das Rätsel des Leids nicht aufschlüsseln. Er ist dazu weder fähig noch berechtigt. Der Versuch einer Antwort auf die Theodizeefrage, der Versuch, Gott angesichts des Leids zu rechtfertigen, ist als menschliche Anmaßung zurückzuweisen. Gott ist seinen Geschöpfen keine Rechenschaft schuldig. Das bedeutet letztlich: Dort, wo der Mensch Gott wegen des Leids zur Rechenschaft ziehen will, rechtfertigt er sich selbst und setzt sich selbst als Herr der Geschichte ein. Das Verhältnis von Schöpfer und Geschöpf ist auf den Kopf gestellt. Die Theodizee wird zur Anthropodizee. In dieser Deutung wird der Mensch belastet als derjenige, der sich anmaßt, Gott mit seinem »Verstand« »einzufangen«. Eine Erklärung unschuldigen Leids, das *Bild* so drastisch vorführt und darstellt, ist das nicht. Die Warum-Frage bleibt offen.

### Warum lässt Gott das Böse zu?

Doch *Bild* wäre nicht *Bild*, wenn nicht auch dafür Antworten bereitgestellt würden. Eine erste Antwort findet sich bei den *Bild*-Haus- und Gastautoren. Anlässlich des verheerenden Tsunamis versucht Bischof Wolfgang Huber in *Bild* eine erklärende Antwort auf die Frage nach Gott, seiner Güte und Allmacht angesichts menschlichen Leids. Huber verleiht der Erfahrung von Leid einen Sinn, indem er darauf verweist, dass aus dem Leid etwas zu »lernen« ist: »Uns Kinder der Moderne erinnert (der Tsunami) daran, dass unsere Herrschaft über die Natur nicht unumschränkt ist« (31. 12. 2004). Der Tsunami-Katastrophe ist also durchaus ein einsehbarer Sinn abzugewinnen, die Lektion, dass der Mensch über die Natur nicht grenzenlos verfügen kann. Diese Position macht sich auch *Bild* zu eigen. »Warum tut die Natur uns das an?«, fragt *Bild* am 28. Dezember 2004. Ein Betroffener gibt Antwort: »Diese Katastrophe ist ein Zeichen. Es will den Menschen sagen, sich nicht mit der Natur anzulegen. Sie haben hier nur gebaut und gebaut. Es war zu viel … Und jetzt ist alles von einer Welle weggespült worden. Paradies sollte Paradies bleiben.« Die Frage: Warum gibt es das Leid? wird hier abgelöst von der Frage: Wozu dient das Leid? Diese moralisierende Instrumentalisierung des Leids belastet den Menschen, sie sieht ihn als Verursacher von Leid. Sie beantwortet nicht die Frage, warum die Natur so grausam zurückschlägt und warum Gott als Schöpfer der Welt dies zulässt.

Eine andere Antwort auf die Frage:»Warum lässt Gott das Böse zu?« gibt in *Bild* Bischöfin Margot Käßmann (25. 9. 2004). Anlässlich des erschütternden Mordes an dem fünfjährigen Pascal, der brutal zu Tode vergewaltigt wurde, erklärt die Bischöfin – ganz im Sinne von *Bild* –,»wie man sich als guter Mensch gegen den Schrecken stellen kann«. Die Bischöfin weist aber abschließend auch auf die biblische Verheißung:»Selig sind, die reinen Herzens sind, denn sie werden Gott schauen!« Im Blick auf diese Verheißung, so die Bischöfin,»können wir (den kleinen Pascal) Gottes ewiger Liebe anvertrauen«. Die Frage:»Warum lässt Gott das Böse zu?« ist im christlichen Glauben also nicht auf den gegenwärtigen Zustand der Schöpfung allein bezogen, sondern auch auf die Verheißung Gottes, auf die in Christus eingeleitete neue Schöpfung, deren Vollendung noch aussteht (Röm 8). Gottes Macht ist nicht nur vorsehendes Handeln in der Geschichte, sondern immer auch eschatologische Macht, die auf die Vollendung der Schöpfung als neuer Himmel und neue Erde hinzielt (Offb 21, 1). Der Umgang mit Leid kann im Glauben Ausdruck dieser auf die konkrete Leidenserfahrung bezogenen eschatologischen Hoffnung sein. Ohne diese Hoffnung, das erkennt der leidgeprüfte Hiob, wird das Leid unerträglich.»So legt der Mensch sich hin, steht nie mehr auf« (Hiob 14, 12). Alles erscheint sinnlos. Aber es gibt, so ahnt Hiob in seiner Verzweiflung, eine Auferstehung zu einem neuen Leben in einer neuen Welt:»Ich weiß mein Erlöser lebt … Ich werde Gott schauen. Ihn selber werde ich dann für mich schauen; meine Augen werden ihn sehen« (Hiob 19, 25–27). Die Erlösung wird vollendet in einer neuen Welt, in der Gott alle Tränen»abwischen« wird und»der Tod nicht mehr sein wird, keine Trauer, keine Klage, keine Mühsal« (Offb 21, 4).

Auch in diesem Ansatz bleibt die Theodizeefrage eine offene Rückfrage an Gott, eine unabweisbare Frage, weil die Vollendung der Geschichte noch aussteht und die»Mühsal« und das Leid andauern. *Bild* konfrontiert die bestehende Welt nicht mit dem, was noch aussteht. *Bild* will *jetzt* Antworten geben, jetzt Tränen trocknen und angesichts unschuldigen Leids mit vielen Aktionen helfen. *Bild* klärt so das Verhältnis von Gott und dem Leid in einer Weise, die Gott entlastet und den Menschen zum Mitleiden, Mithelfen auffordert. *Bild* profiliert sich dabei selbst als engagierter Helfer und Kämpfer gegen Leid und Not und kleidet das eigene Schielen nach höherer Auflage und stärkerer Leser-Blatt-Bindung religiös-humanitär ein. Die *Bild*-Hilfsaktionen ermöglichen dem Leser einen Umgang mit Leid, der ihm den »Trost« spendet, den Betroffenen aktiv und unmittelbar helfen zu können. Jede menschliche Hilfe im Leid, so betont Matthias Volkenandt, bleibt aber »notwendigerweise begrenzt«. »Alle Hilfe kann ... als Vorentwurf und Anfang eines Heils in Gott verstanden werden, das keine Grenze mehr kennt, eben weil die Kraft und Treue Gottes (im Gegensatz zur Kraft und zur Treue des Menschen) keine Grenze hat.«[13] Es bleibt jene Differenz zwischen der bereits angebrochenen Vollendung der Schöpfung in Jesus Christus und der noch ausstehenden endgültigen Vollendung, jenes Heil Gottes, in dem der »Tod nicht mehr sein wird«. Die Rettungs- und Hilfsaktionen von *Bild* machen diese Differenz vergessen. Sie führen zu einer Enteschatologisierung, einem Ausblenden der Zeitlichkeit menschlichen Lebens, die auf eine von Gott herbeigeführte endgültige Zukunft gerichtet ist. Der Philosoph Odo Marquard beschreibt die Folgen eines solchen Eschatologieschwunds: »Statt Gott (wird) der Mensch als Schöpfer (ausgerufen)«, der in einer Welt ohne Heilsende agiert. Als ein solcher »Erbe der Funktionen Gottes« ist auch die *Bild*-Zeitung zu sehen, die sich selbst mit Erlösungsansprüchen auflädt.[14]

Harold Kushner bringt in seinem Buch *Wenn guten Menschen Böses widerfährt* den genannten Eschatologieschwund in einen unmittelbaren Zusammenhang zur Theodizee. Angesichts des schrecklichen Todes seines Sohnes gelangt Rabbi Kushner zu einem neuen Gottesverständnis. Kushner ist sich sicher, dass Gott Menschen mit Schicksalsschlägen weder heimsuchen noch strafen will. Er lässt Menschen nicht an unheilbaren Krankheiten sterben, er lässt auch nicht die Erde beben oder Kriege ausbrechen. Er kann aber, das ist das Entscheidende an Kushners neuem Gottesbild, derartige Ereignisse auch nicht verhindern. Gott kann menschliche Schicksale nicht »allmächtig« bestimmen, aber er kann Menschen Kraft, Geduld und Hoffnung geben, mit ihrem Schicksal fertig zu werden. Gott gibt uns die Gewissheit, dass wir in unserem Leid nicht allein gelassen werden.[15]

Auch diese Position ist in der *Bild*-Zeitung zu finden – mit dem entscheidenden Unterschied, dass *Bild* selbst Trost und Sinn spendet und den Betroffenen die Gewissheit vermittelt, von der *Bild*-Gemeinde nicht im Stich gelassen zu werden. Vor diesem Hintergrund wird verständlich, dass *Bild* die Theodizeefrage in einer Weise vorstellt, die den Leser in tiefe Verunsicherung stößt. Das Antlitz Gottes verhüllt sich den Leidenden. Die Präsenz Gottes scheint nicht mehr gesichert. »Wo war Gott«, fragt *Bild*, »als die 14jährige

Stephanie wochenlang missbraucht wurde oder der kleine Leon in der Wohnung seiner Mutter verdurstete?« (23. 12. 2006) An dieser Stelle lautet die Botschaft von *Bild*: *Bild* ist immer da und hilft unmittelbar inmitten von Katastrophen und Leid. *Bild* füllt die Köpfe der Leser mit Patentlösungen, nach denen *Bild* und Leserschaft als »Wir-Gemeinschaft« Leiden direkt lindern können. Wenn Gottes Anwesenheit nicht mehr spürbar ist, muss der Einzelne mit *Bild* selbst eingreifen. *Bild* geht es dabei nicht um die Beseitigung der Ursachen von Leid und Not, sondern um die effektive Lösung einzelner Schicksale. Dass diese tatsächlich erreicht wird, macht die Stärke und den Erfolg der *Bild*-Zeitung aus.

Sie versichert dem Leser: Alles wird irgendwann und irgendwie gut – mit *Bild*. Diese Botschaft bietet Entlastung – mit einem kleinen Heilsversprechen. Sie zielt auf eine innerweltliche Erlösung vom Alltag und Weltverbesserung im Diesseits. Diese Weltverbesserungstheodizee arbeitet der Selbsterlösung des Menschen zu und ersetzt die christliche Heilsbotschaft durch das Versprechen einer besseren – in Allianz von *Bild* und der Leserschaft geschaffenen – Zukunft. Es zählt das menschliche Vorbild des Lebens Jesu, seine Nächstenliebe, Mitmenschlichkeit und Barmherzigkeit, die zur Lösung individueller Probleme eingesetzt werden können, aber die erlösende Botschaft Christi ist nicht mehr maßgebend.

Christliche Nächstenliebe stiftet eine Ethik des Da-Seins, Begleitens und Helfens, die mit-hoffend und mit-leidend Gott als rettende Wirklichkeit für alle anerkennt, als jene Wirklichkeit, die im Heilshandeln Gottes in Christus offenbar geworden ist. *Bild* reduziert die biblische Heilsaussage auf ein allgemeines, zumeist finanzielles Engagement für Leidende, ein Engagement, in dem man etwas *für* die Betroffenen tut, aber nichts *mit* ihnen. Die christliche Erlösungslehre wird dabei zu einem »Heil werden« im Sinne von einer »Befreiung« vom Leid. Erlösung betrifft also nicht mehr das Verhältnis des Menschen zu Gott, sie besteht nicht mehr in der »Erlösung vom Bösen« (Mt 6, 13), sondern in der Linderung und Beseitigung von Leiden, die den Menschen in diesem Leben bedrücken. Damit wird die Realität des Leids nicht grundsätzlich überwunden, aber wenn man es nach seinen Ursachen aufschlüsselt, kann man es als Ausdruck und Folge von Ungerechtigkeit und menschlicher Unzulänglichkeit lesen. Die Krise der Gerechtigkeit ist die Stunde der *Bild*-Zeitung, die der Gerechtigkeit zum Sieg verhelfen, Schuldige aufspüren und Not lindern will.

An dieser Stelle bleibt *Bild* nicht stehen bei der Frage: Was ist der Grund für das Leid? *Bild* fragt anlässlich des Tsunamis nicht nur: »Hätte alles verhindert werden können?« (28. 12. 2004) und will Verantwortliche entdecken und schuldig sprechen. *Bild* geht noch weiter und löst die Warum-Frage ab durch die Frage: Wie gehe ich mit Leid um? Das *Bild*-Rezept hierfür ist eine Gefühlsmischung aus Erleichterung und Anteilnahme. Selbst im größten Leid versichert uns *Bild*, dass wir nicht allein sind und dass viele Menschen Ähnliches durchmachen, ja dass sie unter Umständen noch schlimmer dran sind. Diejenigen, die durch *Bild* schonungslos mit dem Leid der Betroffenen konfrontiert werden, macht *Bild* emotional selbst zu Betroffenen, deren Mitleid und Mitgefühl durch die *Bild*-Berichterstattung gefördert und in Spendenhilfe umgemünzt wird. Mit den *Bild*-Patentrezepten wird die Welt für einen Augenblick wieder heil. In dieser »heilen« Welt kann auch *Bild* das Leid nicht auslöschen, wohl aber die »gefühlte« Sinnlosigkeit des Leids. Dass die vorfindliche Welt nicht das letzte Wort Gottes ist und Gott selbst am Ende der Geschichte die Frage nach dem Warum des Leids beantworten wird, kommt nicht mehr in den Blick. *Bild* ist zur Antwort auf diese Frage geworden.

## Apocalypse Now

Apokalyptische Erwartungen und Ängste entspringen heute nicht mehr religiösen Weltuntergangsvisionen, sondern der popularkulturellen Welt der Medien. Der Katastrophengrad von apokalyptischen Bedrohungen ist eine Variable des Echos in der massenmedialen Welt. Der mediale Untergangsterror dramatisiert jedes Ereignis auf ein Höchstmaß. Ob Unglücksorgien oder Haarausfall, Untergangsphantasmen oder Essstörungen – über alles wird die gleiche Sensationssoße gegossen. Die Apokalypse ist nicht länger ein einmaliges, der Prophetie auserwählter Seher vorbehaltenes Ereignis. Mediale Trivial-Propheten wie *Bild* streuen regelmäßig Szenarien vom individuellen Untergang unters Volk, das zudem in den TV-Welten der Daily Soaps gezielt mit Alltagsapokalypsen konfrontiert wird. Die Nachrichten vom Untergang wechseln täglich – von der Jahrhundertflut bis zum weltbedrohlichen Klimakollaps – aber die *Bild*-Hilfe hierfür ist absolut verlässlich. Ob wir nun wie im Sommer 2002 alle in den Fluten versinken oder – wie gegenwärtig behauptet – an globaler Erwärmung zugrunde gehen werden, *Bild* weiß Rat, organisiert mit den Lesern konkrete Projekte und finanziellen Beistand für die Betroffenen oder gibt vor, wie man das »Fieber« der Erde wieder senken kann (21. 3. 2007). Von derartig verlässlicher Hilfe und Ratschlägen umgeben kann man dem immer wieder neu beschworenen Anbruch des Weltuntergangs getrost entgegensehen.

Die medial beschworenen Untergangsszenarien tauchen drohende Katastrophen aller Art in einen Schuld-und-Sühne-Diskurs ein. Medien wie *Bild* sichern sich dabei eine Deutungshoheit über Ängste des Menschen. »Neuer Klima-Bericht schockt Deutschland«, so titelt *Bild* am 7. April 2007 und kündigt mit Verweis auf Greenpeace eine »apokalyptische Zukunft« an: »Hungersnöte, Flut- und Dürrekatastrophen, Artensterben bei Tieren.« In dieser Weltuntergangsdramaturgie sagt *Bild* eindeutig, wer schuld ist und wie Schuld zu sühnen ist. Der »Klima-Knall« ist vom Menschen selbst verursacht, er »verbrennt … ungehemmt fossile Brennstoffe … in der Atmosphäre« (26. 1. 2006). Diese Schuld gilt es »abzuarbeiten«. *Bild* macht dazu appellativ moralische Vorgaben. »So müssen wir jetzt unser Leben ändern«: »Wir müssen bescheidener werden, … die Heimat neu entdecken (und) härter zu uns sein!« (7. 4. 2007). Als Untergangsprophet potenziert *Bild* Angst und Hysterie nicht nur, um sich selbst als »Angstlöser« und »Retter« in der Not zu präsentieren. Es geht noch um eine andere Medienstrategie: Im katastrophensüchtigen Untergangsterror werden die Leser kollektiv von *Bild* schuldig gesprochen und müssen mit *Bild* und vor *Bild* Buße tun. Im Namen des Untergangs profiliert sich *Bild* so erneut als richtende religiöse Instanz.

Die medialen Apokalypse-Szenarien, die derzeit vor allen an Hand der »Klimakatastrophe« durchgespielt werden, zeigen, dass Medien wie *Bild* heute in der Gesellschaft in weitem Maße die Verantwortung für Angst, Entsetzen und Schrecken ersetzen. Medial inszenierte Endzeitszenarien kanalisieren alltägliche Ängste, die sich nicht zuletzt aus dem Verlust an Orientierung und Geborgenheit speisen. Private Ängste, aber auch die Angst machende Unerklärbarkeit von globalen Ereignissen wie dem weltweiten Terror werden von *Bild* evoziert und dabei zugleich auf konkrete Ursachen, genauer Verursacher zusammengestaucht. Ängste erhalten zumindest für die Dauer des Medienkonsums einen Sinn. Das Spiel mit der Angst hilft, sie zu bewältigen. Dabei gilt: Die apokalyptischen Weltuntergangsszenarien lösen Angst und Entsetzen aus – aber sie unterhalten auch. Der Offenbarungsgehalt der Apokalypse entfällt, primär sind lustvoller Schauder und Horroreffekte. Bei alledem reagiert der Leser immer häufiger »cool« und abgebrüht getreu dem Motto aus einem bekannten *REM*-Song: »It's the end of the world as we know it – and I feel fine.«

Das letztere Gefühl stellt sich – aus Sicht der *Bild*-Dramaturgie – vor allem dann ein, wenn man sich dem *Bild*-Untergangsmanagement anvertraut. Ein herausragendes Beispiel hierfür sind die Ereignisse vom 11. September 2001. *Bild* bereitet den Terror-Anschlag auf das World Trade Center als apokalyptisches Sensationsstück auf. Die »Horrorvision von Hollywood«, so Kai Diekmann in seinem Kommentar zum »schlimmsten Terroranschlag in der Geschichte der Menschheit«, »ist 2001 Wirklichkeit geworden« (12. 9. 2001). Diese Horrorvision wird als »Heimsuchung« des Bösen beschrieben. »In New York erlebten wir die Handlanger des Teufels«, so der Kölner Erzbischof Joachim Kardinal Meisner in *Bild* (21. 9. 2001). Das »Böse« scheint im *Bild*-Weltuntergangsszenario siegreich zu sein: »Die Reiter der Apokalypse sind zu euch und unter uns gekommen. Der Teufel lacht, während wir weinen« (12. 9. 2001). In der »Stunde der Apokalypse« ist der »liebe Gott« fern und doch wird er beschworen (21. 9. 2001). »Gott«, so Peter Bachér in seinem »Gebet für Amerika«, »sag uns, wie wir unseren Augen, die eine solche Apokalypse nie geschaut, in Zukunft trauen können, geblendet wie wir heute sind. Gott, sag uns, ob dies der Anfang ist von einer neuen Erde voller Blut, wo wir doch Deine Kinder sind« (13. 9. 2001).

Die *Bild*-Rezeption des apokalyptischen Modells deutet die biblische Vorlage neu. Nach jüdisch-christlichem Verständnis heißt »Apokalypse« Enthüllung, Erscheinung, Offenbarung.[16] In *Bild* meint Apokalypse dagegen primär Untergangsbedrohung und Schrecken von ungeheurem Ausmaß. Die Apokalypse wird so zu einer Erzählung vom katastrophalen Verlauf weltlicher Zeit. In der Johannes-Apokalypse geht es jedoch nicht nur um Untergang, sondern auch um Erneuerung, den Anbruch der kommenden Himmelsstadt, das »neue Jerusalem« (Offb 21, 2). Das Weltende ist nach biblischem Zeugnis gleichsam Voraussetzung für den Anbruch der neuen Welt Gottes. Am Ende der Zeit werden »ein neuer Himmel und eine neue Erde« offenbar (Offb 21, 1). In *Bild* wird diese tröstliche Dimension gekappt. *Bild* liefert eine »kupierte Apokalypse« (Klaus Vondung), eine Untergangsvision, der dieser Ausblick auf Erneuerung fehlt. In der katastrophenlastigen *Bild*-Apokalypse fällt der Glaube an eine Geschichte mit vollendetem, heilserfüllten Ende aus. Eine Vollendung der Geschichte, jenes Heil, »das am Ende der Zeit offenbart werden soll« (1 Petr 1, 5), scheint ausgeschlossen. In diesem enteschatologisierten Kontext wird »Erlösung« zu einer Auflösung von Problemen als Ergebnis einer innerweltlichen Entwicklung. Heilbringend ist nicht der Weltuntergang als Anbruch der endzeitlichen, zukünftigen Welt, sondern ein rein diesseitiges Hoffnungsmodell.

Mit einer perfekten Mischung aus patriotischer Sentimentalität und apokalyptischen Stimmungen verkehrt *Bild* den Eschatos des Untergangs. Sein Subjekt ist nicht Gott, der im Jüngsten Gericht die endgültige Erlösung schenkt, sondern das »Gute« und sein Anwalt *Bild*. Auf das spektakuläre Zerstörungsszenario folgt der Sieg des Guten durch einen heroischen »Retter« mit nationalem Sendungsbewusstsein. Das apokalyptisch aufgeladene Untergangsszenario vom 11. September mündet so in eine von *Bild* herbeigeführte »Beruhigung«: Am 20. September 2001 zeigt *Bild* großflächig Bilder, auf denen deutsche KSK-Einheiten im Hindukusch landen mit dem »Auftrag, Terroristen-Führer bin Laden gefangen zu nehmen – ›tot oder lebendig‹«. »Die KSK-Soldaten«, so *Bild*, »fliegen mit schnellen Helikoptern vom Typ Bell H zum Einsatz, springen ab, sind sofort kampfbereit.« Dieses Kriegsszenario findet in *Bild* statt, drei Wochen bevor die USA Bomben auf Afghanistan abwerfen. Unter der Meldung »Der Bundestag bewilligt die Bereitstellung militärischer Mittel« steht die fettgedruckte Frage: »Greifen sich deutsche Elite-Soldaten Osama bin Laden?« Die Bilder und die Texte selbst machen das Fragezeichen vergessen, sie werden als Kriegsbericht präsentiert. »Apache-Kampfhubschrauber«, so *Bild*, »greifen die gut gesicherten Terror-Camps mit Lenkraketen und Maschinenkanonen an. Im Nahkampf dringen die Soldaten in die Felsenhöhlen vor, setzen automatische Waffen, Blendgranaten und Messer ein.« Der Sieg der Guten im Kampf gegen das personifizierte Böse, Osama bin Laden, ist Realität, bevor der amerikanische »Kreuzzug« gegen die »Achse des Bösen« überhaupt begonnen hat.

Das Medium *Bild* »bildet« hier Wirklichkeit nicht als deren Spiegel ab, es konstruiert Wirklichkeit. Der häufige Vorwurf, *Bild* verfälsche Wirklichkeiten, stellt sich vor diesem Hintergrund noch einmal anders dar. *Bild* verfälscht und verzerrt keine Wirklichkeiten, sondern schafft eine »zweite Wirklichkeit«, eine eigenen Gesetzen folgende Medien-Wirklichkeit. Diese konstruierte Medien-Wirklichkeit ist darauf angelegt, den Leser primär gefühlsmäßig anzusprechen und zu involvieren. Auf der Ebene des Gefühls aber erscheint auch das Inszenierte und Simulierte als »wahr«. Wunschtraum, Realität und Projektion gehen ineinander über und erzeugen eine »Objektivität«, die den Leser vergessen lässt, dass sich hinter den dramatisierten Inszenierungen Konstruktionen verbergen. Der Leser macht sich durch die emotionale Teilhabe am Geschehen – ich bin dabei, wenn das Gute siegt, und das fühlt sich auch gut an – ein »Bild« von der Wirklichkeit, in dem er selbst das gelesene und »beobachtete« Erlebte für sich als »echt« beurteilt.[17] Der Leser folgt so genau jener Realität, von der Bild ihn durch konstruierte Authentizität und das emotionalisierende Dabeisein überzeugen will.

In der von Bild »objektiv« und authentisch konstruierten Wirklichkeit kann man alles – auch die Apokalypse – gefahrlos durchspielen. Die Apokalypse ereignet sich letztlich nicht mehr vor dem Hintergrund der gegenwärtigen, noch nicht erlösten Welt, die der gnädig-erneuernden und Gerechtigkeit stiftenden Schöpfermacht bedarf, sondern in einer Bild-Welt, die den »Untergang« so inszeniert, dass der Leser für die heroische Bild-Errettung von der Apokalypsenbedrohung empfänglich wird. Dazu fügt sich der »Ausgang« der von Bild als »Sintflut« titulierten Flutkatastrophe im Sommer 2002 (15. 8. 2002). »Die Flut wütet gnadenlos«, berichtet Bild. »Verzweifelte Opfer fühlen sich wie beim Weltuntergang« (15. 8. 2002). Bild instrumentalisiert auch hier den apokalyptischen Diskurs, um gemeinschaftliche Betroffenheit auszulösen, die in der »Bild und Leser-helfen-Aktion« kanalisiert wird. So wird der Untergang schließlich abgewendet, die Apokalypse bagatellisiert zu einem Umschlagpunkt für ein Leben, in dem alles so weitergeht wie vor der Katastrophe. Den Betroffenen wird ein rein innerweltlicher Trost zuteil – der Triumph der »Bild hilft«-Aktion, mit der der irdische Plan »neu«, will heißen vermeintlich endlos weiterläuft. Sein Inhalt ist nicht das Handeln Gottes am Menschen, sondern die selbst fabrizierte Katastrophe und Rettung. Wo ein solcher menschengemachter Ausweg möglich ist, stellt sich die Sehnsucht nach einem »neuen Himmel und einer neuen Erde« offensichtlich erst gar nicht ein. Die um Bild und von Bild versammelte Gemeinschaft kann den Untergang abwenden und aufhalten – bis zur nächsten Katastrophe. Die Apokalypse wird »mcdonaldisiert«. Das Bild-Happy End dauert immer nur bis zur nächsten Ausgabe. Mit Krisen, die Bild als ein apokalyptisches Hereinbrechen des Bösen beschreibt, muss der Leser stets neu rechnen. Das Böse lauert überall – als monströses Verbrechen oder »Netz des Bösen«, das mit »Schurkenstaaten« gleichgesetzt wird (20. 9. 2001).

### Der Reiz des Bösen

In der von Bild apokalyptisch ausgemalten Welt begegnet dem Leser das Böse als bewusst gewollte und unmenschliche Tat des Menschen, die das

Leben zur Hölle machen kann. Nach dem »feigen Terroranschlag auf Bali« im Oktober 2002 beschreibt *Bild* die »Terror-Hölle«, die Betroffene überlebt haben (15. 10. 2002). Die Leiden, die eine Deutsche in der »Flammen-Hölle« durchzustehen hatte, sind unermesslich (16. 10. 2002). »Hölle« ist hier kein eschatologischer Ort der Strafe, der der Tatsache geschuldet ist, dass menschliches Leben von der Möglichkeit ewigen Scheiterns bedroht ist. Der Mensch selbst macht die Welt jetzt zur Hölle. Was Menschen sich gegenseitig antun, das, was Menschen hier auf Erden an Schrecklichem widerfährt, ist die Hölle. Hölle steht gleichnishaft für etwas Schreckliches, ein furchtbares Ereignis, das mit dem religiösen Begriff in seiner Entsetzlichkeit potenziert wird und so an Aufmerksamkeit gewinnt.

Die Hölle auf Erden spiegelt in *Bild* die zerstörerische Macht des Bösen, das – in seiner lebensfeindlichsten Form – apokalyptisch über die Welt hereinbrechen kann. Dabei erscheint das Böse nicht als ein Ausdruck des ontologisch Schlechten, des Übels, sondern primär als das sichtbare, vor aller Augen liegende moralische Schlechte. Sichtbar und vor aller Augen liegend ist das Böse in *Bild* nicht zuletzt deshalb, weil *Bild* es konsequent personalisiert, auf das Fehlverhalten und die Unmoral einzelner Menschen reduziert und damit einer eindeutigen, vermeintlich für alle verständlichen Verurteilung zuführt. Diese Verurteilung fällt umso eindeutiger aus, wenn eine Dualität von Gut und Böse postuliert wird, die jegliche Differenzierung ausschließt und weder das Böse im (vermeintlich) Guten wahrnimmt noch das Gute im Bösen. An der Unzweideutigkeit des Bösen baut sich die *Bild*-Moral des Guten, Anständigen und gesellschaftlich Akzeptablen auf.

So optimistisch *Bild* den Siegeszug des Guten immer wieder vorführt, so pessimistisch ist letztlich das *Bild*-Menschenbild, wie es das Böse in der menschlichen Natur verankert. Wenn *Bild* »Mord-Beichten« veröffentlicht, dann sind die Täter durchweg »pervers«, »sadistisch« (9. 8. 2002) und »teuflisch« (8. 8. 2002). Der Mensch, wie er hier vorgestellt wird, ist in einem radikalen Sinn böse und unmenschlich. *Bild* fragt nicht nach den Bedingungen für das Böse, sondern nach Schuld. Der »Böse« ist nie Opfer, sondern stets Täter. Eine Veränderbarkeit des Menschen scheint ausgeschlossen. Die »Bösen« in *Bild* sind böse, bleiben böse und müssen bekämpft und »weggesperrt« werden (20. 5. 2005). Dem entspricht, dass die Bösartigkeit des Menschen für *Bild* ein auch biologisch-neurologisch verifizierbarer Tatbestand ist. Anlässlich des Amoklaufs von Robert Steinhauser an einer Erfurter Schule fragt *Bild*: »Wird man böse geboren?« (2. 5. 2002). Dass das Böse

»schon immer« in dem 16-fachen Mörder von Erfurt »gesteckt« hat, bestätigen die von *Bild* herbeizitierten Psychiater und Genforscher. »Es gibt ein Killer-Gen«, und so ist es aus *Bild*-Sicht durchaus möglich, »dass man bereits böse zur Welt kommt« (2. 5. 2002). Eindeutiger könnte die Bösartigkeit des Bösen nicht ausfallen. Der Hang zum Bösen steckt im Menschen selbst, er übersteigt seine Sozialisationsbedingungen.

Nach biblischem Zeugnis ist die Ursache des Bösen nicht allein in der Verantwortlichkeit des Menschen zu sehen. Das Geheimnis des Bösen entspricht der Unbegreiflichkeit Gottes. Die Frage nach dem Bösen ist ungelöst. Doch es bleibt ein Tor der Hoffnung offen. Für den Gläubigen ist das Ende der Macht des Bösen verkündet und eingeleitet worden durch die in Jesus Christus heraufgeführte Gottesherrschaft in der Welt. Das anbrechende Gottesreich enthält ein Versprechen, das Versprechen der Rettung. Das Böse wird in endzeitlicher Perspektive aufgehoben werden. Damit ist das Böse nicht erklärt. Aber es bleibt – trotz des Bösen – eine Hoffnung, die über die Welt unserer Erfahrung hinausweist, die Hoffnung auf den endgültigen Sieg des Guten und die Überwindung des Bösen.

*Bild* will dem Guten hier und jetzt zum Sieg verhelfen und Antworten auf die Frage geben, wie man sich zu einem gütigen und allmächtigen Gott bekennen kann, wenn es das Böse gibt. Der große Gott, den *Bild* anlässlich des apokalyptischen Terrors vom 11. September beschwört, darf keinen Kontakt mit dem Bösen haben. Je mehr jedoch Gott als ein großer und zugleich »lieber« Gott vorgestellt wird, der auf der Seite der Guten und des Guten steht, desto stärker wird das Böse zu seinem Gegenspieler. Dabei fällt die auf die Erklärung des Bösen bezogene Frage, woher das Böse sei, zusammen mit der Frage: Wo und wer ist das Böse? Eine Antwort von *Bild* auf diese Frage lautet: Es gibt eine aktive Kraft des Bösen, die dem »lieben Gott« entgegenwirkt, es gibt den Teufel. »In einem geheimen Archiv«, so berichtet Andreas Englisch exklusiv aus Rom, »hält der Vatikan Furcht erregende Dokumente unter Verschluss« – Hand- und Fingerabdrücke, die den »Teufels-Beweis« liefern (9. 2. 2004). Während der Teufel heute vielen nur noch als Erfindung einer altertümlichen, abergläubischen Epoche gilt, führt *Bild* die zerstörerische und zugleich faszinierende Macht des leibhaftigen Teufels anschaulich und eindringlich vor. Der Teufel hat offensichtlich ein neues Territorium für seine Untaten gefunden. Sein Reich ist nunmehr die Welt von Medien wie *Bild*.

Der Teufel ist in *Bild* mehr als nur ein Symbol für menschliche Bosheit, er ist ein reales Wesen, eine wirkliche personale Macht. »Lieber Teufel«, so Franz Josef Wagner am 10. Februar 2006 in seiner Kolumne, »Ihr Schönstes ist die Sünde. Morden, Stehlen und die Gier nach des anderen Weib.« Der Teufel handelt als Widersacher Gottes. Übel haben mit seinem Wirken zu tun. Der Teufel, so kann man in *Bild* lesen, verursacht Krankheiten und Naturkatastrophen. »Der Teufel ließ die Erde beben«, meldet *Bild* am 27. Januar 2001, »und über 1500 Inder starben.« Nicht Naturgesetze, sondern der Teufel leibhaftig steckt hinter der Katastrophe. Mehr noch: Der Teufel kann unabhängig von Gott handeln. Es gibt den Teufel als ein in der Wirklichkeit fassbares Wesen, das widergöttlich handelt. »Der dicke Teufel« – *Bild* liefert dazu das entsprechend abstoßende Foto – »(hält) sich (selbst) für Gott«. »Bei einer schwarzen Messe massakrierte er seine beiden Frauen und die sieben Kinder« (15. 3. 2004). Das Teuflische liegt hier offen zutage. Aber *Bild* warnt: »In der modernen Welt von Hightech, Ratio und jenem Machbarkeitswahn, der den Gentechnologen auf Gottes Plan setzt, tarnt sich der Teufel noch schlauer als zuvor« (21. 1. 2002). *Bild* enttarnt den Teufel und deckt seine Untaten auf: Eine »Satansbraut« ermordet mit ihrem Ehemann einen Freund auf »bestialische« Weise (21. 1. 2002), ein »Teufels-Paar« foltert zwei Schülerinnen zu Tode (8. 8. 2002) – »teuflische« Taten, die aus *Bild*-Sicht belegen, dass der Satan nicht »ausgedient« hat »in einer Zeit …, in der die Menschen grausamer mit ihren Mitmenschen umgehen als je zuvor« (21. 1. 2002).

In der biblischen Überlieferung ist der Teufel ein Geschöpf, dessen Macht durch die Ziele und Pläne Gottes begrenzt ist. Der Teufel ist absolut endliche Kreatur, deren Bösesein nicht aus der Allmacht Gottes herausfällt. Das schlechthin Böse gibt es nicht. Der Teufel ist nicht einfach *das* Böse, er bleibt als geschaffene, personale Wirklichkeit von Gott umfangen. In der dualistischen Weltsicht von *Bild*, in der das Böse die absolute Antithese zur guten Gottheit darstellt, wird der Teufel dagegen zu einem eigenständigen Gegenspieler Gottes. So wie in der dualistischen Sicht des Bösen im Manichäismus das Böse als ein von Gott unabhängiges Prinzip gedeutet wird, überhöht *Bild* das Böse zu einer Gegenmacht Gottes. Der »liebe Gott« ist damit »gerettet« und »entlastet« in einer Entspannungstheologie, die eben diesen »lieben Gott« in ein versöhnliches Reich der Harmonie überführt und so religiöse Bedürfnisse von Menschen bedient, die primär an psychohygienischer Wellness, sprich weichgespülten Wohlfühlwahrheiten interessiert sind. Die *Bild*-Entspannungstheologie ermöglicht einerseits eine eindeutige

Moralisierung des Bösen, sie verabsolutiert andererseits aber auch das Böse, sodass es um seiner selbst willen interessant wird. Nicht nur das Gute im ethisch-moralischen Sinn sichert *Bild* Mehrheiten in der Leserschaft, auch das Böse an sich ist in und für *Bild* attraktiv. Das von *Bild* beschworene Untergangsszenario des 11. September, in dem sich das »Netz des Bösen« zeigt, dient in *Bild* auch dazu, die Lust am Entsetzen und Grauen zu bedienen. So allgewaltig das Böse und der Teufel in *Bild* auftreten, so wenig wird der Leser wirklich aufgerüttelt und zum Nachdenken über Schuld und Versöhnung, Verantwortung und Freiheit angeregt. Das apokalyptische Hereinbrechen des Bösen wird zu einer bloßen Metapher, die Nah-Erwartung eines drohenden Endes der Welt löst keine Umkehr aus.

Es gibt heute ein gewisses »Prinzessin-auf-der-Erbse-Syndrom« (Odo Marquard), das sich umso stärker ausbildet, je mehr man das Negative ausblendet. Für ein gelangweiltes Bewusstsein ist gerade das Böse ein angenehmes Reizmittel, mit dem sich gefahrlos – weil medial gebannt – spielen und kokettieren lässt. So wird der mediatisierte Teufel von *Bild* auf merkwürdige Weise »gezähmt« und ins Faszinierende gewendet. Er führt all das aus, was der Leser selbst nicht zu tun wagt, die Durchbrechung aller moralischen Normen, die man in der Wirklichkeit als Grenze erfährt und akzeptiert. Der Genuss der eigenen moralischen Rechtschaffenheit geht so mit dem Genuss am Verbotenen einher.

Die »Zähmung« des Bösen geschieht in *Bild* noch auf einer anderen Ebene. Je mehr man den »lieben Gott« zum »reinen Guten« erklärt, desto mehr wird das Böse von ihm getrennt als ein eigenständiges Phänomen, das jeweils in den anderen, in das Fremde projiziert werden kann. In der Familiarität des »Großer Gott, steh *uns* bei« ist das Böse immer der andere. Der Leser ist entlastet. Mit *Bild* kann er das Böse verlässlich und eindeutig von sich weisen und auf den anderen, in diesem Fall den »Erzschurken« Osama bin Laden abschieben. Mit der dazugehörigen Portion an Emotion – der Empörung – wird das so »gezähmte« und gesichtete Böse zur idealen Grundlage für Feindbilder.

Die Konstruktion von Feindbildern steht wiederum im Dienst der *Bild*-Entspannungstheologie, die erst gar nicht zulässt, dass Gott sich für das Böse rechtfertigen muss. Nicht Gott, sondern der Mensch muss sich für das Böse rechtfertigen. Der Dualismus, der dem »lieben, großen Gott« nur das Gute zuschreibt, bedarf keiner Theodizee. Damit fällt alles auf den Menschen zurück. Er ist der Täter von Untaten. Der Teufel ist der Mensch selbst. Das apokalyptische Geschehen vom 11. September ist Ausdruck solch teuflischen Menschenwerks. Es kann in dieser Deutung Gott nicht angelastet werden. Das, was Menschen einander aus Bosheit zufügen, ist allein den Menschen zuzurechnen. Das bedeutet aus *Bild*-Sicht aber auch: Das Übel, die vorfindlichen Missstände in der Welt, die sich aus menschlicher Bosheit ergeben, sind grundsätzlich abschaffbar. Die Entlastung des »lieben Gottes« führt so zur selbstbestimmten Aufforderung an den Menschen, diese Welt ins Gute zu bringen. Die Paulinische Maxime »Überwinde das Böse mit Gutem« (Röm 12, 21) wird dabei in *Bild* zu einem Kampf gegen das Böse, in dem dieses »aufgedeckt« und unnachgiebig verfolgt werden soll. Das Böse ist in diesem Kampf nicht um eines Guten willen intendiert, aber es hat ein Gutes. Es setzt einen »Kreuzzug« in Gang, in dem die »guten« Akteure sich eindeutig vom Bösen abgrenzen und sich vergewissern, selbst rechtschaffen geblieben zu sein. Für diese Abgrenzung ist *Bild* als Verfechter und »Vorreiter« des Guten zuständig. Mit diesem Anwalt begibt sich der Leser in das Feld einseitiger Schuldzuweisungen und Verurteilungen, die keine Vergebung und Versöhnung kennen.

»Ein hilfreiches Mittel gegen das Böse«, so der Theologe Knut Berner, »wäre … vielleicht, sich niemals selber auf der Seite der Guten und allein Vernünftigen zu wähnen.«[18] Für *Bild* ein denkbar ungeeignetes Mittel im Kampf gegen das Böse. Denn was »gut« und was »böse« ist, liegt in *Bild* auf der Hand und hat vor allem direkte Auswirkungen. Die bösen Taten des Menschen fallen in *Bild* gleichsam auf den Übeltäter zurück. Nach diesem Tun-Ergehen-Prinzip bekommt derjenige, der Böses tut, die Folgen seiner Tat selbst zu spüren, ihm wird selbst Übles widerfahren. Im Alten Testament geht dieser Zusammenhang zwischen dem Tun des Einzelnen und seinem Ergehen auf Gott zurück, der jedem seinen gerechten Lohn und seine gerechte Strafe zuteilt. In apokalyptischen Zeiten trägt *Bild* dafür Sorge, dass den Bösen die gerechte Strafe ereilt.

## Kapitel 5

# Popstar Papst

Es ist ein Phänomen der Massenmedien-Gesellschaft, dass sich Religion im Medium der Person und ihrer Biographie bricht. Der medial begünstigte Vorrang der Person vor der Sache, die Personalisierung, entspricht heute offensichtlich der Art, in der sich viele Menschen den Umgang mit Religion wünschen. Papst Johannes Paul II. kam diesen Erwartungen während seines Pontifikats entgegen. Er machte aus dem Bischof von Rom einen globalen Papst und an seiner Person die Kirche zum Ereignis. Johannes Paul II. perfektionierte die medialen und technischen Kommunikationsmöglichkeiten zur Verbreitung der christlichen Botschaft. Er bekannte sich zu seiner Gebrechlichkeit als Zeichen der Würde und des Wertes von kranken und alten Menschen. Er zog die Menschen in seinen Bann und forderte sie auf, die Zeit als Spur Gottes zu lesen. Doch die Gesetze der Mediengesellschaft gingen in eine andere Richtung – in die einer Papstshow. Johannes Paul II. wollte die Medien nutzen, um die Botschaft der Kirche mitzuteilen. Die Medien jedoch ersetzten diese Botschaft zunehmend durch einen Personenkult. Aus dem Papst wurde ein Popstar.

Ein allein auf die Person des Pontifex zielendes Papsttum fällt in sich zusammen, sobald der Papst als Superstar nicht mehr »ankommt«. Dagegen setzt Benedikt XVI. auf das Eigentliche, die Botschaft vom Heil in Christus. Im Jubel der Massen warnt Benedikt vor einer Relativierung des Glaubens. Die »Diktatur des Relativismus« globalisiere sich gerade mit den modernen Massenmedien. Bei seiner Messe in Warschau während des Polenbesuchs betonte der Papst unmissverständlich und kompromisslos, man dürfe nicht einfach unbequeme Aussagen aus dem Evangelium entfernen und einer Beliebigkeit der Weltanschauung das Wort reden. Die Kirche könne die Wahrheit nicht dem Zeitgeist opfern.

Dem moralischen Relativismus begegnet Benedikt XVI. mit seinem unbeirrten Festhalten an christlichen Werten und der christlichen Heilsbotschaft. Doch diese Botschaft hat in den medialen Lebenswelten oft nur wenig erschließende und orientierende Kraft. So lag die Bedeutung des Heimatbesuchs von Benedikt zu weiten Teilen nicht im Religiösen, sondern im Massenpsychologischen, im Mega-Event einer Show. Dass solche Massen-Events keinen religiösen Klimawechsel anzeigen und schon gar nicht eine Wiederkehr von Spiritualität, bestätigen Studien über deutsche Teilnehmer am Weltjugendtag in Toronto. Sie zeigen, dass der Weltjugendtag die Befragten nicht neugierig gemacht hat, mehr über die Lehren der Kirche zu erfahren. Auch an einer Auseinandersetzung mit päpstlichen Botschaften waren die Jugendlichen nur wenig interessiert. Es schien am Ende nur um ein gemeinschaftliches Erleben eines Groß-Ereignisses zu gehen, egal ob es sich um ein Rockkonzert oder einen Papstbesuch handelte.[1] Hinter dem Jubel der Massen verbarg sich vielfach lediglich der Enthusiasmus eines religiösen Events. Man kann sogar noch weiter gehen: Bei einem Mega-Event zwischen Kirche, Kommerz und Kitsch stellt sich der »Tagesschau«-Effekt ein. Als Star, in den man all das hineinlegt, was man selbst nicht so gern tun möchte, ruft der Papst ein »gutes Gefühl« hervor, ohne dass man dabei selbst aktiv werden müsste. Medial inszenierte Wirklichkeitsangebote ersetzen die Anstrengung eigener Wahrnehmung und Weltkonstruktion.

In dem Maße, wie die Wirklichkeit sich heute immer mehr an den Wahrnehmungscode der Medien angleicht, wird auch das Bild des Papstes den Kriterien erfolgreicher Medienpräsenz unterworfen. So zeigt etwa die *Bild*-Berichterstattung über den Bayern-Besuch des Papstes, dass hier ein religiöses Ereignis gezielt an die Darstellung massenmedialer Starkulte angeglichen wurde. Alles schien im Blick auf die medialen Unterhaltungsgesetze zu geschehen und sich im Spiegelbild der *Bild*-Dramaturgie zu ereignen. Diese Dramaturgie setzt auf religiöse Heroen und schneidet das »Bild« von Kirche ganz auf den Papst zu, der gewissermaßen eine »pars pro toto«-Bedeutung erhält. Benedikt muss entsprechend in erster Linie als medientaugliche Persönlichkeit überzeugen und »ankommen«. Genau an dieser Stelle vollzieht sich der Übergang von der Bewunderung zur Idolatrie. Der Papst will Vorbild sein, Stellvertreter dessen, der als Einziger »Urbild« und Vor-Bild ist. In der *Bild*-Inszenierung seiner Auftritte wird der Papst zum Idol, in dem eben dieser Verweischarakter verloren geht und eine grundsätzliche Lebenshaltung verdrängt wird: das Sich-Offenhalten für den, der von keinem Bild erfasst werden kann.

# Von Schumi zu Benedetto

In Siegfried Lenz' Roman *Das Vorbild* (1973) stehen verbindliche, »verordnete« Vorbilder unter dem Verdacht, lediglich Instrumente moralisierender Gängelung zu sein. So gesehen können traditionelle Vorbilder nicht mehr überzeugen und erscheint es geradezu anmaßend, »Vorbilder auszusuchen ... und jungen Menschen zu servieren – hier habt ihr euern Leonidas, euern Doktor Schweitzer, eifert ihm nach«.[2] Ähnlich skeptisch und desillusioniert redet man auch heute über die klassischen Vorbilder. Vorbilder, so der einhellige Tenor, sind nicht mehr gefragt, kommen nicht mehr an in einer Gesellschaft, die viele von Leitbildlosigkeit bestimmt sehen, vom allgemeinen Werteverfall und Bankrott einst hochgehaltener Ideale.

*Bild* stimmt mit namhaften Zeitzeugen in dieses Wehklagen ein. »Die Jugend kennt keine Werte mehr«, so Altkanzler Helmut Schmidt nach dem schlechten Abschneiden Deutschlands bei der PISA-Studie (25. 6. 2002). »Vielen sind Klamotten wichtiger als Werte« (27. 6. 2002). In einem Kommentar über die »Scheinwelt der elektronischen Medien« kommt *Bild*-Prediger Claus Jacobi zu einem ähnlichen Befund. »In seiner Geschichte hatte sich der Zweibeiner eine Vielzahl Institutionen geschaffen, die sein Verhalten formten«, so beginnt Jacobi seine kulturpessimistische Zeitdiagnose. »In unserem Kulturkreis schälten sich dabei Familie und Schule, Staat und Kirche als gewichtige Autoritäten heraus. Sie prägten Moral und Manieren, Sitten und Glauben.« Diese traditionellen Institutionen haben nach Jacobi deutlich »abgebaut«. »Ob Priester oder Politiker, Eltern oder Lehrer – ihr Wort (gilt) weniger, ihre Vorbildfunktionen (schwinden)« (18. 5. 2002).

*Bild* findet sich damit nicht ab und ruft appellativ zu einem Wertewandel auf, der die Bedeutung der Vorbilder anerkennt. *Bild* hält dabei an traditionellen religiösen Vorbildern fest. Vor allem Johannes Paul II. ist in *Bild* das Vorbild schlechthin: »der Unbeugsame, der Kämpfer, das Vorbild, der Verkünder« (15. 9. 2003). »Wir brauchen Vorbilder ... im Leben«, so verkündet Oskar Lafontaine in seiner *Bild*-Kolumne am 28. Mai 2001. »Idole, auf Deutsch Götzenbilder oder Abgötter, brauchen wir nicht ... Vorbild sollte uns sein, was an Talenten und Möglichkeiten in uns steckt.« Entsprechend sind in *Bild* nicht tadellose Repräsentanten allgemeingültiger Ideale gefragt, sondern individuelle »leise Helden« des Alltags wie Altenpfleger oder Krankenschwestern, die sich selbstlos für andere Menschen einsetzen und Not lindern. »Tag für Tag opfern sie sich auf. Sie sind da, wenn wir ihre Hilfe brauchen. Tag für Tag, rund um die Uhr, auch an Wochenenden und Feiertagen – und das für wenig Geld ... Menschen, die nicht jammern, sondern helfen – Deutschlands leise Helden« (16. 2. 2004). *Bild* nutzt solche Vorbilderzählungen als Appelle an den Leser, sich nach dem Vorbild der Alltagshelden für das Gute einzusetzen.

Das Vorbild ist hier keine »zeitlose« Instanz, seine Nachfolgewirkung ist bestimmt von Beziehung und nicht Erziehung. Das medial präsentierte Vorbild kann so vom Leser vereinnahmt, also Teil seiner Erlebniswelt werden. Die Faszination, die das Vorbild auf den Leser ausübt, ergibt sich aus einer Überhöhung des Guten schlechthin, der Nächstenliebe und Opferbereitschaft. Es löst im Leser ein »Das bin ich auch!« aus. Im sozialen Engagement wendet sich das Vorbild auch *mir* zu, ist mir nah und vermittelt mir das Gefühl, es ihm vielleicht gleichtun zu können. Die Handlungsstruktur, in die diese Vorbildleistung eingebunden ist – Konflikt und Lösung, zentriert um Helden und Opfer –, verstärkt diese gefühlsmäßige Identifikation, ohne aber konkret Vorbildnachfolge einzufordern. Das Vorbild spiegelt Wünsche und Sehnsüchte des Lesers, das gute »Sosein« des Vorbilds wird verfügbar für Projektionen.

Unter solchen Bedingungen ändert sich nicht nur die Vorbildnachfolge, sondern auch das Vorbild selbst nach seiner Inhaltlichkeit. Es bildet sich ein neuer Typ von Vorbildpersonen heraus, ein Showtyp, dessen Vorbildhaftigkeit weitestgehend von massenmedialen und religiös aufgeladenen Inszenierungen beeinflusst wird. Lenz' Roman verdeutlicht dies am Beispiel eines neuen Vorbilds, des Popsängers Mike Mitchner, der die Sehnsüchte und Träume seiner »Gemeinde« »bedient«.[3] Was Lenz als Idolisierung des Vorbilds beschreibt, ist in der modernen Mediengesellschaft ein vorherrschender Trend geworden: Die Vorbildfunktionen verschieben sich zunehmend von herkömmlich als pädagogisch und moralisch wertvoll eingestuften Persönlichkeiten – Nahpersonen aus der eigenen Umgebung und fernen Vorbildern wie engagierten Politikern, Märtyrern, Völkerrechtlern und Heiligen – auf medienbekannte Vorbilder der Erlebnis- und der Unterhaltungsindustrie. Diese Vorbilder »aus zweiter Hand« leben fast ausschließlich in und von den Medien und liefern medieninszenierte »Images«.[4]

Auch in *Bild* zeigt sich eine Verschiebung von Nah- auf Fernvorbilder. Die Wahrnehmung dessen, was wichtig und etwas wert ist, wird in *Bild* primär von Medien-Meinungsführern bestimmt. Entertainer, Schauspieler, Sportler, Musiker, Models werden zu Leitfiguren, deren Auffassungen *Bild* medial multipliziert. Das Ansehen dieser Medien-Meinungsführer richtet sich nicht nur nach ihrem Unterhaltungswert. Zugewiesen werden ihnen auch moralische Kompetenz und Orientierungsfunktionen. Die Vorbildrolle der Prominenten kann geradezu als eine Forderung des Lesers an die Personen des öffentlichen Lebens gesehen werden. Ihre angesehene Position auf einem Gebiet wird dabei von der Öffentlichkeit auch auf andere Gebiete übertragen.[5] So startet *Bild* im August 2005 eine neue Serie zum Thema: »Was Deutschlands Prominente glauben.« Von Schauspielerin Uschi Glas erfährt man etwa, dass sie »Kontakte ins Jenseits hat« und überzeugt ist: »Meine toten Eltern geben mir Ratschläge.« Ihr eigener Ratschlag an den Leser lautet, fest daran zu glauben, »dass die Toten bei ihren geliebten Menschen bleiben« (1. 8. 2005). Am 5. April 2004 fragt *Bild*: »Ist Schumi der letzte Deutsche, der noch siegen kann?« »Schumi siegt und siegt – und Deutschland«, so die düstere *Bild*-Zeitdiagnose, »steigt ab.« Was ist aus *Bild*-Sicht zu tun? Deutschland muss sich Schumis »Sieger-Tugenden« zum Vorbild nehmen, die da lauten: »Disziplin«, »Zuverlässigkeit«, »Tapferkeit«, »Ehrgeiz« und »Fleiß«.

Die von *Bild* profilierten Meinungsführer widerlegen das Vorurteil, dass Promis, Vips oder Stars lediglich Trendsetter für Lifestyle-Fragen seien; sie geben vielmehr auch vor, wie man zu leben und – siehe das *Bild*-Promiportrait von Uschi Glas – was man zu glauben hat. Schumi verhilft mit seinen Siegen nicht nur dem Motorsport zu einem neuen Boom, sondern gibt auch in Sachen »Tugenden« den Wert-Ton an. So liefern öffentliche Persönlichkeiten der Unterhaltungs- und Sensationsindustrie *Bild*-Richtlinien für das »Volk« und setzen Normen und Wertmaßstäbe für eine Leserschaft, die es keineswegs als ungewöhnlich empfindet, wenn sich der Schauspieler Hardy Krüger jr. in *Bild* zum Buddhismus bekennt oder der Schauspieler Richard Gere sich für den Dalai Lama einsetzt.

### *»Medienfreunde«*

Den Vorbildstatus erwirbt man bereits, wenn man sich erfolgreich ins »Bild« setzt und darstellt. Die Annahme eines solchen ver»bild«lichten Vorbilds ist nicht an eine Begegnung von Person zu Person gebunden und setzt keine personal vermittelte Autorität voraus. Was zählt, sind mediale Nähe und mediales An-Sehen. Bei diesen auf mediales Ansehen angelegten Vorbildern werden personale Bindungen durch jene Intimität ersetzt, die die Schlüsselloch-Perspektive der *Bild*-Zeitung mit ihrer Veröffentlichung des Privaten herstellt. *Bild* präsentiert die Star-Vorbilder so als »Medienfreunde« für eine

Leserschaft, der die persönliche, handlungsnahe Beziehung zu ihrem Vorbild abhanden gekommen ist.[6] Die alles durchdringende Medienstrategie der Intimisierung lässt keine Distanz mehr zu. Jeder erscheint als Nachbar von nebenan, von dem man Sorgen, Nöte und persönliche Schwächen bis ins letzte Detail kennt. Diese Aneignung von Personen als »Medienfreunde« trifft auch auf den *Bild*-Papst zu. »Mein Freund, der Papst«, so heißt eine Serie von *Bild*-Vatikan-Korrespondent Andreas Englisch, die die *Bild*-Zeitung am 21. April 2005 startet. Wie bei dem Star-Vorbild Schumacher ist auch hier beim *Bild*-Papst Benedikt XVI. eine Intimisierung der Berichterstattung zu beobachten. Die Leser erhalten einen Einblick in die Privatsphäre und die persönlichen Probleme des Papstes. Andreas Englisch enthüllt die gesundheitlichen Probleme des Papstes, betont dessen »Schicksalsergebenheit« (21. 4. 2005), veröffentlicht den »päpstlichen Terminkalender« (26. 4. 2005), verrät die »Lieblingsbücher« des Papstes und Einzelheiten darüber, »wie der Papst als Kind (war)« (23. 4. 2005).

Der Papst als »Medienfreund« – damit bedient *Bild* auch die Sehnsucht der Leser, religiöse Vorbilder »live« erleben zu wollen. Dem »Live-Effekt« entspricht in *Bild* die »Du bist dabei, du bist ganz nah«-Perspektive. Dank *Bild* gelangt der Leser so nah an den Papst, wie er es »live« nie erreichen und erleben könnte. Der Leser sieht den Papst mit den Augen von *Bild*. Sie präsentiert den lächelnden, umgänglichen Papst, seine Menschenfreundlichkeit, aber auch seine Anspannung, seine Erschöpfung – »Wie fit ist der neue Papst?« (21. 4. 2005) – und der Leser spürt: Diese vermeintlich so entrückte Person, dieser vermeintlich so »erhabene« Stellvertreter Gottes trägt vertraute Züge. Das »Wir sind Papst«-Gefühl bedeutet von hier aus: Der Papst ist groß, fern und doch ganz nah, heimisch.

Traditionelle Vorbilder, so scheint es, können sich nur dann behaupten, wenn auch sie den Kriterien folgen, die für eine erfolgreiche Mediendarstellung verlangt werden. Schaut man sich etwa die *Bild*-Präsentationen über das Leiden und Sterben Johannes Pauls II. an, dann zeigt sich, dass *Bild* genau mit den medienwirksam aufbereiteten Darstellungsmitteln arbeitet, die auch für medienöffentliche Stars eingesetzt werden. Und so steht in der *Bild*-Ausgabe vom 2. April 2005 Papst Johannes Paul II. – »Die letzten Stunden« – gleich neben Harald Juhnke – »Das letzte Foto«. (Schumi – »Neuer Ferrari plötzlich schnell« – ist auch auf derselben Seite zu sehen.) Das Leiden und der Tod des Papstes und Harald Juhnkes werden zu einem einzigen sentimentalen Trauererlebnis vermengt. So mutiert auch das religiöse Vorbild zur Berühmtheit, zu einem Prominenten, dem man nicht gerade nachfolgen, wohl aber neugierig nachspüren will.

Mit dieser Annäherung an die Medienstars verlieren die traditionellen Vorbilder ihre personal gestaltende Identität. Sie werden an Massenwünsche angeglichen und ganz in den massenmedialen Prozess der Trivialisierung und Veralltäglichung hineingezogen. Es ist jedoch keineswegs so, dass solche Veralltäglichung und Trivialisierung Vorbildhaftigkeit einfach auslöscht. Massenmedien entmystifizieren, banalisieren und nivellieren. Aber das ist nur die eine Seite, denn die Massenmedien machen das, was sie da entzaubern und egalisieren, zugleich auch leichter zugänglich und arbeiten so einer neuen »sozialen Erlebnisdisposition« zu: Jeder möchte »besonders« sein und herausragen. In dem Maße, wie sich das Alltagsverhalten an die Medienwelt annähert, kommt es zu einer »Idolisierung des Einzelnen«, die auch die Vorbilder erfasst.[7] So wie jeder Starruhm erstrebt, will auch jeder selbst Vorbild sein. Jeder will leuchten und strahlen, jeder will im Aufmerksamkeitspool mitschwimmen und dazugehören.

»Warum sind wir nicht mehr Schumi?«, fragt *Bild* am 6. April 2004 und prägt damit den »Wir sind Papst«-Slogan vor. *Bild* stilisiert das Vorbild Schumi mit Tugenden wie Zuverlässigkeit, Fleiß und Disziplin zu einem Siegertyp, der sich als eine Projektionsfläche für die Träume und Sehnsüchte des Lesers anbietet. Schumi ragt durch besondere Leistungen und Tugenden aus dem Durchschnitt heraus, erzielt Siege und kollektive Anerkennung und Aufmerksamkeit. Dieser Zusammenhang von Leistung und Anerkennung, Tugend und Ruhm entspricht dem Wunsch des Lesers, selbst auf diese Weise Aufmerksamkeit zu erlangen und am »Schumi-Geist« teilzuhaben (6. 4. 2004). Die doppeldeutig patriotische Formel »Wir sind Papst« perfektioniert den Sieger-Mythos, den der *Bild*-Schumi vorgezeichnet hat. Deutschland gilt wieder was. Religion und Nationalstolz werden verquirlt – unabhängig davon, ob das Objekt der »Verehrung« nun der Papst oder ein Sportstar ist. So wie man sich bei Michael Schumacher nicht für Sport an sich interessiert, sondern vielmehr dafür: Wie ist *unser* Schumi?, sieht die *Bild*-Nation in Joseph Ratzinger nicht einfach den neuen Stellvertreter Gottes, sondern in erster Linie den Deutschen, durch den man sich selbst weltweit moralisch aufgewertet fühlt.

Die entsprechenden Feindbilder steigern den Appell an das religiös überhöhte Nationalgefühl, das der *Bild*-Papst verkörpert. So wie Schumi für Deutschland gegen seine oft als unfair beschriebenen Gegner zu Felde zieht, muss sich auch »Benedetto«, »unser Papst« gegen ihn »beleidigende« und »geschmacklose« Gegner (23. 4. 2005) – konkret die »Nazi-Hetze« der Engländer (22. 4. 2005) – zur Wehr setzen. Und so wie der »Schumi-Geist« den Deutschen eine Sieger-Identität verleiht, setzt sich »unser deutscher Papst« für die religiöse Identität Deutschlands ein. »Ich war bei der dramatischsten Rede dabei, die (Joseph Ratzinger) hielt, bevor er Papst wurde«, berichtet Andreas Englisch in *Bild*. Ratzinger »warnte die Christen Europas eindringlich davor, ihre Identität zu verlieren – während der Islam gleichzeitig auf dem Vormarsch sei« (23. 4. 2005). Dass Joseph Ratzinger dann als Papst Benedikt XVI. nach seiner Regensburger Vorlesung ins »Visier militanter Muslime« gerät (18. 9. 2006) und der neu ausgebrochene »Kampf der Kulturen« zu Spekulationen Anlass gibt, »warum ... der Islam heute ... oft so gewaltbereit (auftritt)« (18. 9. 2006), passt ins »Bild«. Siegertypen – sei es der Papst oder Schumi – bieten, von einer charismatischen Aura umgeben und mit tugendhaften Eigenschaften versehen, dem Leser Gelegenheit, aus sich herauszutreten und das Vorbild mit seinen Emotionen zu versehen. An dem Siegertyp »bewundert er die Eigenschaften, die er aus seinem eigenen Inneren beigesteuert hat. Er verbildlicht in ihnen seine Gefühle«.[8] Diese Verbildlichung ist im wortwörtlichen Sinn eine Leistung von *Bild*. Daher gilt: Nicht nur wir sind Papst. *Bild* ist Papst.

## *Bild*-»Heilige«

Ein Medienmann, ein Kommunikator mit dem Charisma seines Vorgängers ist Benedikt XVI. nicht. Der Papst der Medien ist abgelöst durch einen Papst der Seelsorge. Die Sondersendungen zum ersten Amtsjahr des neuen Papstes, vor allem das vielstimmige Porträt *Benedikt XVI. – Der rätselhafte Papst* (Arte) betonten die Distanz, die der Papst zu den Medien hält. Doch so sehr Benedikt XVI. auf Distanz zu den Medien geht, so sehr hat er es andererseits gerade den Medien zu verdanken, dass es ihm gelungen ist, das Image des doktrinären Glaubenswächters und verknöcherten, menschenscheuen Hardliners loszuwerden. Die Medien inszenieren das »Phänomen Ratzinger«: Sie berichten wohlwollend von seiner Offenheit, Kollegialität und seinem Bemühen um Versöhnung; sie registrieren positiv seine Begegnung mit dem Kirchenkritiker Hans Küng sowie seine Diskussionsbereitschaft bei Bischofssynoden. Die Vokabel »Reformstau« scheint in der medialen Benedikt-

Euphorie unterzugehen. Die sonst üblichen Fragen nach Ehescheidung, Frauenpriestertum, Zölibat und anderen kirchlichen Reizthemen werden nach wie vor gestellt, aber sie beherrschen die medialen Debatten nicht mehr. Der einst so umstrittene »Diktator« der Dogmatik hat sich – folgt man der Medienberichterstattung über die Enzyklika »Deus Caritas est« – mit seinem Wechsel ins seelsorgerische Fach des Heiligen Vaters zum Papst der Liebe gewandelt, den Edmund Stoiber auf dem Münchner Flughafen mit den Worten verabschiedete: »Sie sind der Papst unserer Herzen geworden.« Dieser »Papst der Herzen« wird in *Bild* zu einer »Marke«, einem Produkt, an dem nicht nur Glaube, sondern vor allem Merchandising hängt: Papstbilder, Papstbuttons, Papstbibeln. In einem solchen Werbekontext inszeniert *Bild* ein sinnenfrohes Spektakel um eine Medien-Ikone.

»Reißt euer Herz weit auf für Gott, lasst euch von Christus überraschen«, so die Aufforderung Benedikts XVI. auf dem Weltjugendtag in Köln an die Gläubigen. Es folgten »Benedetto, Benedetto«-Jubelchöre und La-Ola-Wellen. Der Papst als Liebling der Massen. Der Papst ruft zur Anbetung Gottes auf, die Reaktion ist die »Anbetung«, die Star-Verehrung seiner Person. *Bild* lädt diese Verehrung des Papstes messianisch auf. »Seine Eltern waren Maria & Joseph«, schreibt *Bild*-Society-Reporter Norbert Körzdörfer. »Seine Geburt war ein ›Zeichen‹: … Er (wurde) mit dem frischesten Weihwasser der Welt getauft … Er war der erste Täufling des neuesten Wassers, das am Tag vor Ostern geweiht wurde.« Seine Geburt und sein Leben stehen im Zeichen göttlicher »Vorsehung« (20. 4. 2005). Der Papst erhält den *Bild*-Heiligenschein.

Ein solcher Heiliger mit Medienschein ist auch *Bild*-Papst Johannes Paul II. Anlässlich seines Todes konstatiert *Bild*: »Für Millionen Jugendliche ist Johannes Paul II. der Papst der Herzen. Wie Prinzessin Diana« (6. 4. 2005). Den »Pop-Papst«, die »Pop-Ikone« Johannes Paul II. vergleicht der Theologe und Psychiater Manfred Lütz in *Bild* mit dem »Massenphänomen Prinzessin Di«. Als »Papst der Herzen« habe Johannes Paul II. »die Seele der Menschen berührt« (6. 4. 2005). Ähnliches gilt für die »Prinzessin der Herzen«. Als sie starb, so *Bild*, »hielt die ganze Welt den Atem an«. Ihr Tod zeichnet das Schicksal Johannes Pauls II. vor. Wer sich als öffentliche Person in die mediale *Bild*-Welt begibt, kommt als »Pop« wieder heraus. Wie Lady Di »wird der Papst im Tod … zum Pop-Star« (6. 4. 2005).

Als der Medien-Superstar Diana starb, wurde ihr Tod zu einem Katalysator für vagabundierende Trauergefühle, durch den jeder seinen persönlichen

Kummer ausleben konnte. Im Tod der Prinzessin sah jeder auch seinen eigenen Tod vor sich und betrauerte in einem denkwürdigen kollektiven Gefühlsausbruch sich selbst – um die Wirklichkeit des Todes anschließend wieder zu verdrängen. So folgte auf den Tod der Prinzessin ihre Medienauferstehung als »Heilige Diana« und ihre Himmelfahrt als »moderne Maria«.

Diese Auffahrt in den Pophimmel der Medienindustrie ließ Diana lebendiger denn je erscheinen, und die Diana-Vermarktung war wohl gerade deshalb so erfolgreich, weil hier ein verpoptes und verkitschtes Marienbild letztlich zur Leidvermeidung und Todesverdrängung genutzt wurde.

Das öffentliche Sterben Johannes Pauls II. durchbrach die Gesetze von Happy-End-Erwartungen. In der medialen Präsenz dieses Papstes vereinigten sich das Amt und die charismatische Person seines Trägers zum Bild eines herausragenden Zeugen des Evangeliums, der seine Krankheit, seinen Verfall und sein Sterben nicht vor der (Medien-)Öffentlichkeit versteckte, als Gegenbild gegen den ausufernden Jugend- und Schönheitswahn. Dieses Mediencharisma entsprang der mystischen Glaubenshaltung des Papstes, der die Zeit stets als Spur Gottes las. Diese zeugnishafte, mystische Glaubenshaltung, gepaart mit einer authentischen Religiosität, hebt den ersten Papst der globalen Informationsgesellschaft von dem Starruhm der Pop-Heiligen Diana ab. Der todkranke Papst machte Leiden und Sterben sichtbar und öffentlich, weil er damit die christliche Leidensspiritualität vorleben wollte. In *Bild* wurde aus der Theologie des Leidens eine Anteilnahme an der Krankheitsgeschichte einer öffentlichen Person, deren Krankheit und Verfall mit dem Schicksal von prominenten Leidensgenossen – Harald Juhnke und Fürst Rainier von Monaco – parallel verlief.

Ob Prominenter oder Papst – die *Bild*-Leidensgeschichten führten dem Leser den eigenen Tod vor Augen mit der »tröstlichen« Gewissheit, dass selbst der höchste Kirchenmann und der berühmteste Star nicht von Krankheit und Leid verschont bleiben. Dabei ging es weniger um die Frage: Wie bewältigt der Papst Leiden und Sterben? Sondern: Wie leidet und stirbt er? Die *Bild*-Berichte lesen sich wie eine exklusive »Krankenakte«: »Johannes Paul II. liegt in der Klinik«, berichtet Andreas Englisch am 3. Februar 2005. Der Papst »musste beatmet werden. Die Ärzte sind in großer Sorge. Wie krank ist er wirklich?« Es folgen Details der Erkrankung, daneben eine Übersicht: »24 Jahre voller Leiden. Die Krankenakte des Papstes«, die von Lungenembolie über Virusinfektionen und Tumor-OPs bis zu Parkinson und Arthrose die Krankengeschichte des Papstes komplett erfasst. Einen Tag später vermeldet Andreas Englisch in *Bild*, der Papst sei »mit seinem ganzen Stab« in die Gemelli-Klinik umgezogen. Es folgt ein ausführlicher Bericht über »das Lazarett Gottes«.

Am 7. Februar 2005 dann ein »Zeichen der Hoffnung«: »Der Papst zeigt sich der Welt. Aber er bekam beim Segen nur 4 Worte raus.« »Verliert der Papst seine Stimme?« (8. 2. 2005) *Bild* weiß Rat. »Eine Sprechkanüle könnte seine Stimme retten« (24. 2. 2005). Medizinische Details, vorgetragen von einem HNO-Spezialisten nebst Abbildung, machen dem Leser anschaulich klar, was bei einem Luftröhrenschnitt passiert und wie eine Sprechkanüle eingesetzt wird. Einen Tag später erweisen sich alle medizinischen Maßnahmen und Ratschläge als hinfällig: »Die Welt in Sorge. Papst für immer stumm?« Am 28. Februar 2005 dann das *Bild*-»Papst-Wunder«: »Johannes Paul II. verblüfft seine Ärzte, die ganze Welt. Völlig überraschend zeigte er sich nach dem Luftröhrenschnitt gestern zum Segen am Fenster der Klinik.« Doch das »Wunder« verpufft schnell. Das von *Bild* inszenierte »Papst-Drama« (1. 4. 2005) lässt den Leser am »schwersten Kampf des Papstes« (29. 3. 2005) in allen Einzelheiten teilhaben, mitfühlen und mitleiden, bis es dann am 4. April 2005 zur medialen »Erlösung« kommt: »Papst Johannes Paul II. Gott hat ihn erlöst«.

### Medien-Charismatiker

In seinem Papstbuch *Habemus Papam* (2005) schreibt Andreas Englisch, wie »furchtbar« er es fand, »das Leid dieses Mannes mitzuerleben«. »Gleichzeitig«, so gesteht er, »spürte ich das kalte Medieninteresse, die Maschine, deren Teil ich war. Ich bin lange genug Journalist, um zu wissen, dass das Geschäft so eiskalt ist, und ich schäme mich dafür.« Reue zeigt Andreas Englisch in dieser Situation nicht. Im Gegenteil: Er ergeht sich in seinem Papstbuch vielmehr in einer pauschalen Medienschelte, von der *Bild* ausgenommen ist. In der Medien-Berichterstattung über den Leidensweg des Papstes schien es, so konstatiert Englisch vorwurfsvoll, als »laure die sensationslüsterne Öffentlichkeit geradezu auf den Tod dieses Mannes, als konsumierten die Mediennutzer der Welt mit eigenartigem Genuss jede Krise des Papstes wie eine Generalprobe seines Todes«.[9] Solcher Medienkonsum wurde in *Bild* durch einen Betroffenheitsjournalismus bedient, der eine Auseinandersetzung mit dem eigenen Leiden und dem eigenen Tod letztlich folgenlos überspielte. Als der Tod des Papstes eintrat, als der Leichnam prächtig ausgestellt wurde, setzte nicht nur eine »globale Wallfahrt« nach Rom ein, sondern auch das Bestaunen eines Spektakels mit allen stimmungsvollen sensationsheischenden Details, die aus *Bild*-Sicht zu einem »Massenphänomen« dazugehören.

»Die Welt«, so Andreas Englisch in seinem *Bild*-Kommentar am 9. April 2005, »hat einen großen Mann verloren, weil dieser Titan des Glaubens bedingungslos kämpfte. Nicht für die Macht oder Geld oder Einfluss, sondern für das Gute.« Dass *Bild* selbst einen solchen Kampf im Namen der Leser führt und es somit dem »Titan des Glaubens« gleichtut, bestätigt *Bild*-Prediger Claus Jacobi in seinem Rückblick auf dem Empfang der *Bild*-Delegation durch den Papst. »Lassen Sie die Deutschen wissen, dass ich sie segne und auf sie zähle im Namen Christi«, so lautete nach Jacobi im November 2004 die Botschaft des Papstes an die *Bild*-Delegation (2. 4. 2005). *Bild* ist damit Sprachrohr des Papstes und seines Segens.

Der *Bild*-Papst lässt sich nicht nur widerstandslos für *Bild*-Botschaften vereinnahmen, er wird als Star auch zur Zufluchtsstätte menschlicher Sehnsüchte und Träume. Ob Papst oder Medienstar – die *Bild*-Präsentation liefert den Stoff für eine Identifikation, die dem Leser ein Stück Auserwähltheit, eine Teilhabe an einem »überirdischen« Glanz ermöglicht, die ihm im Alltag nicht zukommt. »Johannes Paul II. seine Liebe zu Gott und zu den Menschen« – so der Titel eines illustrierten *Bild*-Lebensportraits des Papstes am 2. April 2005. »Tierlieb«, voller Humor, »ein bisschen Spaß darf sein«, mit einem »Herz für Kinder« und zugleich eins mit dem »Engel der Armen«, Mutter Teresa, und den »Ritualen des Glaubens« – das ist der *Bild*-Papst. Ein Mensch wie du und ich und doch zugleich ein Glaubenszeuge, den »Gott schon berührt (hat)« (5. 4. 2005). Er entspricht all dem, wie die *Bild*-Öffentlichkeit sich den Papst wünscht: als vertraute und doch übernatürlich wirkende Erscheinung, voller Hingabe an die Menschen und zugleich einzigartig dem Heiligen nah.

Heilige aber sind im religiös verbrämten Starkult von *Bild* Massenware. In diesem Starkult verschieben sich religiöse Verehrungsformen von ihrem Ursprungsort, dem traditionellen Heiligenkult, auf medienöffentliche Personen. Heilserwartungen werden auf Stars übertragen, die als göttliche oder heilige Personen gelten. Sie sind die »Götter« der (Post-)Moderne, wobei solche »Götter« noch nicht einmal Menschen sein müssen – siehe die *Bild*-Geschichten um »Superstar Knut« (24. 3. 2007). Knuts schicksalhaftes Leben – die schwere Geburt des kleinen Eisbären, die Todesbedrohung sowie seine Wundertaten (Knut hilft einem krebskranken Mädchen) – ist Teil eines messianisch stilisierten Lebenswegs. Ostern 2007 steht Knut in *Bild* entsprechend auf Seite 1, denn Knut, so das Blatt, ist »beliebter als der Osterhase« und in Zeiten, in denen viele Deutsche nicht mehr wissen, was an Ostern eigentlich gefeiert wird, wohl auch bekannter als Jesus (7. 4. 2007). Heilsbringer Knut kommt an, Hunderttausende pilgern zu ihm und genießen für den Moment das Instant-Paradies-Feeling. Das Jetztzeit-Märchen um »Superstar Knut« entspricht dem Wunsch nach ewiger Dauer einer »heilen« Welt. Solche »Heilige« können bewusst gemacht und aufgebaut werden, indem man sie als Objekte mit einem speziell kreierten Image verkauft. Nach wohldurchdachten Strategien lässt sich so im Rückgriff auf traditionelle Kultformen die Verehrung eines Stars steuern. Im Medien-Produktverbund werden Pop-Ikonen wie Knut dabei zu gestylten Multimedia-Images, die nach den Gesetzen des Marktes entworfen sind. Wer Knut anhimmelt, kauft auch die Produkte, die an ihm hängen – vom Kalender bis zur Frühstückstasse. Das »heilige« Image entpuppt sich so als Idolisierung des Konsums.

In die Galerie solcher Heiliger mit Medienschein gehören auch Sportstars, die in *Bild* einen breiten Raum einnehmen. Spannung, Dramatik, kombiniert mit einem personenbezogenen Blick in das Privatleben der Sportstars, bieten die Grundlage für eine vordergründige Emotionalisierung des Dargestellten, das *Bild* religiös auflädt. Dabei avanciert der Kult um Sportstars zu einer modernen Version der Heiligenverehrung. Die Grenzen zwischen außerkirchlichen Personenkulten und traditioneller Heiligenverehrung verschwimmen. Den Mix aus Religion und Nationalgefühl in dem Kult um Sportstars transferiert *Bild* zurück in die Papst-Berichterstattung. »Wir sind Weltmeister« wird zu »Wir sind Papst«. Nach dem Fußball-»Wunder« von 1954 macht das Papst-»Wunder« die Deutschen für immer zu Gewinnern. So wie der Fußballgott zumeist ein Gott des Sieges ist, zeigt uns der von *Bild* messianisch überhöhte Popstar Papst, wie man das wichtigste Kirchenamt erfolgreich erobert.

Grundsätzlich kann heute jede medienöffentliche Person ihr eigener Hagiograph werden, allein schon durch nachhaltige Medienpräsenz und die entsprechend inszenierte »Bild«-werdung. Das Auffällige dabei ist: Die *Bild*-Zeitung zwingt ihre öffentlichkeitswirksamen Bedingungen auch den traditionellen Heiligenbildern auf. So werden christliche Heiligenbilder immer häufiger im Kontext medienöffentlicher Personen und ihrer Images wahrgenommen. Mit dieser Annäherung an die Medienstars wird die Heiligmäßigkeit einer Person zunehmend ein Index ihrer erfolgreichen Mediengängigkeit. In Zeiten, in denen die Grenzen zwischen medienpräparierter

Wirklichkeit und »wirklicher« Wirklichkeit verschwimmen, findet scheinbar alles nur noch im Medienformat statt – auch die Heiligsprechung selbst. »Geheime Papstwunder«, so die *Bild*-Schlagzeile am 6. April 2005. Die Wundertaten des Papstes sind beeindruckend: »Blindes Mädchen kann wieder sehen. Todkranke Frau vom Krebs geheilt. Gelähmte Nonne kann wieder gehen.« Mit solchen Berichten spricht *Bild* den Papst heilig, noch bevor der eigentliche Seligsprechungsprozess eingeleitet ist. »Sancto subito« ist mediale *Bild*-Realität.

Die »Heiligkeit« des Papstes entspringt dem Zusammenwirken zwischen der medial vermarkteten Person und den projizierten Sehnsüchten der Menschen. Maßgebend für diese »Heiligkeit« ist nicht die »heiligsprechende« kirchliche Institution, sondern die Symbolisierungskraft, die von dem Star und seinem öffentlichen »Bild« ausgeht.[10] Die *Bild*-Heiligen sind so gesehen immer auch Medien-Charismatiker. Ihre außeralltägliche Geltung ist abhängig von ihrer medialen *Bild*-Präsenz, einer Präsenz, die der Fernsehformat-Formel entspricht: »Wer ausgestrahlt wird, besitzt auch Ausstrahlung.« Wer so »strahlt«, sei es der Papst oder ein Superstar wie Diana, liefert verlässlich Außeralltäglichkeit, befriedigt Bedürfnisse nach emotionaler Hingabe und entlastet zugleich bei der Identitätssuche. Was vor diesem Hintergrund als »heilig« erscheint, bleibt in gewisser Weise völlig folgenlos und führt nicht in den religiösen Alltag hinein.

Das Papsttum, so beobachtet Johann Hinrich Claussen, ist besonders »*Bild*-kompatibel«. Es »stillt den Hunger dieses Mediums und seiner Käufer nach Prominenz, großen Bildern und eindeutigen Parolen. Es bietet eine Leitfigur auf, der man vertrauen kann, ohne komplexen Fragen nachgehen oder differenzierte Argumente abwägen zu müssen« und – so könnte man fortsetzen – ohne sich der »Zumutung« wirklicher Nachfolge aussetzen zu müssen.[11] An eine »Leitfigur«, einen Medienheiligen, den man bestaunt, kann man all das delegieren, was man selbst nicht wirklich tun möchte. In der »Religion der Massenmedien«, so Horst Albrecht, »überlässt« man Leiden, Tod und Armut »religiösen Heroen« wie Albert Schweitzer und Mutter Teresa.[12] Sie erfüllen eine Alibifunktion: Sie geben uns Sicherheit, dass etwas gegen Not und Elend getan wird. Eine solche heroisierte Heiligengestalt ist auch der *Bild*-Papst. Durch die von *Bild* vermittelte Teilhabe an seinem Leben entsteht die Illusion, selbst gehandelt zu haben. Der heroisierte Heilige wird zur Projektionsfläche; wirkliches Handeln, konkrete Veränderungen im Leben sind nicht gefordert.

In seiner »*Bild*«-förmigen Gestalt lenkt das Charisma der Medienheiligen Menschen von der eigentlichen Nachfolge ab. Der den Massen zuwinkende Papst, der heroisierte Heilige, nimmt sie so gefangen, dass sie sich auf Glaubensfragen, auf die Frage nach Gott erst gar nicht mehr wirklich einlassen. Die Gottvergessenheit, die Papst Benedikt XVI. als Signatur der Zeit beklagt, wird in medialen Appellen befördert, die sich auf Gott berufen, ohne mit seiner Gegenwart im alltäglichen Leben zu rechnen. »Wir brauchen Gott!« (11. 9. 2006) – die *Bild*-Zeitung, die mit ihren persönlichkeitsrechtsverletzenden Schlagzeilen selbst immer wieder die Gebote Gottes missachtet, schreit es förmlich hinaus. »Dieser Gott«, so Horst Albrecht, »frisst gnadenlos die Aufmerksamkeit der Menschen, bindet die Faszinierten an sich und macht sie unersättlich und lässt sie gleichzeitig untätig bleiben.«[13] Er ist für Menschen attraktiv, die letztlich nur (das eigene) »Bild« vor Augen haben. Ein Zu-sich-selbst-Kommen im Sinne der Gottebenbildlichkeit ist damit ausgeschlossen.

## »Papamania« – Religion als *Bild*-Event

Die *Bild*-Zeitung bildet die Realität nicht einfach ab, sondern stellt auch Wirklichkeiten her, Wirklichkeiten, die an die Stelle dessen treten können, was man für die »wirkliche Wirklichkeit« hält. In diesem Fall wird nur das als »Wirklichkeit« angenommen, was im Medium *Bild* »ist«. Das Medium *Bild* bestimmt und »macht« so – auch in Sachen Religion – Wirklichkeit nach dem Motto: »Was nicht in *Bild* ist, können wir auch nicht glauben.« Hier liegt der Schlüssel zur *Bild*-»Papamania«. Das, was hier ins »Bild« kommt, ist Religion als öffentliches, sichtbares Ereignis. Ein Gottesdienst mag das Fundament sein, auf dem sich Gemeinde und Kirche aufbaut, aber er wird von der (Medien)-Öffentlichkeit kaum zur Kenntnis genommen. Sichtbare Medienpräsenz von Religion garantiert dagegen die »Papamania«, die der Starsehnsucht der Mediengesellschaft entspricht und public relations-Kriterien perfekt erfüllt: Religion als Marke, die durch eine autoritäre Gestalt personalisiert und in die Öffentlichkeit gebracht wird.

Die charismatische Aura des Papstes, das exotisch Schillernde seines Amtes passt ideal ins *Bild*-Medium. Das Bild des Papstes vor dem Hintergrund jubelnder Menschenmassen – nach dem »Papst-total«-Motto – präsentiert *Bild*-Lesern das Christentum als eine traditionelle, faszinierende

Macht. Diese Faszination ergibt sich jedoch nur dann, wenn »das Papsttum so bleibt, wie es ist: ein überwältigender Kontrastreiz«.[14] Den Reformen der Kirchenkritiker zu folgen, die Katholische Kirche zu demokratisieren, den Zölibat aufzuheben und die Priesterweihe für Frauen einzuführen – all das hieße, einen entscheidenden Marktvorteil freiwillig aufzugeben. Dort, wo Medienerfolg zählt, sind Reformen nicht angesagt. Medienwirkungen und Hierarchie bedingen einander. Medien wie *Bild* geben sich zwar als Anwalt des Volkes, aber die ganze Anlage ist undemokratisch, denn Ziel ist nicht Beteiligung und kritische Auseinandersetzung, sondern Beeindruckung. Darum, so das Fazit von Johann Hinrich Claussen, »muss die Katholische Kirche, wenn sie weiterhin in der Mediengesellschaft reüssieren will, strikt konservativ bleiben«.[15]

Der Medienerfolg des päpstlichen Starprinzips hat seinen Preis. Die von Medien wie *Bild* vermittelte Teilhabe am religiösen Leben, die suggerierte Nähe zum Papst verdeckt eine grundlegende Distanz: Man ist dabei und nimmt alles wahr wie in der »wirklichen« Welt, aber man tut nichts wirklich. Das ikonographische Potential des Katholizismus ist geradezu geschaffen für erfolgreiche *Bild*-Medienpräsenz. Doch je öffentlicher und sichtbarer Religion dabei wird, desto geringer ist die Bindekraft der Religion beim Einzelnen. Schöne Papstbilder füllen keine Kirchen. Die »Papamania« belebt Gemeindearbeit und Gemeindeleben nicht. Der medial beförderte Papstkult verstärkt diese Diskrepanz geradezu. Man kann Papstbilder bewundern, Storys um den »Papst privat« genießen, ohne sich zu irgendetwas verpflichtet zu fühlen. Man kann Religion medial vermittelt »live« mitverfolgen und konsumieren, ohne sie ausüben zu müssen. So beeindruckend der öffentliche Medienerfolg der Kirche ist, so wenig lässt sich daraus eine Renaissance des Katholizismus oder, noch grundsätzlicher, eine Wiederkehr *der* Religion ableiten. Die »religiöse« Sinnsuche wird inhaltlich zufällig und beliebig. Gefühlsintensive Sinn- und Gemeinschaftserfahrungen können je nach Bedarf durch die Papamania, Mega-Konzerte oder sportliche Großereignisse inszeniert werden. Solche Inszenierungen folgen dem Religiotainment, in dem es nicht mehr um jenen authentischen Glauben geht, der das Leben als ganzes existenziell bestimmt.

Religiotainment ist nicht pauschal zu verdammen, zu fragen ist vielmehr auch nach den Ursachen für das Angewiesensein auf einen medialen Religionskonsum. Wer heute in seinem Lebensumfeld fragt, was Glaube *eigentlich* bedeutet, findet kaum noch jemanden, der ihm diesen Glauben vorlebt und »erklärt«. Die Zahl der Glaubenszeugen, die Zahl der Glaubensvorbilder sinkt unaufhaltsam, vor allem im alltäglichen Bereich. Je geringer die Zahl der personal gestaltenden authentischen Glaubenszeugen, desto größer die Zahl medialer Repräsentanten des Glaubens, wobei der Papst als medial inszenierter Star-Repräsentant des christlichen Glaubens neben zahlreichen Star-Repräsentanten eines unverbindlichen Privatglaubens, aber auch neben dem *Bild*-Superstar Dalai Lama zu stehen kommt. Die »Nachhaltigkeit« solcher medialer Stellvertreter ist fragwürdig. Die Allianz mit den Medien trägt nicht, erst recht nicht dort, wo sich Glaube im Medium eines Kultstars präsentiert. Wer heute ein Mega-Star in den Medien ist, kann morgen schon von denselben Medien zum Mega-Flop erklärt werden. Eine »Rechristianisierung« der Gesellschaft als permanenter Medienhype wird sich nicht ereignen. Dazu müsste man den Einzelnen zuallererst zu einem Austritt aus der Medienwelt bewegen, damit er in der konkreten Welt etwas tut.

Konkretes Tun, gelebte Nachfolge und Zeugenschaft für den Glauben – das ist ein Grundanliegen von Papst Benedikt XVI. Der Papst kehrte als Missionar in seine Heimat zurück. Er warb für eine konsequente Neu-Evangelisierung und forderte, offensives Werben für den Glauben mit der Arbeit in Schulen, Sozialstationen und Kindergärten zu verbinden. Fraglich blieb, ob dieses Anliegen unter den Benedetto-Rufen der Menschenmassen Gehör fand, und ob es überhaupt jemand hören wollte. Zum Auftakt seines umjubelten Bayern-Besuchs forderte Benedikt eine Rückbesinnung auf christliche Werte und prangerte den Glaubensverlust im Westen an: »Es gibt eine Schwerhörigkeit Gott gegenüber, an der wir gerade in dieser Zeit leiden.« Mit solchen Aussagen zeigt sich Benedikt bewusst als Anti-Star. Doch gerade das Hören auf Gott geht in medialen Vereinnahmungen Benedikts als papale Medien-Ikone unter. Der Heimatbesuch in Bayern erwies sich in vielerlei Hinsicht als medial perfekt in Szene gesetzte Mischung aus Folklore und Super-Event der Massen, mit dem Papst als Star des Medienereignisses »Mir san Papst.«

Diese Formel drückt nicht nur Nationalstolz aus, sondern auch das »Gefühl«, dass die Identifikation mit dem Papst absolut »in« ist. Wer glaubt, ist nicht nur selig, sondern eben auch »hip«. Dort, wo die Papstverehrung »hip« ist, bleibt im Jubel der Menschenmassen oft nicht mehr viel anderes übrig als ein religiöses Happening, das Gemeinschaftsgefühl eines Ereignisses mit Gleichaltrigen und Gleichgesinnten. Enthusiastisch spendet man dem Papst stürmischen Beifall, wenn er dazu aufruft, im Alltagsleben die

Glaubensbotschaft Jesu zu verwirklichen und den Lehren der Kirche zu folgen. Dass diese Aufforderung in dem Maße befolgt wird, wie man sie bejubelt, muss man bezweifeln. Denn die Beifallsstürme gelten nicht der Lehrpredigt des Stellvertreters Gottes, sie sind vielmehr bestimmt vom Starprinzip der Unterhaltungswelt. Das, was hier letztlich beeindruckt, ist nicht kirchliche Autorität oder Religion an sich, sondern das Religiöse der Popularkultur, ein energetisches Potential, das in einem »Event« um einen Star Menschenmassen in Bewegung bringt.

»Events« durchbrechen und unterbrechen den Alltag, sie sind Möglichkeiten, der Gewöhnlichkeit des Alltäglichen zu entkommen, und stiften zugleich Gemeinschaftserlebnisse. Events als Anlässe und Orte »posttraditionaler Vergemeinschaftung« bieten eine Art »Teilzeitorientierung«, sie haben »kein Verpflichtungspotential über die Verpflichtung hinaus, die sich das Individuum selbst auferlegt«.[16] Auf dem Weltjugendtag in Köln verband sich das Gemeinschaftserlebnis mit einem medial überformten kirchlichen Event. Diese Event-Religion kommt an, vor allem in der medialen Darstellung. Kirchliches Event-Management bessert das Image der Kirche auf und macht Kirche zum Erlebnis. Aber dieses Erlebnis, so Kritiker der modernen Eventkultur, ist kein Ersatz für Religion. Events wie der Weltjugendtag führen vielfach nur auf punktuelle, kurzlebige religiöse Erlebnisse, in denen der Einzelne primär an seinen momentanen Gefühlen interessiert ist, die ihn nicht zum Nachdenken über die Weltanschauung oder seine konkrete Lebensführung veranlassen, sondern nur die Sehnsucht nach der Wiederholung des emotionsgeladenen Happenings produzieren. Kirchliche Mega-Events mögen stimmungsmäßig überzeugen und medial ankommen, aber es fehlt oft der Bezug über das Ereignis an sich hinaus, es fehlt die Einbindung in eine religiöse Alltagspraxis.[17] Die emotionale Kraft, die stimmungsmäßige Faszination, die von einem Event wie dem Weltjugendtag ausgeht, bleibt so ein letztlich folgenloses religiöses Strohfeuer.

Event-Religion ist auf eine positive medial-öffentliche Darstellung angelegt. Diese ist in *Bild* unbedingt gegeben. *Bild* präsentiert religiöse Großereignisse nach den Ausdrucksformen der Event-Gesellschaft. Dabei zeigt sich im Zusammenspiel von religiöser Gemeinschaftsbildung und modischer Eventkultur: Religion ist nicht nur »in«, sondern auch »fun« – Sinnenfreude pur. So ist der Kölner Weltjugendtag »Benedikts Woodstock, Gottes Megaparty« (18. 8. 2005). »Große Party mit dem Papst«, titelt *Bild* ganz ähnlich anlässlich des Weltjugendtags in Toronto. »Sie tanzen, singen, lachen und küssen sich« (27. 7. 2002). »Ich hab den Papst gedrückt!«, erzählt ein kleines Mädchen über seine Begegnung mit Papst Johannes Paul II. in Toronto. »Es fühlte sich an, als hätte mich der Himmel berührt« (25. 7. 2002). Das Gefühl wird zum eigentlichen Medium des Religiösen erhoben. »Der bringt das Gute in die Welt«, so eine Schülerin in *Bild* über Benedikt XVI. »Ich liebe ihn. Er ist für mich wie ein kleiner Teddybär« (18. 8. 2005).

### Religion und Kitsch

»Halleluja! Der Papst ist los«, so der *Bild*-Aufmacher zum Auftakt des Weltjugendtags in Köln (19. 8. 2005). Dort, wo der Papst los ist, wird Kirche sentimentalisiert zu einer »durch-enthusiasmierten« und »de-rationalisierten« sozialen Bewegung, die jugendbewegte Gemeinschaftsschwärmerei auslöst. Die Gefahr solcher »Giga-Appelle ans Emotionale«: Das Sakrale, das Numinose wird ersetzt durch eine »von sich selbst begeisterte Begeisterung«.[18] Gesucht wird Geborgenheit in einer gefühligen, kuscheligen Religiosität, in der der verborgene, unerforschliche Richter-Gott, der das Leben von Grund auf prägt und zur Praxis der Nachfolge Jesu aufruft, nur noch nach Wellness-Kriterien ins Spiel kommt. Diese Wohlfühl-Religion im Modus des *Bild*-Emotainments folgt dem von vielen Theologen und Religionssoziologen beobachteten Trend zu einer innenorientierten Nachfrage nach Religion. Dabei sind religiöse Bekenntnisse und Riten nur insoweit bedeutsam, als sie bestimmte Wirkungen im Menschen auslösen: Betroffenheit und Ergriffenheit. Aneignung von Religion geschieht im individuellen Erleben, von dem aus Religion erst ihren Sinn und »Nutzen« für den Einzelnen erweist. Das »Woher« religiöser Offenbarung ist nunmehr das über eine »Transzendenz nach innen zugängliche menschliche Selbst«. Eine Offenbarung »von oben« findet nicht statt, sie ist verlegt in den Menschen selbst. Religion erhält vor diesem Hintergrund primär eine biographieintegrative Funktion. Sie ist dort gefragt, wo sie Prozesse der »Selbstthematisierung« und »Selbstbestätigung« in Gang setzt.[19]

In der medialen »Bild«-Welt findet diese subjektorientierte Religion vor allem in gefühlsmäßiger, erlebnisstarker Vorführung ihren Ausdruck. Für viele Theologen zeigt sich in dieser medialen Performance eine grundsätzliche Ästhetisierung der Lebenswelt. Das medial vermittelte öffentliche Sterben von Papst Johannes Paul II., so Wilhelm Gräb, »vollzog monumental den Schritt von einer traditionellen kirchlichen Religionskultur zu einer, von den Medien weltweit emittierten, ästhetischen Inszenierung«.[20] In *Bild* zeigt sich dieser Trend zur ästhetischen Transformation der überkommenen Religionskultur weniger »monumental«, er wird sichtbar im religiösen Kitsch.

Ein Beispiel: Anlässlich der Papst-Audienz für *Bild* im Vatikan steuert *Bild*-Society-Reporter Norbert Körzdörfer einen Bericht über die Begegnung mit Papst Johannes Paul II. bei, der alle Eigenschaften von Kitsch pur aufweist. Die ersten Sätze führen ein in das »fromme«, »erhebende« Ereignis: »Wir durchschreiten 13 Türen. Staunend. Atemlos. Immer schweigsamer. Die letzte Tür ist die kleinste. Tief, schmal, still ... Die Tür öffnet sich. Heiligkeit flutet aus der Bibliothek« (23. 11. 2004). Der Text ist vollgepackt mit Adjektiven, die in erster Linie auf eine Gefühlswirkung zielen – Ergriffenheit, religiöse Erbauung. Die Adjektive werden nicht wegen ihres Sachgehalts eingesetzt, sondern wegen ihres Stimmungsgehalts und sind in dieser Hinsicht austauschbar. Alles ist auf Reizsteigerung angelegt. Die letzte Tür, die sich öffnen wird, ist nicht nur die kleinste, sie ist »still«. Stimmung und Beschreibung gehen in diesem Bild ineinander über. Der Gegenstand wird quasi mit einem Seelenzustand angereichert. Dort, wo Worte nicht »an sich« wirken, werden sie erhöht, um den Leser in die gewünschte Gefühlsdisposition zu versetzen. »Wir« – die *Bild*-Zeitung und ihre Leser – gehen nicht, »wir« »durchschreiten« Türen. »Heiligkeit« offenbart sich nicht, sie »flutet«. Gefühle des Staunens und der Ergriffenheit fließen ineinander. Die Sätze werden im wahrsten Sinne des Wortes »liquidiert«.

Ähnlich stimmungsvoll verschwommen ist die eigentliche Begegnung mit dem Papst selbst dargestellt: »Die *Bild*-Delegation, ganz in Schwarz, schreitet sanft über den kühlen Marmor und die dicken, gespannten Teppiche ... Dann stehen wir vor ihm. Papst Johannes Paul II. (84). Weiße Soutane, rote Schuhe, polnische Armbanduhr. Taschentuch am Knie. ›Heiligkeit ...‹ Er zittert nicht, er ruht in sich. Ein menschlicher Fels. Seine rechte Hand mit dem schlichten silbernen Fischer-Ring liegt auf der Eichenlehne seines einfachen Stuhls. Seine Augen sind groß, blau, neugierig, gezielt. Seine Haut ist gesund. Sein Silberhaar glitzert. Sein Kinn schiebt sich nach vorne. Dieser Mann strahlt. Man empfindet Ehrfurcht und Geborgenheit. Den Atem der Geschichte und der Ewigkeit.« Die Sätze werden auch hier aufgeputzt und der Gefühlswirkung untergeordnet. Die *Bild*-Delegation geht nicht einfach auf den Papst zu, sie »schreitet«, und zwar »sanft«. Was dann folgt, ist ein Versuch, »Einfaches«, »Schlichtes« mit dem Erhabenen, Heiligen in Bezug zu setzen. Der Augenblick soll »verewigt« werden. Ein Grundzug des Kitschs ist, dass dieser Versuch durch eine Diskrepanz zwischen Substanz und Präsentation gekennzeichnet ist. Das »Ewige«, »Heilige« wird nur auf scheinhafte Weise präsentiert, die Substanz des Vorgenommenen verfehlt.[21]

Wenn im 18. Jahrhundert ein zeitgenössischer Kritiker von Friedrich Gottlieb Klopstocks Epos *Der Messias* scharf verurteilt, dass hier »das allerteuerste Geheimnis der durch den Sohn Gottes gestalteten Erlösung mit einer poetischen Tünche (überzogen) und … zu einem geringschätzigen Spiel der ausschweifenden Phantasie (gemacht)« werde und fromme Empfindungen zu einem »bloß im Körper erregten Zufall« heruntergestimmt würden, sind bereits hier die Merkmale des medialen *Bild*-Kitschs genannt: das Unechte, übersteigerte subjektive Empfindungen und das Vortäuschen des höheren Anscheins.[22] Die Vernunft ist nicht das Vermögen, mit dem man sich diesen Kitschelementen nähert. Sie ist ersetzt durch das Sentiment, den angenehmen »Schauder«: »Der Papst reicht jedem die Hand … Seine warme Hand packt greifend zu. Sie hält fest. Das Herz dockt an. Sein Haupt nickt. Man lässt los. Seine Rechte formt ein segnendes Kreuz. Die Zeit steht still. Ich schaudere vor Ergriffenheit.« Der Höhepunkt der Rührung, des Gefühls ist erreicht. Die beschworene Überwältigung erhöht und »verewigt« die verehrte Person des Papstes – aber zugleich so, dass die Distanz zwischen der »göttlich« überhöhten Person und dem »Ergriffenen« schwindet. Das religiöse »Schaudern« führt zu einem suggerierten Sich-Einsfühlen mit dem Heiligen, in dem das »Tremendum« (Rudolf Otto) an Bedeutung verliert.

In einer Betrachtung über »Kitsch und Christenleben« spricht der Theologe Richard Egenter an dieser Stelle von der im religiösen Kitsch sich ausdrückenden menschlichen Unfähigkeit, die Ferne des Heiligen auszuhalten. Die vom Kitsch suggerierte erlöste Harmonie, so Egenter, blendet aus, dass der »natürlichen Existenz der Abgrund der Sünde droht« und »betrügt uns im Grunde um die Botschaft der Erlösung, weil er deren Notwendigkeit vergessen lässt oder unverständlich macht«.[23] Die Scheintranszendenz des Kitschs überführt die überirdische christliche Heilsbotschaft in ein irdisches Heilsversprechen, ein rein diesseitiges Glück und gefühlige Harmonie. Der so nur beschworene höhere Anschein dient in *Bild* letztlich dazu, das Medium *Bild* selbst religiös zu überhöhen und es in die »Nachfolge« des Heiligen einzureihen: »Der Papst betrachtet und befühlt die *Bild*-Bibel. Ein Sekretär bittet die *Bild*-Delegation zum Gruppenbild mit dem Papst. Ein Gemälde der Gefühle. Der Butler des Papstes, Angelo Gugel, reicht ein Tablett mit gesegneten Rosenkränzen. Der Papst legt jedem die kleine rote Schatulle in die Hand. Der Abschied. Das Ende. Ein Sekretär flüstert: ›Er weiß, dass Sie auf der Seite der Armen, Kranken und Schwachen sind.‹« Das »Gemälde der Gefühle« bietet nicht nur sentimentalen Selbstgenuss, sondern auch den Hintergrund für die emotional unterlegte Strategie, *Bild* selbst die Weihe des Heiligen, Überirdischen zuteil werden zu lassen. *Bild* handelt, mit päpstlichem Segen versehen, als Anwalt der »Armen, Kranken und Schwachen«. Der Papst, der Stellvertreter Jesu Christi, hat in *Bild* einen Verbündeten gefunden, der selbst die Nachfolge Jesu antritt.

Der ästhetischen Transformation der traditionellen kirchlichen Religionskultur, wie sie von Theologen und Religionssoziologen beschrieben wird, geht es um die Erfahrung eines Ergriffenseins, um tiefe Sehnsüchte nach Schönheit und Harmonie. In *Bild* ist diese Transformation Teil einer Inszenierung, die alle Sehnsüchte auf *Bild* selbst lenkt. Die Leser sollen nicht nur angezogen werden von einem numinosen Objekt, sondern sich *Bild* selbst als religiöser Instanz anvertrauen. Die ästhetische Transzendenzerfahrung wird dadurch pervertiert. Die Scheintranszendenz des *Bild*-Kitschs ermöglicht keine Selbsttranszendierung; sie löst sich nicht von sinnlichen Objekten und führt nicht über diese Welt hinaus, sie bleibt an *Bild* kleben.

## Kapitel 6

# Unterhaltungsreligion

Religion, so behaupten heute nicht wenige Zeitbeobachter, wird nicht nur durch Massenmedien vermittelt, sondern auch durch sie gebildet. Es gibt Medienreligion. Sie wird vor allem einem Medium zugesprochen, das wie die *Bild*-Zeitung dem Menschen ermöglicht, immer »im Bild« zu sein – dem Fernsehen. Auch im Hinblick auf dieses Medium zeigt sich, dass massenmediale Sinn-»Bilder« die Nachfolge der Religion antreten. Je weniger traditionelle Wege der Sinngebung funktionieren, desto mehr gewinnt offensichtlich vor allem das Massenmedium Fernsehen Züge einer Ersatzreligion und avanciert zur sinnstiftenden, orientierenden Institution, um deren Empfangsapparate man sich wie vor »Hausaltären« versammelt.

Die Medienreligion definiert sich primär über ihre Funktionen. Sie begleitet den Alltag, sie sortiert die Welt, liefert Symbole und Rituale und bindet den Menschen zugleich in eine außeralltägliche Welt ein. Diese funktional bestimmte Religion erfüllt ihre Wirkungen über profane Strukturen und Praktiken. Unterhaltung und Religion gehen dabei eine Symbiose ein, die nicht ohne Folgen ist. Was sich im Ganzen zeigt, ist eine Schwerpunktverlagerung im Religionsverständnis. Religion bedeutet hier nicht eine Beziehung zu Gott und schon gar nicht eine Lehre über Formen dieser Beziehung. Religion wird vielmehr zu einer erlebnisbestimmten Diesseitsreligion des Status quo, die mit ihren Unterhaltungsriten den Bestand der Welt, aber auch den Alltag des Einzelnen stabilisiert und ein »Glück« verheißt, das allein die »Gnade« der medialen Wirklichkeit ermöglicht. Für eine solche Religion muss man keine Opfer bringen. Religion wird vielmehr dem Ich geopfert und einem Leben, das nur das »ist«, was Menschen selbst aus ihm machen können.

Die Hoffnung der Kirchen, man könne durch überzeugende Präsenz von Religion in den Massenmedien Menschen für den christlichen Glauben zurückgewinnen, ist eine Illusion. Die traditionelle Religion wird in den Medien marginalisiert. Der Medienrezipient sucht nach alternativen Angeboten, die sein Bedürfnis nach Sinnstiftung und Welterklärung nicht zuletzt auch unterhaltsam befriedigen. Das Religiöse unterliegt also dem Eigeninteresse des Nutzers, der es als Instrument der Sinnerfüllung »abruft«. Nicht mehr das Christentum, sondern die Massenmedien besitzen nun eine vorherrschende religiöse Deutungsmacht und kommen den Erwartungen nach einer orientierenden Instanz entgegen. Massenmedien, insbesondere das Fernsehen, dringen in Aufgabenfelder ein, die traditionell eine Domäne der Kirche waren: Das Fernsehen erfüllt Sehnsüchte und Träume, es »tröstet«, »segnet« und deutet die Welt. Öffentliche Geständnisse, die Suche nach Vermissten, das Stiften von Versöhnung und das Erbitten von Wundern werden von massenwirksamen TV-Shows wie *Nur die Liebe zählt* (SAT 1) gezeigt, die Elemente des Glaubens »live« inszenieren. Verkündigung, Verheißung, Vergebung, Trost und Caritas haben ein neues Heim gefunden: Sie sind nicht mehr allein in der Kirche ansässig, sondern zunehmend in Fernsehstudios. Als Gottesdienstersatz und neue Kanzel enterbt das Fernsehen die Kirche.[1]

Dieser Prozess wird durch sozialpsychologische Bedingungen der (Post-) Moderne beschleunigt. Der traditionellen Sicherheit eines Gottesglaubens, der den Alltag bestimmte, steht heute ein Verlust an vorgegebenen Gewissheiten und Ordnungen gegenüber. Dort, wo das Ich »freigesetzt« und unbeheimatet ist, entsteht eine Vergewisserungsbedürftigkeit und Sehnsucht nach Halt und Orientierung, die Massenmedien offenbar »erfolgreicher« bedienen als die explizite kirchliche Religionskultur. Mit den Massenmedien verliert die traditionelle Religionskultur dadurch immer mehr an Zuständigkeit. Man kann noch weiter gehen: Massenmedien wie das Fernsehen führen zunehmend zu einem Kompetenzverlust Gottes. »Das göttliche Licht der Emanation ist in der Fernsehrezeption durch das Flimmern des Bildschirmes ersetzt.«[2] Die göttliche Botschaft wird von der Tele-»Vision« abgelöst, die sich in der »Sendung« den Zuschauern offenbart. Das, was mit dem traditionellen Gottesglauben untergegangen ist, taucht in Sinnmassagen eines Mediums wieder auf, das sich mit einem heiligen, göttlichen Schein inszeniert.

## Gottes Zeit – Fernsehzeit

Massenmedien sind Orientierungssysteme, die als Brücken über die Diskontinuitäten des Tages führen. Die Zeit wird durch Medien wie das Fernsehen gestaltet und strukturiert.[3] Was einst ein Privileg der Kirche war und durch das Läuten der Glocken markiert wurde, die zum Gottesdienst riefen, ist nun ein Medienphänomen. Die täglichen Serien »läuten« zur Verehrung von Stars der TV-Welt. Wie man mit Leid und Tod fertig wird, was Liebe und Schmerz im Leben bedeuten, das erfahren Menschen im Medienzeitalter nicht mehr von geistlichen Beratern, die im Dienst des Gotteswortes stehen, sondern von Stars, die in TV-Genres wie den Telenovelas oder den Daily Soaps tagtäglich und zur festgesetzten Zeit verlässlich vorgeben, wie man mit Lebensproblemen umgehen kann. »Die Menschen brauchen uns nicht mehr«, meint der pensionierte TV-Pfarrer Heinrich aus der Serie *Mit Leib und Seele* (ZDF) resignierend zu seinem Nachfolger, dem Serienseelsorger Adam Kempfert, »die haben jetzt einen Fernseher.« Dieses Medium prägt mit seiner Allgegenwart und permanenten Präsenz die Lebenszeit des Menschen auf eine Weise, die die Distanz zur Welt der christlichen Religion immer weiter zu vergrößern scheint.

Mit dem Morgen-, Mittag- und Abendläuten als Einladung zum Gebet hat das Christentum (einst) die Alltagszeit nicht nur strukturiert, sondern auch eine religiös erfüllte Deutung der Zeit verkündet: Die Zeit ist Geschöpf wie wir auch. Wir sind nicht Herr der Zeit. Die Zeit ist Gott-zugehörig. Sein ist die Zeit. Wir leben in Gottes Zeit. Wer offen ist für Gottes Zeit, für den gibt es keine verlorene oder gewonnene Zeit. Dann ist die Zeit Gottes Geschenk an den Menschen, dann ist menschliche Zeit in seinen Händen. Dann geht es darum, Gott Zeit zu geben für seine Zeit mit dem Menschen.

»Der du die Zeit in Händen hast, Herr«, so heißt es in einem Weihnachtslied von Jochen Klepper, »der Mensch, sein Tag, sein Werk vergeht: Nur du allein wirst bleiben.« In der Mediengesellschaft bleibt oft nur allein das Fernsehen. Es ist zum neuen Zeitsouverän geworden. Das Leben vieler Menschen findet im Fernsehhorizont statt. Christliche Festzeiten sind nunmehr Fernsehzeiten. Hier »sitzt man in der ersten Reihe«, hier »sieht man besser« und passt sich widerstandslos an die Tagesabläufe, die Wochenrhythmen und Jahreszeitgliederungen des Mediums an.

Wer heute ein Kind fragt: »Wann und was ist Sonntag?«, erhält nicht selten die Antwort: »Sonntag, da gibt's die Sendung mit der Maus.« Dieses Kind wird als Teenager den frühen Abend mit Soaps wie *Marienhof* (ARD) verbringen, als Erwachsener Krimis, Unterhaltungsshows, aber auch anspruchsvolle Kultursendungen verfolgen und als alter Mensch die Lebenszeit vielleicht ganz zur Fernsehzeit machen, weil das Medium zur Fluchthilfe aus einem leeren, einsamen Alltag geworden ist. Dann sind die Bilder des Fernsehens das einzige Bild der Welt, das der Mensch erhält. Die Präsenz dieser Bilder ist verlässlich und prägt die Zeit. Vom Morgenmagazin über die vormittäglich wiederholten Serien und Filme, die mittäglichen Nachrichten sowie die Telenovelas am Nachmittag bis zu den Soaps und Serien am Abend, der wiederum von den Nachrichten »eingeläutet« wird, strukturiert das Fernsehen den Tag als eine Tagzeitenliturgie, die Funktionen der christlichen Stundenliturgie übernommen hat. Das morgendliche Angelusgebet ist ersetzt durch das Frühstücksfernsehen, das abendliche Rosenkranzgebet durch die *Tagesschau.*

Die mediale Strukturierung und Ritualisierung der Zeit mag den Alltag stabilisieren, aber sie führt nicht über ihn hinaus, Hinter der Nötigung der Unterhaltungszwänge steht nur noch das »abstrakte Zeitdiktat eines langfristig organisierten Massenvorgangs«.[4] Im christlichen Zeitverständnis ist dieses Zeitdiktat überwunden. Das Kommen des Herrn in die Zeit ist eine Zäsur in der Zeit, in der alles Vergangene und Zukünftige umschlossen ist. Die Zeit läuft nicht einfach weiter, sie ist verwandelt in eine neue Zeit, deren Ziel Gott vorausbestimmt hat: »Er hat beschlossen, die Fülle der Zeiten heraufzuführen, in Christus alles zu vereinen« (Eph 1, 10). Die Stunde der Christusgeburt schenkt der Welt für immer Gottes Zeit. Vor ihm, der die Zeit in Händen hat, der »alles in allem« ist (1 Kor 15, 28), hat der Mensch Zeit. Diese Zeit ist bleibend geschenkt. Sie erfüllt sich von Gott her in jenem Augenblick, in dem jeder Einzelne mit der Welt vor Gott steht, der das menschliche Herz hineinnimmt in seine Gegenwart.

Auch das Medium Fernsehen vermittelt dem Nutzer ein Zeiterlebnis, das offen ist für ein »Mehr«, für etwas, das alle Barrieren von Raum und Zeit zu übersteigen scheint. Auf dem Bildschirm spiegelt sich der Bereich des »ganz Anderen« und doch »ganz Nahen«. Das Fernsehen durchbricht die Grenzen des In-der-Welt-Seins. Wann und wo auch immer auf der Welt etwas Aufregendes und Wissenswertes passiert, es kann potentiell alles in der gleichen Sekunde weltweit auf die Fernsehbildschirme übermittelt werden. Diese Zeit und Ort transzendierende Fähigkeit des Fernsehens ermöglicht den Zuschauern nicht nur eine Teilhabe, die Zugehörigkeit und Gemeinschaft im globalen Mediendorf schafft, sie vermittelt auch ein Dabei-Sein im Sinne eines Überall-in-der-Welt-Seins. Die »überirdisch« wirkende Ubiquität der Fernsehbilder befördert im Zuschauer eine intuitiv-meditative Haltung, die viele Medienbeobachter mit dem Prädikat »religiös« versehen.[5] Doch in dieser »Bildschirmreligiosität« bleibt das »ganz Andere« immer in der Medienzeit gefangen und erreicht nicht die Realität der Zuschauer. Die vom Medium gestiftete »Religion« ist letztlich nur ein Glaube an das Medium selbst.

## Die befristete Zeit

Die Gotteskrise unserer Zeit geht, so die Diagnose des Theologen Johann Baptist Metz, mit einem Verlust der »Zeitempfindlichkeit« einher, der »Beunruhigung durch die Frage nach der Frist der Zeit: Wie lange noch? Maranatha!«[6] Im Zeichen dieses Maranatha erwartete das frühe Christentum die Wiederkehr des Herrn. Man rechnete mit der baldigen vollständigen Verwandlung der Schöpfung, dem Ende der Welt. Man lebte Zeit als letzte Zeit im Vertrauen auf den Erlöser, der die Welt ihrem Ziel zuführt, der Vollendung in der Ewigkeit. Heute hoffen immer weniger Menschen auf eine Welt jenseits der Zeit. Man lebt nicht mehr in der Gewissheit einer erlösenden Vollendung. So wie die Zeit zu einem persönlich-relativen Begriff geworden ist, hat sich auch die Hoffnung subjektiviert zu einer »kleinen« Hoffnung auf das Ausleben von Möglichkeiten. Das Ich, so Ulrich Beck, zieht sich auf ein Hier- und Jetzt-Prinzip zurück. Die »Zeithorizonte der Lebenswahrnehmung verengen sich immer mehr, bis schließlich … Geschichte zur (ewigen) Gegenwart schrumpft« und alles nur noch auf das Ich bezogen wird.[7] Damit gewinnt das individuelle Leben und seine Gestaltung immer mehr an Bedeutung. Zeit wird nicht als letzte Zeit erlebt, sondern als Lebenszeit, die man ausleben und auskosten möchte bis zum Letzten. Ein Leben im Blick auf das Ende als Anbruch der endgültigen und absoluten Zukunft Gottes wird im Horizont der »ewigen Gegenwart« fraglich.

Das Fernsehen verstärkt diesen Verlust der Vision von der befristeten Zeit durch eine neue »Television«: der durchlaufenden und schier endlosen Präsenz des Mediums selbst. Das Fernsehen, so der Theologe Günter Thomas, hat die »Gestalt eines programmförmigen Präsentationskontinuums« und erscheint als »eine ewige, prinzipiell auf Unendlichkeit ausgerichtete, mehrkanalige Liturgie«.[8] Man kann sich, wie das heute immer öfter geschieht, aus dem Programmfluss »ausklicken«, »zappen« oder sich per Video, DVD und Internet sein eigenes Programm zusammenstellen, aber der Sendestrom des Fernsehens bleibt davon unberührt. Er ist »unzerstörbar« und absolut verlässlich. Die Zuschauer erleben das Fernsehen als »unverwundbare« Wirklichkeit, die parallel zur Alltagswirklichkeit verläuft und jederzeit zugänglich ist. »Die Mehrkanalliturgie des Fernsehens ist ein mit dem Alltag stets mitlaufendes, zugriffsicheres Kommunikations- bzw. Wahrnehmungskontinuum. Es ist ohne Anfang und Ende.«[9] Es scheint keine befristete Zeit zu geben. Die Zeit bereitet allem, was sich in ihr ereignet, Anfang und Ende. Sie stößt so den Menschen auf die Frage nach dem, wo alles aufhört, nach dem Nichts. Der Gläubige vertraut auf ein Letztes, Unüberholbares, das nicht vergehen und nicht vernichtet werden kann. Er rechnet mit einem »Eschaton« in der Zeit und damit nicht nur mit dem Ende aller Abläufe, sondern auch mit dem Kommen einer die Welt verändernden Zukunft. Das Ende von Sein und Zeit bedeutet also nicht Zerstörung der Identität von Mensch und Welt. Weil Gott sich unserer Zeit geöffnet hat, verliert unser endliches Leben in der Zeit jede Nichtigkeit. Es steht im Zeichen der Verheißung eines »neuen Himmels und einer neuen Erde« (2 Petr 3, 13) am »Ende der Zeiten« (1 Kor 10, 11). Das »Ende der Zeiten« macht in einer heillosen Welt das Versprechen einer versöhnten Schöpfung sichtbar. In diesem Versprechen empfängt der Einzelne die Zukunft, den kommenden Gott. Zukunftserwartung ist Erwartung, dass Gottes Wirken sich immer neu zeigt, und ist Gewissheit, dass die Zukunft endgültig Gott gehören wird.

Das Fernsehen ermöglicht einen anderen Umgang mit dem »Ende der Zeiten«, der eine solche Zukunft nicht kennt. Die Erfahrung der Zeitlichkeit wird im Medium überwunden. In dem »ewigen« Programmfluss befinden sich verschiedene Einzelsendungen. Deren Verstreichen und die »Hinfälligkeit«, das heißt der ständige Verlust des Neuigkeitswerts der durch das Medium vermittelten Informationen bildet die Zeitlichkeit des Lebens ab. Der unendlich fortlaufende Fluss des Fernsehprogramms unterläuft diese Zeitlichkeit. Die Ewigkeit des Flusses konfrontiert also durchaus die Endlichkeit der Fernsehkommunikation, aber auch die Kontingenz des Lebens selbst, die Erfahrung der befristeten Zeit. Doch die permanente Aktualisierung des Programms steht der eigenen Vergänglichkeit entgegen und kompensiert damit den »Dauerzerfall der symbolischen Welt des Fernsehens«.[10] Es geschieht ein Senden ohne Ende, das die Grenze des Lebens und der Weltzeit vergessen macht.

Das Fernsehen überwindet diese Grenze auch von seinem inhaltlichen Angebot her. Es verleiht dem Einzelnen die »Gnade« des aus der Zeit herausgehobenen Außergewöhnlichen. Sie wird dem zuteil, der selbst Teil des Gesendeten und Gesehenen wird. So erlangt man etwa als Teilnehmer an einer Talkshow ein An-Sehen von scheinbar »zeitloser« Dignität. Wer im Fernsehen seine Lebensgeschichte erzählt, dürfe sich, so Ex-Talkshowmoderator und TV-Pfarrer Jürgen Fliege, als ein Auserwählter fühlen. Das Fernsehen lasse Menschen die heilsame Erfahrung zuteil werden, einmal aus dem Schattendasein auszubrechen und im Mittelpunkt zu stehen. Das Fernsehen selbst wird so zum »Anwalt einer inszenierten und gleichwohl realen Verbesserung und Überhöhung des wirklichen Lebens«.[11] Es verleiht dem Leben des Einzelnen einen außeralltäglichen Rahmen und hebt es aus seiner Bedeutungslosigkeit, seiner Nichtigkeit heraus.

Nach biblischem Zeugnis ist jeder Mensch unersetzbar und einzigartig, weil Gott ihn anruft: »Ich habe dich bei deinem Namen gerufen, du gehörst mir« (Jes 43, 1). Der Mensch wird von Gott gerufen und vertraut sich ihm an. Im Medium ruft der Mensch sich selbst aus und vertraut sich dessen mystifizierender Funktion an. Die TV-Akteure, die vor laufender Kamera ihre Lebensgeschichte erzählen, werden durch den Medien-Auftritt auratisiert. Die Talk-Akteure glauben sich selbst und ihren trivialen Alltag von einer magischen Aura umgeben, die ihrer Welt einen »übernatürlichen« Charakter verleiht. Durch diese »Heiligung« der Alltagswelt bindet das Fernsehen die TV-Zuschauer und die Talk-Akteure zusammen. Beide nehmen teil an einem öffentlichen »Kult«, der Präsentation des Privaten. Dieser »Kult« ist auf keine höhere, jenseitige Macht bezogen. Die Botschaft der Sendung ist die Sendung selbst. Sie erschöpft sich in einer Inszenierung, die das Alltägliche außeralltäglich macht und so dem Bedürfnis nach einer »zeitlosen« Bedeutung des Lebens entgegenkommt. Wo solche »zeitlose« Außeralltäglichkeit möglich ist, scheint sich die Frage nach der befristeten Zeit nicht mehr zu stellen.

Das Medium verstärkt diesen Verlust der »Zeitempfindlichkeit« inhaltlich noch auf andere Weise. In apokalyptischen Bildern und Berichten, die sich vor allem an der drohenden Klimakatastrophe festmachen, erinnert das Fernsehen daran, dass der Einzelne nicht nur mit seinem persönlichen Ende, dem Tod, rechnen muss, sondern auch mit einem globalen Untergang. In den medialen Apokalypsen dominieren dabei hauptsächlich katastrophensüchtige Spekulationen über den Zeitpunkt des Weltendes.[12] In der Verkündigung Jesu geht es nicht um solche chronologischen Spekulationen. »Doch jenen Tag und jene Stunde kennt niemand, auch nicht die Engel im Himmel, nicht einmal der Sohn, sondern nur der Vater« (Mk 13, 32). In dieser apokalyptischen Rede steht nicht der Zeitpunkt des »Finales« der Welt im Mittelpunkt. Es geht nicht um das nahe Ende, sondern um den im Ende nahen Gott.

Das »religiöse« Erleben vor dem Bildschirm ist ohne Bezug auf diesen nahen Gott. Die fernsehmediale Kommunikation ist ein »Angesprochenwerden ohne Gegenüber«. Sie ist geradezu eine »Inversion traditionellen Gebets«.[13] Sie ist nicht angewiesen auf eine personale jenseitige Schöpfermacht, die die erlösende Vollendung einer unheilen Welt heraufführt. Die Welt mag untergehen, aber wie bedrohlich ist dies wirklich, wenn der unendliche TV-Strom des Erzählens das Bedrohliche und Entsetzliche ordnet und verträglich macht? In der Überformung durch die Mediendarstellung wird das Bedrohliche und Beunruhigende vergleichgültigt. In der Medienwelt wird alles uniform, gleich fern oder gleich nah und dabei doch irgendwie stets auf Distanz gehalten. Kein Unglück ist so schrecklich, keine Katastrophe so bedrohlich, dass sie nicht vom Nachrichtensprecher durch ein »Und jetzt das Wetter« wieder »normalisiert« werden könnte. Gerade die Nachrichten vom Untergang in Gestalt des »Klimakollaps« erzeugen wohl durchaus eine »Betroffenheit« im neutralen Sinn von »es betrifft mich«, »es berührt mich«, aber nicht ein »Es trifft mich«. Das auf Verträglichkeit getrimmte mediale Unheil wird den Zuschauer nicht treffen. Der Zuschauer verarbeitet die permanente Bedrohtheit letztlich mit einer frappierenden Nicht-Beachtung. Der drohende Untergang ist als Nachricht eben keine »Nachricht«, ein Mitteilungsvorgang, nach dem man sich richtet, sondern ein medial gebändigtes Ereignis, das weder in die persönlich-private Welt eindringt noch verlangt, dass man eigene Handlungen danach ausrichtet.

Das Erleben des ferngesehenen Untergangs ist für den Zuschauer ein folgenloses Ereignis, das medial schnell »vergangen« ist. In der apokalyptischen Rede Jesu geht es dagegen um eine gegenwärtige und bleibende Zusage: »Genauso sollt ihr erkennen, wenn ihr all das geschehen seht, dass das Ende vor der Tür steht« (Mk 13, 29). So ist die Zeit, in der wir leben, Adventszeit, Zeit des Wartens auf das »Ende der Zeiten«, auf das Ankommen der Zeit in der erfüllenden Ewigkeit Gottes. Für das Heil, »das am Ende der Zeit offenbart werden soll« (1 Petr 1, 5), müssen wir uns jederzeit bereit halten: »Ihr selbst wisst genau«, schreibt Paulus, »dass der Tag des Herrn kommt wie ein Dieb in der Nacht« (1 Thess 5, 2). Darin liegt auch die Mahnung, sich der irdischen Zeit nicht durch Ewigkeitssehnsucht zu entziehen. Der Mensch ist aufgefordert, sich liebend und tätig der geschaffenen Welt zuzuwenden in Erwartung der Wiederkehr des Herrn am Ende der Tage.

Die »ewige« Mehrkanalliturgie des Fernsehens, wie Günter Thomas sie beschreibt, bietet dagegen eine eigene Wirklichkeit, in die sich jeder ohne Vorleistungen und eigenes Tun einschalten kann. Sie ist »unendlich, allgegenwärtig, vermeintlich alles sehend und nichts fordernd«.[14] Dazu fügt sich die inhaltliche Sinnstiftungsleistung des Fernsehens. Das Happy End vieler Unterhaltungsserien versichert dem Zuschauer, dass alles gut ist, und führt am Ende verlässlich eine wohlgefällige Beruhigung herauf, für die man nicht aktiv werden muss. Die Sinnstiftungsleistung des Mediums entpuppt sich letztlich als Sinnmassage, die keine Beteiligung, keinen persönlichen Einsatz verlangt und nur auf Betrachtung und Bestätigung angelegt ist.

## TV-Helden als Gottesersatz

Das Fernsehen wird heute nicht selten als eine allwissende Erzählmaschine beschrieben, die einer »göttlichen Institution« gleichkommt. In der Rolle eines solchen Erzählers mit »göttlichem« Nimbus hält das Fernsehen Botschaften bereit, die mit ihren entlastenden, beruhigenden Wirkungen offensichtlich besser »funktionieren« als die traditionellen Verkündigungsinhalte der christlichen Kirchen. Ein Beispiel aus dem Fernsehalltag: Freitagabend. Krimizeit mit dem »Alten« (ZDF). Ein Mord geschieht gleich in den ersten Minuten der Krimifolge. Die Umstände der Tat, der Täter, die Motive liegen noch im Dunkeln. Der »Alte« sammelt am Tatort die ersten Indizien. Alibis werden überprüft und Verdächtige verhört. Ein Verdächtiger kann kein Alibi vorweisen, ein anderer hat ein handfestes Motiv, wieder ein anderer eine kriminelle Vergangenheit. Die Entlarvung des Täters schreitet voran. Der Krimi endet schließlich mit einer Rekonstruktion des Verbrechens, in deren Folge der Mörder gestellt wird.

Seit Jahren sind solche Konstellationen Garanten für erfolgreiche Fernsehunterhaltung. Kaum eine TV-Erzählung kommt heute ohne Krimi-Elemente aus. Der Erfolg solcher Unterhaltung liegt nicht zuletzt im affirmativen Charakter des Krimis, der dem Zuschauer psychische Entlastung verschafft, indem er eine Fluchtwelt etabliert, die von der bedrängenden Wirklichkeit ablenkt. Das Bedrängende der Realität besteht auch in der Monotonie des Alltags, der durch die Abwesenheit von äußeren Gefahren langweilig geworden ist und zu einer Art »Reizhunger« führt. Der Krimi befriedigt diesen Reizhunger auf harmlose Weise. Er ermöglicht es dem Zuschauer, Aggressionen auf lustvolle Weise abzureagieren, und bietet gleichzeitig ein Surrogat zur Überwindung eines monotonen Alltags.

Menschen, die sich ansonsten für friedfertig und gebildet halten, ergötzen sich im Krimi am Schrecklichen und Grauenvollen des Verbrechens. Aber dieses Schreckliche ist keine Wirklichkeit, die den Zuschauer persönlich angeht und erfasst. Der Mord ist zwar innerhalb der Krimihandlung das zentrale Ereignis, aber seine Funktion ist nur auslösend. Der eigentliche Erzählanlass sind die Anstrengungen, die zur Aufdeckung des Mordes und zur Ermittlung des Täters notwendig sind. Dieses Erzählschema, das nicht den Mord selbst thematisiert, sondern primär die Technik der Aufklärung, erlaubt es dem Krimi, alle Abgründe des Verbrechens zu zeigen, ohne dass sich der Zuschauer emotional damit befleckt. Das Schreckliche bleibt außen vor, der Mord und seine Aufklärung werden verdinglicht.

Die Verdinglichung des Mordes hängt aufs Engste zusammen mit seiner Aufdeckung durch scharfsinnige, durchdachte Schlussfolgerungen. Derrick, der »Kriminalist« (ZDF) und der »Alte« gehören zu diesem Typ des analytisch vorgehenden Kommissars, der von der Macht des Intellekts überzeugt ist. Derrick und seine Nachfolger sind Helden der Logik und des Analysierens. Das Verbrechen wird mit Hilfe der Kombinationsgabe des Ermittlers rational erklärt. Dem Unheimlichen, Verbrecherischen und Dunklen stehen das Enträtselnde, Aufdeckende und schlechthin Detektivische des Ermittlers gegenüber. Mit der Auflösung des Rätsels am Krimischluss wird das Geheimnis des Verbrechens hinfällig und die Bedrohung einer moralisch intakten Umwelt beseitigt. Der Krimi bestätigt so das Modell einer vernünftigen, aufklärbaren Welt, deren konventionelle, vertraute Ordnung durch die Rätsellösung wiederhergestellt wird.

So brutal und schrecklich der vorgeführte Fall auch sein mag, er wird am Ende der Krimifolge gelöst. Das Immer-Wieder-Selbe der Auflösung, die stereotype Ritualisierung erfüllt das Bedürfnis des Zuschauers nach Sicherheit und Verlässlichkeit. Die mediale Welt wird so zum Vermittler von Vertrauen und Zuspruch. Der Zuschauer findet ersehnte Harmonie in Zeiten von Unordnung und Chaos. Er erfährt: Der Mord, die gewalttätige, verbrecherische Tat, die fasziniert und abstößt zugleich, ist kein Zustand, sondern hat Anfang und Ende. Diese Art der Entlastung tröstet über die Unsicherheit der Realität hinweg und kompensiert sie mit einer märchenhaften Beruhigung. Das Ende jeder Krimifolge gewährt eine Pause im Unheimlichen und Schrecklichen, das die Welt erfasst hat.

In solchen Erzählungen erweist sich das Fernsehen primär als ein emotionales Orientierungssystem. Alle Bedrohungen, die das Fernsehen thematisiert, verlieren durch das Medium selbst ihre Angst machende Wirkung. Fernsehen verschränkt Fiktion und Realität. In der Fiktionalität bietet es Schutz vor dem unmittelbar Bedrohlichen. Das, was hinter den Bildern auf den Zuschauer hereinbricht, wird aber auch durch die mediale Erzählform an sich abgewehrt. Das Fernsehen reduziert die bedrohliche, undurchschaubare Komplexität der Welt auf einfache und inhaltlich geschlossene Erzähleinheiten. In den Handlungssträngen serieller Erzählungen wie den Krimis wird das komplizierte Weltgeschehen in personenbezogene Erzählhäppchen zerlegt und in sicheren Handlungsfolgen geordnet, die auf ein Ende zulaufen. Gerade durch diese geschlossene Erzählform erscheint alles beherrschbar. Das Chaotische, Sinnlose, Bedrohliche der Welt erhält einen durchschaubaren »Sinn«, eben weil es in der TV-Erzählung in ein geschlossenes Ganzes eingefügt wird.[15] Das Medium vermittelt so die Gewissheit, dass die Welt doch irgendwie in Ordnung ist. Der Zuschauer ist dabei nicht Teilnehmer, sondern Voyeur, der alles ohne Folgen für sein eigenes Handeln miterleben kann und zugleich die beruhigende, tröstliche Lektion vermittelt bekommt, dass er letztlich in der Welt gut aufgehoben ist. Genau darin liegt das Versprechen und der »Nutzen« der Unterhaltungsreligion: Für die Dauer einer Fernsehsendung erfährt der Zuschauer Entlastung und Ablenkung von den Widrigkeiten der Wirklichkeit. Die christliche Religion dagegen zielt auf verbindliche Lebensorientierung über die Dauer des Moments hinaus – im Blick auf eine letzte Instanz.

Die Ordnungswelt, in der die TV-Figuren handeln, bietet sich in der Regel dar als übersichtlich in Gute und Böse geschiedene Welt. In dieser Welt entsprechen mediale Helden wie der Kommissar unantastbaren »Medizinmännern«, die das Übel geradezu wittern, das die Gesellschaft schädigt, und es gnadenlos verfolgen.[16] Eine unfehlbare Macht ereilt das Böse: der überlegene Ermittler, der genau weiß, wo Schuld zu suchen ist. Der Kommissar, der mit seinen Ermittlungen sicherstellt, dass das Böse sich nicht lohnt, wird so zu einem Vertreter der Moral und der Gerechtigkeit.

Als »Wertgeber« übernimmt das Fernsehen hier eine maßgebliche Rolle. Das Fernsehen wird zur »ethischen Vermittlungsinstanz«, die dem Zuschauer nicht nur Sinnstiftung, sondern auch Wertmaßstäbe anbietet.[17] In Krimiserien oder Familienserien wie *Eine himmlische Familie* (Vox) übernimmt das Fernsehen die Rolle eines Lehrers der Moral. Die TV-Helden stehen ein für verbindliche moralische Werte und erfüllen Aufgaben, die heute in einer Zeit der Beliebigkeit und Unverbindlichkeit nicht mehr konsensfähig zu sein scheinen: die Entlarvung des Bösen und die Durchsetzung des Guten.

Die Grundstruktur vieler Fernseherzählungen erweist sich an dieser Stelle als mythisch-archaisch. Das Böse erscheint einerseits als überpersönliches Schicksal und plötzlich hereinbrechendes Unheil, das den Einzelnen überfällt. Es bezeugt andererseits aber auch die verhängnisvolle Wirklichkeit menschlicher Schuld. Doch das Fernsehen antwortet auf diese Wirklichkeit mit einer Verheißung: Das Gute steht zwar im Kampf mit dem Bösen und ist vom Bösen bedroht, aber das Böse hat nicht das letzte Wort, es hat keinen Bestand. Wenn im Krimi der Mörder überführt ist, verschwindet er unversehens von der Bühne. Das Böse wird nicht nur aufgespürt, sondern auch beseitigt. Dieses Konzept einer ausgleichenden Gerechtigkeit mag Trost spenden und erneut beruhigend und angstlösend wirken, aber es verheißt keine höhere Wahrheit im religiösen Sinn. In der Medienwelt wird das Böse eliminiert, im christlichen Glauben wird der Mensch vom Bösen erlöst.

Auch das Fernsehen verspricht »Erlösung«. Die Erlösung im Kriminalfilm ist der Augenblick, in dem das Verbrechen öffentlich bekannt wird. Am Ende redet der Mörder, wie in der *Derrick*-Folge »Mädchen im Mondlicht«, vor dem Kommissar von seinem Verbrechen. Er spürt, dass sein Gegenüber das Verbrechen durchdacht und auf mysteriöse Weise auf sich genommen hat. So kann schließlich das Geständnis von Mensch zu Mensch erfolgen. Diese Rolle des Kommissars als »Seelenwäger« und Beichtvater verbürgt die Rückkehr zu einer »Erlösung«, in der der Mörder seinem Gewissen überantwortet ist und die Welt sich läutert zu einer gerechten Welt, in der der gewaltsame Tod bekannt und gesühnt wird.

In einer Zeit, in der man Gott nicht mehr als richterliche Instanz für menschliches Fehlverhalten annimmt, fungieren TV-Helden wie der Kommissar als Gottesersatz. Diese vermenschlichten Gottesgestalten verheißen eine »Erlösung«, die im Leben selbst vorhanden ist. Es geht in dieser »Erlösung« nicht mehr um ein Übersinnliches, sondern um den »Sinn« des »sinnhaft Zugänglichen«.[18] Damit zeigt sich erneut: Im Mittelpunkt der Unterhaltungsreligion stehen individuelle Sinnzuweisungen, die nicht von der Suche nach dem persönlichen Gott bestimmt sind, sondern von subjektiver Sinnerfahrung im Diesseits – eine Sinndimension, die bezogen ist auf das, was eigene Lebensentwürfe gelingen lässt. Erlösungshoffnungen werden entsprechend im Gewand des Medienreligiösen »vorzeigbar« bedient. Sie spiegeln sich in erfüllter Liebe, glückenden zwischenmenschlichen Beziehungen und im Happy End, dem Sieg des Guten. Die medialen Heilsträger öffnen das Leben so letztlich nicht mehr auf ein Transzendentes hin, sondern bekräftigen lediglich ein innerweltliches Ethos. Gottes heilsmächtiges Handeln in der Welt ist nicht mehr vorgesehen.

Die »frohe Botschaft« des Fernsehens ist an dieser Stelle »erfolgreicher« als christliche Verkündigungsangebote, weil sie in ihrer Diesseitigkeit, mit ihren Instant-Lösungen für das Hier und Jetzt eines problembeladenen Alltags aktueller, flexibler und lebensrelevanter erscheint. Genau diese lebenbestimmende, lebensrelevante Kraft haben die christlichen Kirchen heute verloren – vielleicht gerade deshalb, weil sie Lebenszeit nicht mehr als Gottes Zeit vermitteln können. Dort, wo es möglich ist – siehe etwa die Telenovelas –, eine mediale Serienwelt zu betreten, in der sich für den Einzelnen unerfüllte Lebensträume unterhaltsam und anschaulich verwirklichen, ist ein Warten und Hoffen auf endgültig erfüllte Zeit offensichtlich nicht mehr »angesagt«.

# Epilog

Jede Gesellschaft hat das Medium, das sie verdient. *Bild* kommt immer erst danach, und so bedient das Blatt lediglich etwas, das es schon immer gab: narrative Gier, das Verlangen nach Zerstreuung und Abschalten, also emotionale Leserbedürfnisse nach Unterhaltung im weitesten Sinn. Dass man diese Bedürfnisse auch im Gewand der Religion befriedigen kann, ist ebenfalls keine neue Erfindung von *Bild* – siehe die mittelalterlichen Mysterienspiele, in denen sich Unterhaltung in den Dienst von Religion stellte. Durch sie versuchte man, den Zuschauer zu »belehren«. Die *Bild*-Unterhaltung dagegen will Menschen weniger »belehren« als vielmehr emotional teilhaben lassen. Die Wirksamkeit der *Bild*-Zeitung ergibt sich an dieser Stelle aus der Art und Weise, wie sie emotionale Bedürfnisse aufgreift und Möglichkeiten zum »Ausbruch aus dem durchrationalisierten Prozess der Zivilisation« berücksichtigt: Die vor »Emotion ... strotzende Boulevardzeitung dient als Kompensation für die Defizite im Gefühlshaushalt der modernen gesellschaftlichen Kommunikation«.[1] Dass Massenmedien wie *Bild* diese Defizite auch in Sachen Religion kompensieren, macht den Erfolg der »Medienreligion« aus.

Religion als Inszenierung großer Gefühle, wie sie sich etwa in der *Bild*-»Papamania« zeigt, bedient etwas, das viele heute in der institutionalisierten Religion in Gestalt der christlichen Kirchen vermissen: den erlebnismäßigen Anteil von Religion. Glaube gibt nicht nur zu denken, das Evangelium ist nicht nur auf Einsicht und Erkenntnis angelegt, sondern auch auf Erlebnis und Betroffenheit, die den Glaubensvollzug erst möglich macht.[2] In der *Bild*-Aufbereitung von Religion wird aus dieser Betroffenheit ein Ergriffenheitskonsum, der das Gefühl so verabsolutiert, dass Inhalte letztlich austauschbar werden. Im Sieg der Emotionen über die Vernunft steht entsprechend der »Diana-Effekt« gleichwertig der »Papamania« gegenüber. Beide Phänomene ermöglichen Sinnsuchern von heute eine Auszeit vom Alltag, eine Teilhabe an großen Gefühlen, der man nicht vorschnell das Prädikat »Religion« zuschreiben sollte.

In einer Betrachtung zum Karfreitag, die Kardinal Joseph Ratzinger wenige Tage vor dem Tod Johannes Pauls II. schrieb, findet sich eine bemerkenswerte Kritik an der Verselbstständigung des Gefühls im religiösen Erleben. »Bloßes Gefühl«, so Ratzinger, »reicht nicht; der Kreuzweg soll eine Schule des Glaubens sein.« Gefühl allein führe zu einer »bloß sentimentalen

Frömmigkeit, die nicht zu Umkehr und gelebtem Glauben wird«.[3] Gefühle dürfen sich nicht vom Glaubensvollzug abkoppeln; sie müssen sowohl praktisch werden als auch intellektuell reflektiert werden. Diese Forderung ist ein Grundanliegen, für das Joseph Ratzinger in seinem Pontifikat eintritt. Er lehnt jenen Betroffenheitskonsum ab, der den Glauben dazu benutzt, sich der Vernunft quasi zu »entledigen«. »Pathologien« des Religiösen seien nur zu überwinden durch die notwendige Einheit von Vernunft und Glaube, die ihren gemeinsamen Ursprung in dem einen Schöpfergott und der heilsgeschichtlichen Offenbarung haben.[4]

Von hier aus gelangt Joseph Ratzinger zu einer neuen Bewertung des viel beschworenen »Megatrends Religion«. In seinen Überlegungen zum Thema »Glaube – Wahrheit – Toleranz« diagnostiziert Ratzinger eine Krise des Glaubens und der Religion, die durch den Boom des »Religiösen« nicht verdeckt werden könne. Die Krise, so Ratzinger, »beruht eben darauf, dass die Vermittlung zwischen dem subjektiven und dem objektiven Bereich ausfällt, dass Vernunft und Gefühl auseinanderdriften«. Dort, wo sich das Gefühl verselbstständigt, löst sich das Religiöse »aus seinen großen geistigen Zusammenhängen« und »verheißt« dem Menschen »Bedürfnisbefriedigung«, »anstatt (ihn) aufzurichten«.[5]

Religion als unterhaltsame Bedürfnisbefriedigung und Erlebnisqualität – das ist das herausragende Merkmal des »Megatrends Religion« in *Bild*. Dort, wo alles Religion *ist*, was sich so anfühlt *wie* Religion, geschieht Aneignung von Glaube allein im individuellen Erleben. Ein solcher Glaube steht nur für diese Welt ein, er kennt letztlich nicht mehr ein vom Menschen unabhängiges Gegenüber. Wer sich mit *Bild* seine Religion bildet, gelangt nicht über die *Bild*-Welt hinaus. Früher hoffte man auf Vollendung und Trost im Jenseits, heute haben wir Massenmedien wie *Bild* mit ihren kleinen Transzendenzen, die jederzeit zugänglich und machbar sind und auf eine allgemeine Welt- und Menschenverbesserung zielen, für die man die Kreuzesbotschaft nicht braucht.

Wer sich *Bild* als letztgültiger Instanz anvertraut, muss sich keiner lebensbestimmenden Zumutung des Glaubens aussetzen, wohl aber dem moralischen Appell des »Seid nett zueinander«. Diese Allerweltsmitmenschlichkeit ist Maxime einer kommerziellen *Bild*-Religion, in der die Glaubensbotschaft des Papstes gleich-gültig neben den Botschaften des Dalai Lama und anderen Sinnanbietern zu stehen kommt. Solche Vergleichgültigung arbeitet einer Verbequemlichung des Glaubens zu, der in erster Linie der

Selbsterfüllung und der eigenen Identitätssuche dienen soll. In Zeiten, in denen man primär an innerweltlicher Erlösung vom Alltag und seinen täglichen Apokalypsen interessiert ist, bietet die *Bild*-Zeitung dem (post-)modernen Sinnsucher eine Geborgenheitsreligion an, die – medial überformt – nicht mehr zu Gott, sondern zu *Bild* selbst führt. Aus dem Bild der Wirklichkeit wird die Wirklichkeit von *Bild*.

Religion und Massenmedien wie *Bild* passen offensichtlich doch nicht so gut zusammen, wie das Amalgam »Medienreligion« glauben machen will. Religion ist eine selbstständige Kraft im Gegenüber zu den Medien. Religion lebt unmittelbar, sie ergreift, sie gestaltet das Leben. Sie verlangt »ein Hier, Jetzt und Immerdar in der Revokation des Mysteriums, der Gottesgegenwart«.[6] In Massenmedien wie *Bild* zeigt sich dagegen gerade der religiöse Verlust der Gottesgegenwart. Das mediale *Bild*-»Evangelium« bedient Heilssehnsüchte des Menschen, indem es Problemlösungsstrategien im Zeichen des »Alles wird gut mit *Bild*« vermittelt. Das Medium verheißt so nur kleine Heilsversprechen, es rettet den Menschen nicht vor der Welt. Die Tröstung des »Alles wird gut« reicht nicht, sie verpflichtet zu nichts, sie verändert nichts. Sie bietet eine Harmonie, die herausgelöst ist aus dem Zusammenhang von Heilsgeschichte und Erlösung. Eine Kirche, die ihre Religionsfähigkeit behaupten will, muss an die heutigen Heilssehnsüchte des Menschen anknüpfen und die lebensdienliche Bedeutung der Botschaft vom Heil in Christus herausstellen. Sie muss die christliche Botschaft so weitersagen, dass Menschen zu ahnen beginnen, dass diese Botschaft ihr Leben verändert.

Religion ist heute weder *die* lebensbestimmende Macht für den Einzelnen noch verbindlicher gesellschaftlicher Rahmen. Daran ändert auch die These vieler Zeitbeobachter nichts, dass Massenmedien wie das Boulevardblatt *Bild* oder das Fernsehen heute als Religionsersatz fungieren. Auch wenn die Medien Menschen in eine außeralltägliche Wirklichkeit hineinführen, auch wenn sie Trost spenden und Hoffnung auf ein »Mehr« des Lebens wecken, sind sie letztlich doch ganz von weltlichen Zusammenhängen bestimmt und nicht von einer Transzendenz außerhalb der Welt. In Zeiten neuer Unübersichtlichkeit bieten Medien unter dem Vorwand der Bedürfnisse des unbeheimateten, sinnsehnsüchtigen Menschen nur einen pseudoreligiösen Sinnersatz, der keinen anderen Glauben schafft als den Glauben an das Medium. Der Mensch findet den Grund seiner Existenz nicht mehr in Gott, sondern im Medium selbst.

# Anmerkungen

## Kapitel 1

1 Renate Köcher, Die neue Anziehungskraft der Religion. In: FAZ, 12. 4. 2006, 5.

2 Vgl. Daniel Deckers, Offene Kirche. In: FAZ, 15. 4. 2006, 1; Evangelische Kirche vor radikalen Einschnitten. In: FAZ, 6. 7. 2006, 1.

3 Vgl. Paul M. Zulehner, Megatrend Religion. In: Stimmen der Zeit 2 (2003), 87–96. Vgl. auch Regina Polak (Hg.), Megatrend Religion? Neue Religiositäten in Europa. Ostfildern 2002.

4 Wolfram Weimer, Credo. Warum die Rückkehr der Religion gut ist. München 2006, 7. Vgl. Karl Gabriel, Gesellschaft im Umbruch – Wandel des Religiösen. In: Hans-Joachim Höhn (Hg.), Krise der Immanenz. Religion an den Grenzen der Moderne. Frankfurt a. M. 1996, 31–49; Thomas H. Böhm, Religion durch Medien – Kirche in den Medien und die »Medienreligion«. Eine problemorientierte Analyse und Leitlinien einer theologischen Hermeneutik. Stuttgart 2005, 144–156; Regina Polak, Religion kehrt wieder. Handlungsoptionen in Kirche und Gesellschaft. Ostfildern 2006, 43–52.

5 Mario Kaiser/Ansbert Kneip/Alexander Smoltcyk, Das Kreuz mit den Deutschen. In: Der Spiegel 33 (2005), 148; Jürgen Habermas, Vorpolitische Grundlagen des demokratischen Rechtsstaates? In: Jürgen Habermas/Joseph Ratzinger, Dialektik der Säkularisierung. Über Vernunft und Religion. Freiburg 2005, 26, 27.

6 Vgl. Rüdiger Safranski, Das Böse oder das Drama der Freiheit. München 1997, 279.

7 Peter L. Berger, Der Zwang zur Häresie. Religion in der pluralistischen Gesellschaft, Freiburg 1992, 32. Vgl. Böhm, Religion durch Medien, 146.

8 Vgl. Ulrich Beck, Risikogesellschaft. Auf dem Weg in eine andere Moderne. Frankfurt a. M. 1986, 206, 208–210; Richard Sennett, Der flexible Mensch. Die Kultur des neuen Kapitalismus. Berlin 1998, 37, 38.

9 Gabriel, Gesellschaft im Umbruch, 35; Peter L. Berger, Sehnsucht nach Sinn. Glauben in einer Zeit der Leichtgläubigkeit. Frankfurt a. M. 1994, 95; Matthias Horx, Der Selfness-Trend. Was kommt nach Wellness? Kelkheim 2005, 42–43, 70.

10 Vgl. Peter Gross, Die Multioptionsgesellschaft. Frankfurt a. M. 1994, 69–75; Berger, Sehnsucht nach Sinn, 126.

11 Vgl. Michael N. Ebertz, Kirche im Umbruch der religiösen Landschaft. Soziologische Perspektiven. In: Konrad Hilpert (Hg.), Wiederkehr des Religiösen? Metaphysische Sehnsucht, Christentum und Esoterik. Trier 2001, 33.

12 Vgl. Maria Widl, Sehnsuchtsreligion. Neue religiöse Kulturformen als Herausforderung für die Praxis der Kirchen. Frankfurt a. M. 1994, 21–22.

13 Herbert Schnädelbach, Wiederkehr der Religion? In: Universitas 11 (2005), 1131.

14 Vgl. Günter Kehrer, Einführung in die Religionssoziologie. Darmstadt 1988, 20–21; Jo Reichertz, Die frohe Botschaft des Fernsehens. Kulturwissenschaftliche Untersuchung medialer Diesseitsreligion. Konstanz 2000, 247.

15 Franz-Xaver Kaufmann, Religion und Modernität. Tübingen 1989, 84–85; Karl Gabriel, Hat das Christentum Zukunft? In: Hilpert (Hg.), Wiederkehr des Religiösen?, 120–121.

16  Vgl. Detlef Pollack, Säkularisierung – ein moderner Mythos? Studien zum religiösen Wandel in Deutschland. Tübingen 2003, 43.

17  Ebd., 46, 48. Vgl. 54.

18  Vgl. Horst Albrecht, Die Religion der Massenmedien. Stuttgart 1993, 126–127.

19  Thomas Rentsch, Religiöse Vernunft: Kritik und Rekonstruktion. Systematische Religionsphilosophie als kritische Hermeneutik. In: Höhn (Hg.), Krise der Immanenz, 246. Vgl. auch Jörg Herrmann, Sinnmaschine Kino. Sinndeutung und Religion im populären Film. Gütersloh 2001, 51–52, 60–61.

20  Lucian Hölscher, Religion im Wandel. Von Begriffen des religiösen Wandels zum Wandel religiöser Begriffe. In: Wilhelm Gräb (Hg.), Religion als Thema der Theologie. Geschichte, Standpunkte und Perspektiven theologischer Religionskritik und Religionsbegründung. Gütersloh 1999, 45.

21  Hans-Georg Soeffner, Die Ordnung der Rituale. Frankfurt a. M. 1992, 65.

22  Vgl. David Kadel, Fußball-Gott. Asslar 2006; Lutz Friedrichs/Michael Vogt (Hg.), Sichtbares und Unsichtbares. Facetten von Religion in deutschen Zeitschriften. Würzburg 1996; Norbert Bolz/David Bosshard, Kult-Marketing. Die neuen Götter des Marktes. Düsseldorf 1995; Inge Kirsner, Erlösung im Film. Praktisch-theologische Analysen und Interpretationen. Stuttgart 1996; Günter Thomas, Medien – Ritual – Religion. Zur religiösen Funktion des Fernsehens. Frankfurt a. M. 1998; Hubert Treml, Spiritualität und Rockmusik. Spurensuche nach einer Spiritualität der Subjekte. Ostfildern 1997; Bernd Schwarze, Die Religion der Rock- und Popmusik. Stuttgart 1997.

23  Vgl. Pollack, Säkularisierung, 12, 90, 164–165.

24  Vgl. Nüchternheit ist vonnöten. Ein Gespräch mit dem Religionssoziologen Detlef Pollack. In: Herder Korrespondenz 7 (2006), 340. Vgl. auch Pollack, Säkularisierung, 161–173.

25  Vgl. Pollack, Säkularisierung, 12.

26  Vgl. ebd., 137. Vgl. auch 90–91.

27  Ebd., 137. Vgl. 180.

28  Johann Hinrich Claussen, Zurück zur Religion. Warum wir vom Christentum nicht loskommen. München 2006, 30.

29  Pollack, Nüchternheit ist vonnöten, 343. Vgl. ders., Säkularisierung, 128.

30  Zit. nach Ulrich H. J. Körtner, Wiederkehr der Religion? Das Christentum zwischen neuer Spiritualität und Gottvergessenheit. Gütersloh 2006, 30.

31  Jürgen Habermas, Glaube und Wissen. Die Rede des diesjährigen Friedenspreisträgers des deutschen Buchhandels. In: FAZ, 15. 10. 2001, 9.

32  Thomas Assheuer, Macht euch die Erde untertan. Nach dem Streit um Walser: Warum Schriftsteller die monotheistischen Religionen für die Sinnkrise verantwortlich machen. In: Die Zeit, 18. 7. 2002, 33.

33  Gabriel, Hat das Christentum Zukunft?, 127.

34  Polak, Religion kehrt wieder, 27.

35  Ebd., 27. Vgl. Pierre Bourdieu, Die Auflösung des Religiösen. In: Ders., Rede und Antwort. Frankfurt a. M. 1992, 233–234.

36  Thomas Luckmann, Die unsichtbare Religion. Frankfurt a. M. 1991, 182. Vgl. 120, 132.

37 Vgl. Paul M. Zulehner/Isa Hager/Regina Polak, Kehrt die Religion wieder? Religion im Leben der Menschen, 1970–2000. Ostfildern 2001, 18; Hans-Joachim Höhn, Gegen-Mythen. Religionsproduktive Tendenzen der Gegenwart. Freiburg 1994, 5.

38 Kaufmann, Religion und Modernität, 86.

39 Michael N. Ebertz, Die Dispersion des Religiösen. In: Hermann Kochanek (Hg.), Ich habe meine eigene Religion. Sinnsuche jenseits der Kirchen. Zürich 1999, 218.

40 Vgl. Ebertz, Kirche im Umbruch der religiösen Landschaft, 34–35.

41 Höhn, Gegen-Mythen, 15. Vgl. auch ders., Postsäkular. Gesellschaft im Umbruch – Religion im Wandel. Paderborn 2007, 43; Grace Davie, Religion in Britain since 1945. Believing without Belonging. Oxford 1994.

42 Heiner Barz, Postmoderne Religion am Beispiel der jungen Generation in den alten Bundesländern. Opladen 1992, 115. Vgl. Kaufmann, Religion und Modernität, 170.

43 Hans-Joachim Höhn, Postreligiös oder postsäkular? Wo heute religiöse Bedürfnisse aufleben. In: Renaissance der Religion. Mode oder Megathema? Herder Korrespondenz Spezial. Freiburg 2006, 5.

44 Vgl. Gerhard Schulze, Die Erlebnisgesellschaft. Kultursoziologie der Gegenwart. Frankfurt a. M. 1993, 312–329; Bernt Schnettler, Alltag und Religion. In: Birgit Weyel/Wilhelm Gräb (Hg.), Religion in der modernen Lebenswelt. Erscheinungsformen und Reflexionsperspektiven. Göttingen 2006, 100.

45 Matthias Kroeger, Es ist nicht alles Religion, was sich so fühlt. In: Peter Stolt/Wolfgang Grünberg/Ulrike Suhr (Hg.), Kulte, Kulturen, Gottesdienste. Öffentliche Inszenierung des Lebens. Göttingen 1996, 233.

46 Konrad Hilpert, »Unheilbar religiös«. Religiosität der Gegenwart und kulturelle Gegenwart des Religiösen. Eine Einführung. In: Ders. (Hg.), Wiederkehr des Religiösen?, 10; Höhn, Postreligiös oder postsäkular?, 3.

47 Friedrich Wilhelm Graf, Die Wiederkehr der Götter. Religion in der modernen Kultur. München 2004; Höhn, Postreligiös oder postsäkular?, 5.

48 Alexander Smoltcyk, Der Kreuzzug der Gottlosen. In: Der Spiegel 22 (2007), 56, 61, 62.

49 Vgl. Pollack, Säkularisierung, 91. Vgl. auch Johann Baptist Metz, Memoria passionis. Ein provozierendes Gedächtnis in pluralistischer Gesellschaft. Freiburg 2006, 70.

50 Vgl. Detlef Pollack, Die Wiederkehr des Religiösen. Eine neue Meistererzählung der Soziologen. In: Herder Korrespondenz Spezial (2006), 9. Vgl. auch ders., Säkularisierung, 165; Körtner, Wiederkehr der Religion? 15–16.

51 Zu den Ergebnissen der Sinus-Milieustudie vgl. Toni Nachbar, Aus einer fremden Welt. In: Der Sonntag, Ausgabe Nördlicher Breisgau, 25. 3. 2006, 1; Rudolf Zewell, Ferne Lebenswelten. In: Rheinischer Merkur, 23. 3. 2006, 23.

52 Glauben als Patchwork. In: Der Spiegel 33 (2005), 138. Vgl. auch Klaus-Peter Jörns, Die neuen Gesichter Gottes. Was die Menschen heute wirklich glauben. München, 1997, 212–221.

53 www.welt.de/data/2005/08/15. Zit. nach Jutta Siemann, Jugend, Jugendkulturen und Religionen im Zeitalter der Globalisierung. In: Deutsches Pfarrerblatt 1 (2007), 18.

54 Shell Deutschland Holding (Hg.), Jugend 2006. Eine pragmatische Generation unter Druck. Frankfurt a. M. 2006, 208. Vgl. 219–220.

55 Johannes Weiß, Auf der Suche nach Gott in einem gottlosen Land. Die Distanz zu Religion wächst – aber auch das Bedürfnis nach Halt, Sinn und Orientierung. In: Publik-Forum 24 (1999), 6.

56 Vgl. Sechs Millionen Sinn-Sucher. In: Evangelische Sonntags-Zeitung, 2. 7. 2006, 1.

57 Johann Baptist Metz, Gotteskrise. Versuch zur »geistigen Situation der Zeit«. In: Diagnosen zur Zeit. Mit Beiträgen von Johann Baptist Metz u. a. Düsseldorf 1994, 77. Vgl. ders., Memoria passionis, 70.

58 Metz, Gotteskrise, 78. Vgl. ders., Memoria passionis, 71.

59 Vgl. Thomas Meyer, Die Ironie Gottes. Religiotainment, Resakralisierung und die liberale Demokratie. Wiesbaden 2005, 7–10.

60 Vgl. Gottfried Küenzlen, Die Wiederkehr der Religion. Lage und Schicksal in der säkularen Moderne. München 2003; Weimer, Credo, 51–59.

61 Thomas Assheuer, Am Ende ist das Wort. Ihren Kritikern gilt die Religion als eine Plage der Menschheit. Das ist ein Aberglaube. In: Die Zeit, 8. 2. 2007, 1.

62 Pollack, Religion kehrt wieder, 8. Vgl. Herrmann, Sinnmaschine Kino, 20.

63 Friedrich Wilhelm Graf, Auf den Märkten des Glaubens. In: Süddeutsche Zeitung, 8. 2. 2007, 15.

64 Albrecht, Die Religion der Massenmedien, 142.

65 Weimer, Credo, 47–48.

66 Vgl. Hubert Knoblauch, Populäre Religion. Markt, Medien und die Popularisierung der Religion. In: Zeitschrift für Religionswissenschaft 8 (2000), 143–161. Vgl. auch Höhn, Postreligiös oder postsäkular?, 4.

67 Habermas, Vorpolitische Grundlagen, 33. Vgl. kritisch dazu Höhn, Postsäkular, 23.

**Kapitel 2**

1 Barbara Sandig, Bildzeitungstexte. Zur sprachlichen Gestaltung. In: Annamaria Rucktäschel (Hg.), Sprache und Gesellschaft. München 1972, 70. Zum Folgenden vgl. Elisabeth Hurth, Der kanalisierte Glaube. Wie das Medium Fernsehen Religion und Glaube in Szene setzt. In: Zeitzeichen 6 (2005), 55–57.

2 Michael Vogt, Öffentlichkeit, Medien und Religion. In: Friedrichs/Vogt (Hg.), Sichtbares und Unsichtbares, 26. Vgl. 25.

3 Erich Küchenhoff, Bild-Verfälschungen. Analyse der Berichterstattung der Bild-Zeitung über Arbeitskämpfe, Gewerkschaftspolitik, Mieten, Sozialpolitik. Frankfurt a. M. 1972, 15.

4 Gerhard Henschel, Gossenreport. Betriebsgeheimnisse der Bild-Zeitung. Berlin 2006, 9, 18, 14, 15, 19, 73.

5 Peter A. Bruck/Günther Stocker, Die ganz normale Vielfältigkeit des Lesens. Zur Rezeption von Boulevardzeitungen. Münster 1996, 295.

6 Vgl. Axel-Springer-Verlag AG, Qualitative Analyse der Bild-Zeitung. Hamburg 1965, 180.

7 Hans Dieter Müller, Der Springer-Konzern. München 1968, 50; Michael Jürgs, Der Fall Axel Springer. München-Leipzig 1995, 43. Vgl. auch Gudrun Kruip, Das »Welt«-»Bild« des Axel Springer Verlags. München 1999, 232–233.

8 Axel Springer in einem Interview mit »Kontinent«. Zit. nach Jürgs, Der Fall Axel Springer, 43–44.

9 Aus einer Rede Axel Springers im Hamburger Congress-Center vom 28. 10. 1978. Zit. nach Henno Lohmeyer, Springer. Ein deutsches Imperium. Berlin 1992, 136. Vgl. auch Claus Jacobi, 50 Jahre Axel Springer Verlag. Hamburg 1996, 75.

10 Kruip, Das »Welt«-»Bild« des Axel Springer Verlags, 263. Vgl. 204.

11 Axel Springer in einem Interview mit dem Sonntagsblatt im Juni 1953. Zit. nach Kruip, Das »Welt«-»Bild« des Axel Springer Verlags, 198.

12 Axel Springer, Von Berlin aus gesehen. Stuttgart 1971, 246, 242. Vgl. auch Müller, Der Springer-Konzern, 63.

13 Zit. nach Kruip, Das »Welt«-»Bild« des Axel Springer Verlags, 204.

14 Müller, Der Springer-Konzern, 50.

15 Bild vom 3. 5. 1956. Zit. nach Wilke Thomssen, Zum Problem der Scheinöffentlichkeit. Inhaltsanalytisch dargestellt an der Bild-Zeitung. Frankfurt a. M. 1960, 10. Alle nachfolgenden »Hans im Bild«-Zitate sind Thomssens Arbeit entnommen. Für weitere Bild-Zitate der Ära Michael bis Prinz sowie für Informationen zur Geschichte der Bild-Zeitung vgl. Dieter Brumm, Sprachrohr der Volksseele? Die Bild-Zeitung. In: Michael Wolf Thomas (Hg.), Portraits der deutschen Presse. Berlin 1980, 127–143; Jacobi, 50 Jahre Axel Springer Verlag, 87–103.

16 Jacobi, 50 Jahre Axel Springer Verlag, 91. Zum Folgenden vgl. ders., Der Verleger Axel Springer. Eine Biographie aus der Nähe. München 2005, 149–150; Michael Sontheimer, Ein hartes Blatt. Journalismus an der Grenze der Geschmacklosigkeit. In: Spiegel-Special 1 (1995), 39.

17 Müller, Der Springer-Konzern, 98, 99.

18 Jens Daniel, Der Pfarrer in Bild. In: Der Spiegel 26 (1964), 14.

19 Zit. nach Martin Schmidlin, Wege aus der Auflagenkrise – die Strategien der Bild-Zeitung. Wiesbaden 2003, 51. Zur Prinz-Ära vgl. Jacobi, 50 Jahre Axel Springer Verlag, 99–102.

20 Vgl. Wolfgang Koschnick, Abkehr vom Boulevard. Kaufzeitungen in der Krise. In: Journalist 11 (1998), 17. Zur Anti-Bild-Kampagne vgl. Jacobi, 50 Jahre Axel Springer Verlag, 101.

21 Sontheimer, Ein hartes Blatt, 41, 43.

22 Evelyn Roll, Vorschreiben, was die Leute denken. In: Süddeutsche Zeitung, 16. 6. 1999, 3.

23 Thomas Schuler, Lebenslänglich Kisch-Preisträger. In: Berliner Zeitung, 26. 11. 1998. Zit. nach Stefan Schirmer, Die Titelseiten-Aufmacher der Bild-Zeitung im Wandel. München 2001, 60.

24 Vgl. Martina Minzberg, Bild-Zeitung und Persönlichkeitsschutz. Baden-Baden 1999, 77.

25 Zit. nach Koschnick, Abkehr vom Boulevard, 16. Vgl. auch Kruip, das »Welt«-»Bild« des Axel Springer Verlags, 206.

26  Annette Milz, Lucky Larry. In: Max 6 (1999), 177. Zit. nach Schmidlin, Wege aus der Auflagenkrise, 119. Vgl. 99.

27  Rudolf Michael am 8. 5. 1958. Zit. nach Minzberg, *Bild*-Zeitung und Persönlichkeitsschutz, 38. Vgl. Lohmeyer, Springer, 209.

28  Vgl. Ekkehart Mittelberg, Wortschatz und Syntax der *Bild*-Zeitung. Marburg 1967, 55.

29  Henschel, Gossenreport, 15–16.

30  Jacobi, Der Verleger Axel Springer, 304.

31  Henschel, Gossenreport, 72.

32  Vgl. http://de.wikipedia.org/wiki/KaiDiekmann; http://de.wikipedia.org/wiki/Bild-Zeitung.

33  Schirmer, Die Titelseiten-Aufmacher der *Bild*-Zeitung, 133.

34  Diese Angaben beziehen sich auf Artikel mit explizit religiösen Aussagen. Für Angaben aus dem Jahr 1997 vgl. Cornelia Voss, Textgestaltung und Verfahren der Emotionalisierung in der *Bild*-Zeitung. Frankfurt a. M. 1999, 50. Vgl. auch 88–89.

35  Dieter Römer, Liebe, Triebe, Hiebe. In: Fokus 29 (1997), 142. Vgl. auch Sontheimer, Ein hartes Blatt, 43.

36  Erhard Blankenburg, Kirchliche Bindung und Wahlverhalten. Olten-Freiburg 1967. Zit. nach Müller, Der Springer-Konzern, 119.

37  Jacobi, Der Verleger Axel Springer, 327.

38  Ebd., 326; Springer, Von Berlin aus gesehen, 18.

39  Hanno Gerwin trifft Kai Diekmann. In: www.gerwin.de/content.

40  Kai Diekmann, Hat die christliche Botschaft keinen Platz mehr in den Medien? Referate und Stellungnahmen bei einer Medientagung zum 25jährigen Jubiläum der Nachrichtenagentur Idea. In: idea Dokumentation 20 (1995), 19, 20.

41  Springer, Von Berlin aus gesehen, 241, 242.

42  Müller, Der Springer-Konzern, 110. Vgl. 111.

43  Diekmann, Hat die christliche Botschaft keinen Platz mehr in den Medien?, 19, 20.

44  Ebd., 25.

45  Müller, Der Springer-Konzern, 112.

46  Springer, Von Berlin aus gesehen, 242.

47  Diekmann, Hat die christliche Botschaft keinen Platz mehr in den Medien?, 20.

48  www.gerwin.de/content.

49  Henschel, Gossenreport, 22.

50  Ebd., 28.

51  Ebd., 19.

52  Ebd., 73.

53  Die Religion in den Medien. Botschaft von Johannes Paul II. zum Welttag der sozialen Kommunikationsmittel (7. Mai 1989). In: Funk-Korrespondenz 14 (1989), 29–30.

54  Vgl. Curt Hondrich, Reklame für Bruder Jesus, in: Claus Eurich/Imme de Haen (Hg.), Hören und Sehen. Die Kirche des Wortes im Zeitalter der Bilder. Stuttgart 1991, 111–112. Vgl. auch Ronald Uden, Kirche in der Medienwelt. Erlangen 2004, 136–138.

55 Manfred Josuttis, Gesetz und Evangelium in der Predigtarbeit. Gütersloh 1995, 84.

56 Vgl. ebd., 85–86.

57 Kai Diekmann, Der große Selbstbetrug. München 2007, 216, 218, 224.

**Kapitel 3**

1 Vgl. Jörns, Die neuen Gesichter Gottes, 204.

2 www.gerwin.de/content.

3 Vgl. Ronald Uden, Statisten oder Helden? Zum Pfarrerinnen- und Pfarrerbild in den Medien. In: Deutsches Pfarrerblatt 12 (2003), 635–638.

4 Zur medialen Soap Religion vgl. Siegfried J. Schmidt,»Between Heaven and Hell«. Soap Religion in den Medien? In: Günter Thomas (Hg.), Religiöse Funktionen des Fernsehens? Wiesbaden 2000, 271–288.

5 Vgl. Hartmut Büscher, Emotionalität in Schlagzeilen der Boulevardpresse. Frankfurt a. M. 1996, 98–99, 293.

6 Vgl. Richard Sennett, Verfall und Ende des öffentlichen Lebens. Die Tyrannei der Intimität. Frankfurt a. M. 1983, 380–381.

7 Zur Bedeutung von Trivialmythen in der Popularkultur vgl. Walter Nutz, Trivialliteratur und Popularkultur. Vom Heftromanleser zum Fernsehzuschauer. Wiesbaden 1999, 87–92.

8 Hans Magnus Enzensberger, Der Triumph der *Bild*-Zeitung oder Die Katastrophe der Pressefreiheit. In: Merkur 6 (1983), 656. Vgl. auch Voss, Textgestaltung, 72–73.

9 Vgl. hierzu und zum Folgenden Michael Nüchtern, Die Weihe des Profanen – Formen säkularer Religiosität. In: Reinhard Hempelmann (Hg.), Panorama der neuen Religiosität. Sinnsuche und Heilsversprechen zu Beginn des 21. Jahrhunderts. Gütersloh 2001, 32–36.

10 Karl Lehmann auf dem Kongress über Religion und Künste am Ende des 20. Jahrhunderts, Januar 1995. Zit. nach Böhm, Religion durch Medien, 137.

11 Peter Biehl, Symbole geben zu lernen. Neukirchen-Vluyn 1989, 165.

12 Gerhard Ebeling, Wort und Glaube. Bd. 3. Tübingen 1975, 197. Zit. nach Michael Schneider, Umkehr zum neuen Leben. Wege der Versöhnung und Buße heute. Freiburg 1991, 10.

13 Richard Herzinger, Konsensrituale. Zur medialen Vergemeinschaftung des Privaten und Moralisierung des Öffentlichen. In: Merkur 8 (1998), 675.

14 Rolf Grimminger, Kaum aufklärender Konsum. Strategie des Spiegel in der gegenwärtigen Massenkommunikation. In: Rucktäschl (Hg.), Sprache und Gesellschaft, 26. Zum Folgenden vgl. ebd.

15 Samuel P. Huntington, Der Kampf der Kulturen. München 1997, 505. Vgl. 342, 420, 436. Vgl. dazu kritisch»Martin Riesebrodt, Die Rückkehr der Religionen. Fundamentalismus und der»Kampf der Kulturen«. München 2000, 26–33.

16 Gottfried Küenzlen, Nach dem 11. September. Fundamentalismus – Phantom oder Phänomen? In: Hubertus Lutterbach/Jürgen Manemann (Hg.), Religion und Terror. Stimmen zum 11. September aus Christentum, Islam und Judentum. Münster 2002, 90, 92.

17 Günter Wallraff, Der Aufmacher. Köln 1982, 62.

18 Vgl. Jacobi, Der Verleger Axel Springer, 150; Kruip, Das »Welt«-»Bild« des Axel Springer Verlags, 198, 204. Vgl. auch Müller, Der Springer-Konzern, 75–76.

19 Vgl. Ursula Dehm, Fernsehunterhaltung. Zeitvertreib, Flucht oder Zwang? Mainz 1984, 174–175, 230; Arno Schilson, Medienreligion. Zur religiösen Signatur der Gegenwart. Tübingen 1997, 70, 92–93.

20 Vgl. Thomas, Medien – Ritual – Religion, 13, 17, 472–473, 492–493.

21 Vgl. Qualitative Analyse der Bild-Zeitung, 179.

22 Vgl. Peter Nusser, Unterhaltung und Aufklärung. Studien zur Theorie, Geschichte und Didaktik der populären Lesestoffe. Frankfurt a. M. 2000, 27, 31.

23 Vgl. Qualitative Analyse der Bild-Zeitung, 183.

24 Heribert Adam, Der Bild-Leser. In: Das Argument 4/5 (1968), 333. Vgl. Qualitative Analyse der Bild-Zeitung, 185.

25 Qualitative Analyse der Bild-Zeitung, 183.

26 Ebd., 192. Zum Folgenden vgl. Elisabeth Hurth, Lebenshilfe durch TV. In: Herder Korrespondenz 1 (2007), 48–52.

27 Vgl. Nusser, Unterhaltung und Aufklärung, 23.

28 Jan-Uwe Rogge, Gefühl, Verunsicherung und sinnliche Erfahrung. Zur Aneignung populärer Medien im Prozess der Zivilisation. In: Publizistik 2/3 (1988), 248.

29 Vgl. Voss, Textgestaltung, 100.

30 Vgl. Wolf-Rüdiger Schmidt, Opium des Volkes? Über Medienreligion und die strukturelle Entzauberung des Alltags. In: Hans Norbert Janowski, Die kanalisierte Botschaft. Religion in den Medien – Medienreligion. Gütersloh 1987, 105.

31 Vgl. Rogge, Gefühl, 260. Vgl. auch Voss, Textgestaltung, 83.

### Kapitel 4

1 Rainer Maria Rilke, Briefe. Bd. 3. Frankfurt 1950, 819–820.

2 Martin Buber. Werke. Bd. 1. München 1962, 509.

3 Metz, Gotteskrise, 78.

4 Hermann J. Huber, Kurzweil von der Kanzel. In: Rheinischer Merkur, 14. 9. 1990, 31. Vgl. auch Elisabeth Hurth, Zwischen Allmacht und Ohnmacht. Wie Gott in der Fernsehunterhaltung vorkommt. In: Herder Korrespondenz 10 (2004), 520–524.

5 Bertolt Brecht, Kalendergeschichten. Leipzig 1979, 103.

6 Harold Kushner, Wenn guten Menschen Böses widerfährt. München 1983, 12–13.

7 Immanuel Kant, Über das Misslingen aller philosophischen Versuche in der Theodizee. In: Ders., Werke in zehn Bänden. Bd. 9. Darmstadt 1975, 105. Vgl. hierzu und zum Folgenden Hans-Gerd Janßen, Gott – Freiheit – Leid. Das Theodizeeproblem in der Philosophie der Neuzeit. Darmstadt 1988, 2. Zur Geschichte des Theodizeeproblems vgl. Carl-Friedrich Geyer, Das Theodizeeproblem – ein historischer und systematischer Überblick. In: Willi Oelmüller (Hg.), Theodizee – Gott vor Gericht? München 1990, 9–32; Armin Kreiner, Gott und das Leid. Paderborn 1995.

8 Klaus Scholtissek, Gottes dunkle Seiten? Biblische Notizen wider die Verharmlosung der Gottesrede. In: Informationen für Religionslehrerinnen und Religionslehrer Bistum Limburg 2 (2003), 84. Vgl. auch Metz, Gotteskrise, 84.

9 Albert Camus, Die Pest. Hamburg 1950, 105.

10 Georg Büchner, Dantons Tod. Stuttgart 1979, 50. Für eine Bewertung von Büchners Position vgl. Matthias Volkenandt, Menschliches Leid und die Frage nach Gott. In: Stimmen der Zeit 6 (1989), 409–410.

11 Georg Steins, Klagen ist Gold! In: Ders. (Hg.) Schweigen wäre gotteslästerlich. Die heilende Kraft der Klage. Würzburg 2000, 11.

12 Zu dieser Position vgl. Horst Georg Pöhlmann, Vor der Wand der Verzweiflung. Warum lässt Gott soviel Böses zu? Die Frage der Theodizee. In: Lutherische Monatshefte 5 (1998), 13.

13 Volkenandt, Menschliches Leid, 417.

14 Odo Marquardt, Abschied vom Prinzipiellen. Stuttgart 1984, 48.

15 Vgl. Kushner, Wenn guten Menschen Böses widerfährt, 123–124.

16 Zum Folgenden vgl. Elisabeth Hurth, Perry Rhodan und Konsorten. Apokalyptik und Eschatologie in der Populärkultur. In: Zeitzeichen 12 (1999), 11–13.

17 Vgl. Voss, Textgestaltung, 108, 109.

18 Knut Berner, Das Böse im Bösen. Der Mensch hat nicht die Kompetenz, zwischen gut und böse zu unterscheiden. In: Zeitzeichen 5 (2006), 17.

**Kapitel 5**

1 Vgl. Christian Scharnberg/Hans-Georg Ziebertz, Weltjugendtag 2002. Forschungsbericht zur Fragebogenuntersuchung. Würzburg o. J., 19–20. Zit. nach Hans Hobelsberger, Religion in der Sozial- und Erlebnisform des Event. In: Katechetische Blätter 1 (2006), 54.

2 Siegfried Lenz, Das Vorbild. Hamburg 1973, 45. Zum Folgenden vgl. Elisabeth Hurth, Zwischen Religion und Unterhaltung. Zur Bedeutung der religiösen Dimension in den Medien. Mainz 2001, 88 ff.; dies., Wenn der Papst zum Star wird. Der Pontifex im Spiegel der Medien. in: Wort und Antwort 2 (2007), 52–56.

3 Lenz, Das Vorbild, 67, 66.

4 Hans-Ulrich Ahlborn, Werteerziehung durch Vorbildlernen. Frankfurt a. M. 1996, 25.

5 Vgl. Birgit Peters, Prominenz. Opladen 1996, 159.

6 Vgl. Joshua Meyrowitz, Die Fernseh-Gesellschaft. Weinheim 1987, 95–97.

7 Peter Ludes, Aufstieg und Niedergang von Stars als Teilprozess der Menschheitsentwicklung. In: Werner Faulstich/Helmut Korte (Hg.), Der Star. München 1997, 92; Carlo Michael Sommer, Stars als Mittel der Identitätskonstruktion. In: Faulstich/ Korte (Hg.), Der Star, 122.

8 Gunter Gebauer, Die Mythen-Maschine. Der Held, das Bild, der Ruhm. in: Volker Caysa (Hg.), Sportphilosophie. Leipzig 1997, 315. Zit. nach Joan Kristin Bleicher, Fernsehen als Mythos. Opladen 1999, 246.

9 Andreas Englisch, Habemus Papam. Von Johannes Paul II. zu Benedikt XVI. München 2005, 158–159.

10 Vgl. Böhm, Religion durch Medien, 198.

11 Claussen, Zurück zur Religion, 63.

12 Albrecht, Die Religion der Massenmedien, 146.

13 Ebd., 144.

14 Claussen, Zurück zur Religion, 64.

15 Ebd., 65.

16 Hobelsberger, Religion in der Sozial- und Erlebnisform des Event, 53.

17 Vgl. ebd., 58.

18 Peter Fuchs, Die sakrosankte Ekstase. Gegen die Massen-Sentimentalisierung des katholischen Glaubens und für eine klare, trockene Kirche. In: Frankfurter Rundschau, 19. 8. 2005, 15.

19 Höhn, Postsäkular, 42, 43.

20 Wilhelm Gräb, Inszenierte Gegenwart Gottes. Wortgeschehen mit Sinn: Was eine ästhetische Erfahrung zu einer religiösen macht. In: Zeitzeichen 9 (2005), 23. Zum Folgenden vgl. Walter Killy, Deutscher Kitsch. Göttingen 1961, 10–11, 20.

21 Vgl. Joachim Jacob, Die Versuchung des Kitschs. Zur religiösen Dimension in der Kitschdiskussion. In: Wolfgang Braungart (Hg.), Kitsch. Faszination und Herausforderung des Banalen und Trivialen. Tübingen 2002, 85, 86.

22 Ludwig Friedrich Hudemann, Gedanken über den Messias in Absicht auf die Religion. Rostock-Wismar 1754, 5, 9. Zit. nach Jacob, Die Versuchung des Kitschs, 86.

23 Richard Egenter, Kitsch und Christenleben. Würzburg 1962, 190. Vgl. Jacob, Die Versuchung des Kitschs, 88.

**Kapitel 6**

1 Vgl. Knut Hickethier, Medien und Religion. In: Weyel/Gräb (Hg.), Religion in der modernen Lebenswelt, 68–69; Reichertz, Die frohe Botschaft des Fernsehens, 244.

2 Bleicher, Fernsehen als Mythos, 272.

3 Vgl. Schmidt, Opium des Volkes?, 100.

4 Bernd Guggenberger, Sein oder Design. Im Supermarkt der Lebenswelten. Reinbek 2000, 231. Vgl. Böhm, Religion durch Medien, 207.

5 Vgl. Schmidt, Opium des Volkes?, 102–103; Hickethier, Medien und Religion, 73–74.

6 Metz, Gotteskrise, 84.

7 Beck, Risikogesellschaft, 216.

8 Günter Thomas, Die Wiederverzauberung der Welt? Zu den religiösen Funktionen des Fernsehens. In: Peter Bubmann/Peter Müller (Hg.), Die Zukunft des Fernsehens. Beiträge zur Ethik der Fernsehkultur. Stuttgart 1996, 117.

9 Ebd., 117.

10 Ebd., 122. Vgl. Böhm, Religion durch Medien, 210.

11 Angela Keppler, Wirklicher als die Wirklichkeit? Das neue Realitätsprinzip der Fernsehunterhaltung. Frankfurt a. M. 1994, 7. Vgl. auch Jürgen Fliege, Passen Sie gut auf sich auf. 101 Nachgedanken von Jürgen Fliege. Stuttgart 1995, 7–10.

12 Vgl. hierzu und zum Folgenden, Franz Kamphaus, Lichtblicke. Freiburg 2001, 358.

13 Thomas, Wiederverzauberung, 123.

14 Ebd., 118.

15 Vgl. Wilhelm Gräb, Sinn fürs Unendliche. Religion in der Mediengesellschaft. Gütersloh 2002, 236–237; Hickethier, Medien und Religion, 75–77.

16 Vgl. Julian Symons, Am Anfang war der Mord. München 1972, 17 zum Folgenden

vgl. Elisabeth Hurth, Das Spiel mit dem Mord. Eine Spurensuche zwischen Theologie und Kriminalfilm. In: Trierer Theologische Zeitschrift 3 (2002), 226–232.

17 Peter Kottlorz, Fernsehmoral. Ethische Strukturen fiktionaler Fernsehunterhaltung. Berlin 1993, 175.

18 Höhn, Postsäkular, 111. Vgl. auch Ulrich Suerbaum, Krimi. Eine Analyse der Gattung. Stuttgart 1984, 33.

## Epilog

1 Bruck/Stocker, Die ganz normale Vielfältigkeit des Lesens, 88–89.

2 Vgl. Hobelsberger, Religion in der Sozial- und Erlebnisform des Event, 57; Höhn, Gegen-Mythen, 132.

3 Zit. nach Alexander Kissler, Der deutsche Papst. Benedikt XVI. und seine schwierige Heimat. Freiburg 2005, 21.

4 Benedikt XVI., Der Glaube ist einfach! Ansprachen, Meditationen und Predigten während des Besuches in Bayern. Leipzig 2007, 101. Vgl. Kissler, Der deutsche Papst, 21–22.

5 Joseph Ratzinger, Glaube – Wahrheit – Toleranz. In: Helmut Hoping/Jan-Heiner Tück (Hg.), Die anstößige Wahrheit des Glaubens. Das theologische Profil Joseph Ratzingers. Freiburg 2005, 110.

6 Barbara Sichtermann, Die Karriere des Religiösen in den Medien. In: Siegfried von Kortzfleisch/Peter Cornehl (Hg.), Medienkult – Medienkultur. Berlin 1993, 146.

# Auswahlbibliografie

Albrecht, Horst, Die Religion der Massenmedien. Stuttgart 1993.

Benedikt XVI., Der Glaube ist einfach! Ansprachen, Meditationen und Predigten während des Besuches in Bayern. Leipzig 2007.

Böhm, Thomas H., Religion durch Medien – Kirche in den Medien und die »Medienreligion«. Eine problemorientierte Analyse und Leitlinien einer theologischen Hermeneutik. Stuttgart 2005.

Braungart, Wolfgang (Hg.), Kitsch. Faszination und Herausforderung des Banalen und Trivialen. Tübingen 2002.

Bruck, Peter A./Günther Stocker, Die ganz normale Vielfältigkeit des Lesens. Zur Rezeption von Boulevardzeitungen. Münster 1996.

Claussen, Johann Hinrich, Zurück zur Religion. Warum wir vom Christentum nicht loskommen. München 2006.

Enzensberger, Hans Magnus, Der Triumph der Bild-Zeitung oder Die Katastrophe der Pressefreiheit. In: Merkur 6 (1983), 651–659.

Friedrichs, Lutz/Michael Vogt (Hg.), Sichtbares und Unsichtbares. Facetten von Religion in deutschen Zeitschriften. Würzburg 1996.

Graf, Friedrich Wilhelm, Die Wiederkehr der Götter. Religion in der modernen Kultur. München 2004.

Habermas, Jürgen, Glaube und Wissen. In: FAZ, 15. 10. 2001, 9.

Habermas, Jürgen/Joseph Ratzinger, Dialektik der Säkularisierung. Über Vernunft und Religion. Freiburg 2005.

Hempelmann, Reinhard (Hg.), Panorama der neuen Religiosität. Sinnsuche und Heilsversprechen zu Beginn des 21. Jahrhunderts. Gütersloh 2001.

Henschel, Gerhard, Gossenreport. Betriebsgeheimnisse der Bild-Zeitung. Berlin 2006.

Hilpert, Konrad (Hg.), Wiederkehr des Religiösen? Metaphysische Sehnsucht, Christentum und Esoterik. Trier 2001.

Hobelsberger, Hans, Religion in der Sozial- und Erlebnisform des Event. In: Katechetische Blätter 1 (2006), 52–59.

Höhn, Hans-Joachim, Postsäkular. Gesellschaft im Umbruch – Religion im Wandel. Paderborn 2007.

Horx, Matthias, Der Selfness-Trend. Was kommt nach Wellness? Kelkheim 2005.

Huntington, Samuel P., Der Kampf der Kulturen. München 1997.

Jacobi, Claus, 50 Jahre Axel Springer Verlag. Hamburg 1996.

Jacobi, Claus, Der Verleger Axel Springer. Eine Biographie aus der Nähe. München 2005.

Jörns, Klaus-Peter, Die neuen Gesichter Gottes. Was die Menschen heute wirklich glauben. München, 1997.

Jürgs, Michael, Der Fall Axel Springer. München-Leipzig 1995.

Knoblauch, Hubert, Populäre Religion. Markt, Medien und die Popularisierung der Religion. In: Zeitschrift für Religionswissenschaft 8 (2000), 143–161.

Körtner, Ulrich H.J., Wiederkehr der Religion? Das Christentum zwischen neuer Spiritualität und Gottvergessenheit. Gütersloh 2006.

Koschnick, Wolfgang, Abkehr vom Boulevard. Kaufzeitungen in der Krise. In: Journalist 11 (1998), 12–22.

Kreiner, Armin, Gott und das Leid. Paderborn 1995.

Kruip, Gudrun, Das »Welt«-»Bild« des Axel Springer Verlags. München 1999.

Küenzlen, Gottfried, Die Wiederkehr der Religion. Lage und Schicksal in der säkularen Moderne. München 2003.

Lutterbach, Hubertus/Jürgen Manemann (Hg.), Religion und Terror. Stimmen zum 11. September aus Christentum, Islam und Judentum. Münster 2002.

Metz, Johann Baptist, Memoria passionis. Ein provozierendes Gedächtnis in pluralistischer Gesellschaft. Freiburg 2006.

Nusser, Peter, Unterhaltung und Aufklärung. Studien zur Theorie, Geschichte und Didaktik der populären Lesestoffe. Frankfurt a. M. 2000.

Nutz, Walter, Trivialliteratur und Popularkultur. Vom Heftromanleser zum Fernsehzuschauer. Wiesbaden 1999.

Polak, Regina (Hg.), Megatrend Religion? Neue Religiositäten in Europa. Ostfildern 2002.

Polak, Regina, Religion kehrt wieder. Handlungsoptionen in Kirche und Gesellschaft. Ostfildern 2006.

Pollack, Detlef, Säkularisierung – ein moderner Mythos? Studien zum religiösen Wandel in Deutschland. Tübingen 2003.

Reichertz, Jo, Die frohe Botschaft des Fernsehens. Kulturwissenschaftliche Untersuchung medialer Diesseitsreligion. Konstanz 2000.

Renaissance der Religion. Mode oder Megathema? Herder Korrespondenz Spezial. Freiburg 2006.

Riesebrodt, Martin, Die Rückkehr der Religionen. Fundamentalismus und der »Kampf der Kulturen«. München 2000.

Roll, Evelyn, Vorschreiben, was die Leute denken. In: Süddeutsche Zeitung, 16. 6. 1999, 3.

Schirmer, Stefan, Die Titelseiten-Aufmacher der Bild-Zeitung im Wandel. München 2001.

Schnädelbach, Herbert, Wiederkehr der Religion? In: Universitas 11 (2005), 1127–1135.

Shell Deutschland Holding (Hg.), Jugend 2006. Eine pragmatische Generation unter Druck. Frankfurt a. M. 2006.

Sontheimer, Michael, Ein hartes Blatt. Journalismus an der Grenze der Geschmacklosigkeit. In: Spiegel-Special 1 (1995), 38–43.

Thomas, Günter, Medien – Ritual – Religion. Zur religiösen Funktion des Fernsehens. Frankfurt a. M. 1998.

Thomas, Günter (Hg.), Religiöse Funktionen des Fernsehens? Wiesbaden 2000.

Voss, Cornelia, Textgestaltung und Verfahren der Emotionalisierung in der Bild-Zeitung. Frankfurt a. M. 1999.

Wallraff, Günter, Der Aufmacher. Köln 1982.

Weimer, Wolfram, Credo. Warum die Rückkehr der Religion gut ist. München 2006.

Weyel, Birgit/Wilhelm Gräb (Hg.), Religion in der modernen Lebenswelt. Erscheinungsformen und Reflexionsperspektiven. Göttingen 2006.

Zulehner, Paul M., Megatrend Religion. In: Stimmen der Zeit 2 (2003), 87–96.

Die »Wiederkehr der Religion« erweist sich in erster Linie als Wiederkehr religiöser Gefühle und Sehnsüchte. Der »Megatrend Religion«
ist eine Suchbewegung, bei der das
Ziel offen zu sein scheint. Fühlt sich
etwas gut an, fühle ich mich angesprochen, ist es »meine« Religion.
Aus der Tatsache, dass sich Religion
heute wieder verstärkt als ein Bedürfnis des Menschen zeigt, folgt
noch nicht die Wahrheit des Glaubens. Mehr noch: Wenn Religion
lediglich als ein Bedürfnis nach dem
Gefühl von Religion wiederkehrt
und so bestimmt wird, verliert sie
gerade dadurch ihren Charakter als
Religion. Religion ist heute weder
die lebensbestimmende Macht für
den Einzelnen noch verbindlicher
gesellschaftlicher Rahmen.

*Elisabeth Hurth*